中国文化元典关键词研究丛书

李建中 主编

袁劲 吴中胜 著

元典关键词研究的思想与方法

人民出版社

总序　元典关键词的原创意蕴与现代价值

中华元典①是中国传统文化最早的宝库，中华元典关键词②则是宝库中的无价之宝。元典的创制者用"关键词"昭示他们对宇宙、社会和人生的观察与思考，元典的阐释者借"关键词"赓续、传承、阐扬、新变中国文化。中华元典关键词是中国人的名号与实质，是中国人之所以为中国人的文化依据，是轴心期③中国文化生生不息、亘古亘今的语义根源。后轴心期历朝历代的文化，常常以"关键词"之重释的方式回到文化元典：如西汉董学之重释"天人"、魏晋玄学之重释"三玄"、唐代韩柳之重释"道"、宋代程朱之重释"理"、明代王学之重释"心"……作为 21 世纪的中国学者，我们既要站在现代文明和思想的理论高度，

----

① "元典"一词的创制者冯天瑜将五经以及《论语》《墨子》《孟子》《老子》《庄子》《荀子》等先秦书认定为"中华元典"，冯著《中华元典精神》（上海人民出版社 1994 年版）对"中华元典"的创制、发展以及近代转换作出了具有原创性和开拓性的论述。

② "关键词"乃一比喻性所指，喻指核心的、重要的术语、概念、范畴和命题。这个意义上的"关键词研究"几乎与中华元典同时诞生。

③ 德国哲学家卡尔·雅斯贝尔斯《智慧之路》（柯锦华等译，中国国际广播出版社 1988 年版）第九章"人的历史"指出，以公元前 500 年为中心，约在前 800 年至前 200 年之间，人类精神的基础，同时独立地奠定于中国、印度、波斯、巴勒斯坦和希腊。正是在那个时期，才形成今天我们与之共同生活的这个"人"，发生于那个时期的精神历程构成了一个轴心，故可称之为"轴心时期"。雅斯贝尔斯所说的"轴心时期"在中国正好是春秋（前 770—前 476）和战国（前 475—前 221）时期。

又要面对现代社会错综复杂的文化问题，以"关键词"的方式返回文化元典，整体系统、深刻辩证地重新阐释中华元典关键词，重新揭示中华元典关键词的原创意蕴和现代价值。

中华元典关键词，以"词根"的方式沉潜，以"坐标"的方式呈现，以"转义"的方式再生，既是轴心期华夏文明生生不息的语义学根源，亦为中外文化和而不同的话语前提。因而，欲楬橥元典关键词的原创意蕴及现代价值，须从词根性、坐标性和转义性之考察开始。元典关键词之语义考察，一是以五经以及儒墨道法兵诸家文化元典为文本依据，诠释中华元典关键词的词根性（关键词的文化源起与辞源学释义）；二是以历史时空为经纬，厘定中华元典关键词的坐标性（关键词如何标识不同时代的文化观念，如何贯通不同时代的文化命脉）；三是以世界为视域，诠解中华元典关键词的转义性（关键词的赓续、新创以及语义再生等）。这种"原生—沿生—再生"的语义考察，可为推进中华元典研究提供新的观念、方法和入思路径。

一

有一部名为《我的盛大希腊婚礼》的美国影片，讲述希腊侨民在美国的生活，其中一位希腊父亲逢人便说：你给我一个单词，英语、法语、德语、西班牙语都可以，我告诉你这个单词的希腊语词根。这段不乏喜剧意味的台词，道出一个不争的文化史事实：轴心时期的古希腊文明是西方文化的根柢之所在。从词源学的特定层面而论，西语的词根在古希腊，汉语的词根在先秦。中国文化关键词的"词根"深深地扎在先秦元典之中，如《周易》的"文"与"象"、《老子》的"道"与"德"、《庄子》的"言"与"意"、《礼记》的"乐"与"和"等等。这些单音节的词，在其所表述的特定领域之中，是最早的（本源），也是最根本的（本原），故可称为"元关键词"。凡与它相关的术语、范畴和命题，都以它为词根或者说从它的根基上生长出来。因此，就其"元生性"而言，它们既是先秦文化的关键词，又从源头上构成中华文化关键词的词根。

"人文之元，肇自太极，幽赞神明，《易》象惟先"①，作为中国历史上最负盛名的文学理论家，刘勰的文学理论书写，是从追溯"文"的词根性开始的。"文"，既是《文心雕龙》最大的关键词，又是《文心雕龙》五十篇所有带"文"的术语、概念、范畴和命题的词根：诸如人文、天文、文明、文化、文德、文心，又如文章、文体、文象、文采、文风、文骨等等。刘勰之论"文"，可归纳为两大内涵：一是文之道，二是文之体。若置换为当今文学基本原理的关键词，则前者相当于文学的本源和本质，后者相当于文学的内容和形式。而这两大义项的"文"，其词根性都在先秦元典即五经和诸子之中。

《文心雕龙》追原文之"道"，从天地的"玄黄色杂，方圆体分"讲起，"天玄地黄"出自《周易》坤卦上六的爻辞及《文言》，"天圆地方"出自《大戴礼记·曾子天圆篇》。刘勰接着讲，天以日月"垂丽天之象"，地以山川"铺理地之形"：前者出自《周易》离卦的《象传》，后者出自《周易》的《系辞上》。刘勰由天地而"傍及万品"，自然界的万事万物都有自己的颜色和形体，所谓"动植皆文"，人为五行之秀、天地之心，岂能无文？而"天地之心"、"五行之秀"又出自《礼记·礼运篇》。人以自己的言辞来彰显道，正如天地万物以自己的色杂、体分来彰显道，这也就是文之"道"，或曰文学之本原和本质。刘勰从天地之"文"讲到人之"文"，无一处无来历，这"来历"便是包括《周易》和《礼记》在内的先秦元典。

① 范文澜：《文心雕龙注》上册，人民文学出版社1958年版，第2页。

就词根性而言，"文"还有更远的"来历"。《文心雕龙·原道》篇为追寻"文"之本，为揭示"文"之道，以"人文之元"为中心，论及三类"文"：第一类可称之为"人为之文"，准确地说，是处于人类文明滥觞期的人文创制，如八卦、九畴。第二类可称之为"神赐之文"，如河图、洛书。刘勰讲"河图孕乎八卦，洛书韫乎九畴"，可见人为之文是神赐之文所孕育的，或者说人之为文须"取象乎河洛"。第三类是前面谈到的天地自然之文，如日月叠璧、山川焕绮，如龙凤呈瑞、虎豹凝姿，如云霞雕色、草木贲华，如林籁结响、泉石激韵……关于这一类"文"，刘勰谈得最多也最有诗意，因为天地自然之文不仅是人之为文"远取诸物"的对象，亦为刘勰揭示文之道的立论依据。三大类别的"文"，各有其形色，各有其声貌，各有其质地，各有其涵泳，而它们共有的也是最为基本的特征是，因其有形色而能被感知。这一共同特征从何而来？原其词根，来源于"文"之甲骨文释义：人之文身，或曰文身之文。

甲骨文的"文"，从武丁时期到帝辛时期，均有"文身"之义："象正立之人形，胸部有刻画之纹饰，故以文身之纹为文。"①《礼记·王制》有"被发文身"，许慎《说文解字》有"文，错画也，象交文"，而甲骨文"文"字形胸前的纹身即为"交文""错画"。细读甲骨文的"文"，至少可见出三个层面的词根性。人类最早的"文"不仅是人为的，而且是描画于人的身体之上的，"人"与"文"整然一体，不可分离。此其一；"文"是人类最早的"刻画之纹饰"，或者说是远古人类所创造的文化的艺术的文本。此其二；作为人类最早的文化艺术创造，"文"的主要特征是可睹可观、可感可知，是人类感知觉的对象。此其三。而最后一点，正是"文"的基本特征。前文所说的"文"之三大类，人为之文、

<hr>

① 徐中舒主编：《甲骨文字典》，四川辞书出版社 2006 年版，第 996 页。

神赐之文和天地自然之文，其中神赐之文还可以说是人为的，因为神或神文归根结底还是人的创造；而天地自然之文则与人为之文完全无关。因此，这三类"文"，只有在第三个层面（可观可感）才是完全相通或相同的：天地自然之文的"垂象"和"铺形"自不待言，神赐之文是"龙图献体，龟书呈貌"，这两大类文的"象""形""体""貌"，与人为之文的"交文""错画"，其最初的源头在甲骨文"文"字的"以文身之纹为文"之中。

如果说，"文之道"是指人类以自己所创造的"文"来言说或呈现"道"；那么"文之体"则是这种言说或呈现的文本化。前者揭示文学的本源和本质，后者表述文学的内容和形式，二者都是以"文"为词根，其词根性有着共通之处。刘勰论"文之体"与他论"文之道"一样，也是无一处无来历，而最初的来历依然是先秦元典。《原道》篇"龙图献体"，事本《周易》。《征圣》篇"明理以立体"，取象《周易》"夬""离"二卦；又"辞尚体要"，语出《尚书·毕命》；又"政化贵文""事迹贵文""修身贵文"云云，实谓不同内容不同种类的文体，以"贵文"为共同特征。《宗经》篇"文能宗经，体有六义"，不仅尊五经为后世文学"大体"（或曰"体制"）之楷模或圭臬，更是视五经为后世文学体裁（或曰"体类"）之本根和源起。《序志》篇重提"《周书》论辞，贵乎体要"，又感叹"去圣久远，文体解散"，这是站在先秦五经的立场，评骘后世文学之弊端。

在"文之体"的特定层面而论，"文"之词根性依然可以追溯至甲骨文"文"字形的"文身之纹"和"刻画之纹饰"。刘勰《文心雕龙·序志》篇，开篇解诠书名中的"雕龙"一语，称"古来文章，雕缛成体"，这里的"古来文章"，既包括先秦诸子，如孔子的"文以足言"，《老子》的"五千精妙"，《庄子》的"辩雕万物"；亦包括五经，所谓"五经之含文也"，所谓"圣贤书辞，总称'文章'，非采而何"。非雕缛何能成体？无纹饰何能称文？所以《征圣》篇赞美圣人的"文体"是"含章之玉牒，秉文之金科"，而后人著文习体，"征之周孔，则文有师矣"。

《序志》篇开篇推崇"雕缛成体"，与后章批评"饰羽尚画，文绣鞶帨"，看似相悖，实则相关。黄侃《文心雕龙札记》论及二者的关系时说："此与后章'文绣鞶帨，离本弥甚'之说，似有差违，实则彦和之意，以为文章本贵修饰，特去甚去泰耳。全书皆此旨。"① 在黄侃先生看来，"本贵修饰"与"去甚去泰"共同构成《文心雕龙》全书大旨；而就"文"这个关键词而言，二者均为其词根义之所在。"文章本贵修饰"自然是"文"的词根义，故"文"又可写作"纹"或"彣"；而文之修饰须"去甚去泰"，须恰到好处，也就是《尚书·毕命》说的"辞尚体要"，同样是"文"的词根义。我们看甲骨文的"文"字，那位正立之人，其胸前的纹身简洁明了，可谓"体要成辞（文）"。没有刻画之纹饰，不能称之为"文"；而多余的或过分的纹饰如文绣鞶帨如饰羽尚画，则背离了"文"之本旨：对"道"的言说和呈现。正是因为过度的文饰会遮蔽文对道的言说，刘勰才特别强调体要。

"文"的原型是"人"，所谓"象正立之人形"；"体"则是"人"本身，人的身体之总称。《说文·骨部》有"体，总十二属也"，段玉裁注称"十二属"为人体"首、身、手、足"所属的十二个部位。② 在人体的特定部位纹饰刻画便成了"文"，因而"体"是"文"的载体，"文"是"体"的文化的艺术的呈现，是人类最早创造出来的有生命有人格有灵魂有美感的"文体"。这种生命化人格化的"文之体"，在《文心雕龙》中时时可见。《谐隐》篇有"体目文字"，周振甫《文心雕龙今译》释"体目"为"人身主要部分"③。《俪辞》篇有"造化赋形，支体必双"，"体植必双，辞动有配"，用人体四肢的对称之美喻指文学的对句艺术即俪辞

---

① 黄侃：《文心雕龙札记》，华东师范大学出版社1996年版，第276页。

② 参见（清）段玉裁：《说文解字注》，上海古籍出版社1981年版，第166页。

③ 周振甫：《文心雕龙今译》，中华书局1986年版，第136页。

之美。《附会》篇有"才量学文，宜正体制：必以情志为神明，事义为骨髓，辞采为肌肤，宫商为声气"，将人体各部位与文体各部位一一相配。《时序》篇有"体貌英俊"，"体貌"用作动词，"谓加礼容而敬之"①，礼敬殷勤之面容，亦与人体相关。"文之体"，实乃"体之文"也。只有真正把握到"文"的词根性，方能明辨"文之体"，方能揭示"文之道"。

二

《诗经·大雅·文王》有"周虽旧邦，其命维新"，"旧邦"代表文化传统，"新命"则指新的文化使命或传统文化的新发展。轴心期时代最有代表性的几种文化类型，如古希腊、古罗马、巴比伦、埃及、印度等，有旧邦而无新命；而后轴心期时代的文化强国，如美国，如欧洲的一些国家，有新命而无旧邦，至少是没有像西周那样古老的旧邦。轴心期各国文化，诚如冯友兰先生所言，"惟我国家，亘古亘今，亦新亦旧"②。而中国传统文化的赓续、传承和新变，与元典关键词之词根性的生长密不可分。就文化关键词研究的特定层面而言，中国文化的生命力是通过元典关键词的生命力体现出来的。换言之，元典关键词强大旺盛的生命力，从观念和思想的深处激活了中国传统文化的生命力。源起于轴心时代、扎根于先秦元典的中华文化关键词，在其后漫长的演变历程中，以"词根"的方式沉潜，以"坐标"的方式呈现，既标举特定时空的文化观念，又接续前世与后代的文化命脉，从而成为不同历史时期的文化坐标。

---

① 范文澜：《文心雕龙注》下册，人民文学出版社 1958 年版，第 682 页。

② 冯友兰：《三松堂全集》第一卷，河南人民出版社 2000 年版，第 301 页。

《诗经·小雅·大东》有"周道如砥，其直如矢"，中国文化的发展之"道"，虽不似"周道"那样如砥如矢，而是坎坷曲折，但毕竟从轴心期走到了21世纪。道之绵延，或短或长，总得有个路标；而中国文化之"道"，绵延几千年，历经无数个路段或曰时段，每一个时段都有特定的文化坐标，而文化坐标上所书写的，便是属于这个时代的文化关键词。比如本文第一节所讨论过的"体"。在《诗》《礼》《易》以及《孟》《荀》等元典中，"体"意指身体之总属、主体之认知和与"用"相对的"本"。六朝创"体性"张扬生命风骨，三唐用"体貌"识鉴诗性品质，两宋有"文体"辨析文章种类，而清季以降则以"体用"应对中西文化冲突……一代有一代之"体"和之"所体"，不同时代以"体"为词根的关键词标识着特定时代的"体"和"所体"，而其根柢却在文化元典的"体"所先在铸成的生命本体、认知本体乃至哲学本体之中。由此可见，文化关键词的坐标性槃深柢固于词根性之中，并从词根性之中枝繁叶茂地生长出来。

从"词根"生长为"坐标"，这是文化关键词的发展之"道"；我们以"道"这个中国文化的元关键词为例，来讨论关键词的历史坐标性。"道"的本义很简单，也就是《说文解字》所说的"所行道也"，"一达谓之道"。①"道"最早的词性既可名亦可动，故《诗经》既有"周道如砥"亦有"不可道也"。当"道"在先秦元典中由形而下的"所行道"抽象为形而上的"天之道"时，就成了各家各派不得不道的关键词。《庄子·天下篇》说"《诗》以道志，《书》以道事，《礼》以道行，《乐》以道和，《易》以道阴阳，《春秋》以道名分"，可见儒家是用六经道自家的"道"，正如墨家用《墨子》道自家的"道"，道家用《老子》和《庄子》道自家的道，所谓各道其道，各名其名，各是其是，各非其非。

---

① （清）段玉裁：《说文解字注》，上海古籍出版社1981年版，第75页。

据《论语·里仁》，孔子说"朝闻道，夕死可矣"，足见"道"比个体生命更为重要。孔子又说"吾道一以贯之"，又可见"道"的恒长与永久；但这个"一以贯之"的"道"究竟何指？孔子自己没有说，而曾子解释为"忠恕"。然而，在不同的语境下，孔子的"道"又有不同的含义：或曰"仁"，或曰"义"，或曰"中庸"，或曰"孝悌"，或曰"方法"，或曰"技艺"……"道"在《论语》一书中出现60次，其释义已如此复杂；而在《孟子》一书中出现140次，其释义更加繁复，故司马谈《论六家要指》要说儒家"博而寡要"。至于道家的"道"，干脆是不可道也，亦即司马谈所言"其辞难知"。但换一个角度说，正是因为"道"在先秦五经及诸子文本中语义繁复，才使得她能够成为后世的文化坐标。作为中国文化的元关键词，"道"，正是因其"词根性"根柢槃深，其"坐标性"才可能枝叶峻茂。

《庄子·天下》篇有"道术""方术"之分，这种分别既是语义的也是历史的。就语义层面而言，道术是"无乎不在"，是"天地之纯"，明于"道"者集"天人""神人""至人""圣人"于一身；而方术只是"百家众技"，仅知晓一方之术者实乃"一曲之士"或者是"百家之学"中某家某派的"君子"。就其历史即时序层面而论，是先有"古之道术""古人之大体""古之人其备乎"，后有"天下治方术者多矣""天下之人各为其所欲焉以自为方"。当"后世之学者"诐于"道"时，则"道术将为天下裂"。战国诸子百家，均为"道术"裂变之后的一方之术即"方术"，庄子一家亦不能例外，虽然他自己不太会承认。

"道术"的词根是"道"，就"道"这个关键词而论，其汉语词根性与历史坐标性之关联，亦发生在汉语语义与历史时序两个不同的层面。"道"在先秦元典中语义之繁复已如前述，甚至可以说，先秦元典中的"道"，其义项之多元，语用之复杂，词性转换之灵活，组词功能之强大，已足以胜任它将要在先秦之后所需承担的历史坐标性表达。仅就学术史的层面论，后元典时代，从两汉经学到魏晋玄学，从唐代三教合流到宋代儒学新生，从明代心学到清代朴学，从近代西学东渐到现代中西对撞，一直到当代的国学复兴，"道"关键词在不同历史时期的坐标性书写或当下诠释，均可以在先秦元典中寻找或发掘到各自所需要的语义的和思想的资源。

两汉经学的"道"，用作动词，是对先秦儒家经书的解说；用作名词，则是汉代经学家所诂训所传疏出来的先秦儒家经书的微言大义。如董仲舒的《春秋繁露》，既是繁露（细解细说）《春秋》，也是《春秋》之道的展开和诠解（即繁露）。当然，《春秋繁露》只有十之五六的篇幅道《春秋》（主要是《春秋公羊传》）之道，而余下的篇幅，或道《周易》的天地阴阳之道，或道《尚书·洪范》的五行五事之道，或道《三礼》的郊禘祭祀之道。

如果说，"道"作为两汉经学的文化坐标，其要义是"道（传疏）"五经之"道（经义）"；那么，到了魏晋玄学，其作为文化坐标的"道"，则演变为"道（清谈）"《老》《庄》《易》三玄之"道（有无本末）"。魏晋玄学的开创性也是代表性人物王弼，用他的《老子指略》《老子道德经注》道老子之道，用《周易略例》《周易注》道《周易》之道。王弼《老子指略》："夫'道'也者，取乎万物之所由也……故其大归也，论太始之原以明自然之性，演幽冥之极以定惑罔之迷。"[1]这是对先秦原始道家之"道"的再阐释。当然，王弼还有《论语释疑》，但他是用道家的"道"来道孔子的"道"，如王弼解释孔子的"志于道"："道者，无之称也，无不通也，无不由也。况之曰道，寂然无体，不可为象。是道不可体，故但志慕而已。"[2]以道家的"无"说儒家的"道"，这是王弼也是魏晋玄

---

① 楼宇烈：《王弼集校释》上册，中华书局1980年版，第196页。
② 楼宇烈：《王弼集校释》上册，中华书局1980年版，第624页。

学"道"的重要特征。刘勰讲"道沿圣以垂文"，两汉经学家心目中的"圣"无疑是孔子，而魏晋玄学家心目中的"圣"则是老庄。不同的时代，所宗所师之"圣"各不相同，故所尊所明之"道"亦各不相同。两汉经学与魏晋玄学，其文化坐标上都书写着一个"道"字，但"道"（用作名词）之内涵大异其旨，"道"（用作动词）之方式亦大异其趣。

到了唐代，作为文化坐标的"道"，宗教味道特浓：既是道教之道，亦为佛禅之道。初唐李氏父子，奉道教为国教；时至中唐，佛教势力愈来愈大，以至于韩愈要写《原道》来探求儒道之原，以排斥佛老之说。韩愈站在中唐回望先秦，他发现：正宗的儒家之道，由尧舜禹汤而文武周公，由孔子而孟子，孟轲之后，"道"不得其传焉。韩愈在这里做了两件事：一是为儒家的"道"建立谱系，而这个谱系的根之深、源之远，是佛老杨墨完全无法比拟的；二是从国计民生的层面，实实在在地讨论儒道之利国利民，佛老之害国害民。这两件事，指向同一个目标：在唐代的文化坐标上，重写重述重释"道"这个关键词。

宋型文化与唐型文化有诸多差异，就"道"而言，以韩愈为代表的谱系重建者，是摒除"道"关键词中的佛老成分，而还原一个先王之道，一个博爱仁义之道。宋型文化的"道"当然也是儒家的，但宋代理学家的道既不排佛亦不斥老，而是引佛老入儒道以成新儒学。程颢程颐兄弟，同为新儒学，但二人对原始儒"道"的添加或曰新创各有侧重：程颢以"心"释"道"，开启了后来的陆王心学；程颐由"道"而推出"理"，以形成程朱理学。

说到宋代的文化坐标，我突然联想到北宋末年水泊梁山杏黄旗上的四个大字：替天行道。其实，宋江们的"道"既不是程朱理学的明德之道，亦非阳明心学的心性之道，而是与王学左派相关的百姓日用之道。这一点，我们从李贽的《容与堂本忠义水浒传序》可以读出。以李贽为代表的王学异端，用他的《焚书》《藏书》以及《水浒》评点，在明代的文化坐标中，为"道"添加了极有思想性启蒙性的内涵。向上，承接上了《周易》的忧患之道；向下，开启了清代三大思想家顾、黄、王的启蒙之道。

清季以降，作为文化坐标的"道"，有两个新义项值得注意。一是以"道—器（技）"博弈应对外族进攻；二是以"道—logos"的对谈应对中西文化冲突。鸦片战争之后，最早"开眼看世界"的中国知识分子已经痛苦地意识到：中国传统文化并不优于西方近代文化，甚至在某些方面还落后于"外夷"。于是，以魏源的"师夷长技以制夷"为口号，终于提出了学习西方的问题，从而在"器"和"技"（亦为"道"的义项之一）即物质及科学技术层面率先开启了中国文化的近代化历程。"道"的词根性之中，既可以是名词也可以是动词，这与希腊语的logos正好可以互译互释。钱锺书《管锥编》释《老子王弼注》的"道可道，非常道"，称"古希腊文'道'（logos）兼'理'（ratio）与'言'（oratio）两义，可以相参"[①]。由此可见，不同时代对元典关键词"道"的不同之"道"（言说），标识着不同时代之文化的核心价值、认知路径和言说方式。

三

关键词研究作为一种方法，可称之为"历史语义学"（historical semantics）。[②] 就"语义"的层面论，本文所讨论的中华元典关键词的词根性、坐标性和转义性，依次构成特定关键词的元生义、衍生义和再生义；就"历史"的层面论，元典关键词的元生义形成轴心期华夏文明的

---

① 钱锺书：《管锥编》第二册，中华书局1986年版，第408页。
② 参见［英］雷蒙·威廉斯：《关键词：文化与社会的词汇》之《译者导读》，刘建基译，生活·读书·新知三联书店2016年版，第13—22页。

文化根柢，衍生义构成中国各个历史时期的文化坐标，再生义铸成现代性语境下中国文化的话语权和软实力。

在世界文化史的范围内考察，作为轴心期诸种文明之一的中华文化，之所以能绵延不绝、传承至今，与中华文化元典关键词的再生性特质是密不可分的。在文化多元的全球化时代，中华元典关键词以词根性固其本，以坐标性续其脉，以再生性创其新，从而在与异域文化平等对话的过程中获得阐释有效性和现代转义。在全球化时代的语境下，正是中国文化关键词的再生性赋予了中国文化以现代转型之机。这种再生性、转义性不仅折射出中国文化现在所面临的传统与现代、东方与西方的冲突、对话、交流及融合，更展示出中国文化亘古不灭的盎然生机和它极为充沛的应对力、转换力、更新力与传承力。

元典关键词的现代再生性大体上有着三种不同的类型。一是古今恒长型，二是古今变异型，三是古今悖反型。先说第一种。这类关键词有着强大、旺盛和恒久的生命力，从先秦"活"到当下，从轴心期时代"活"到全球化时代。比如本文第一节讨论过的元关键词"文"："文之为德也大矣"！如果说，《易》之"天文""人文"之分、"以文教化"之用以及"文言"之美，已在源头上赋予"文"以多元性和开放性；那么，现代社会仍然频繁使用的"文明""文化""文学""文章"乃至"文体""文辞"等关键词，就先天地秉有广阔的再阐释空间以及在现代语境下转义、通约和再生的巨大潜能。"文"如此，"和"亦然。"和"在先秦元典中频繁出场，或呈宇宙之"和"（如《老子·四十二章》"万物负阴而抱阳，冲气以为和"），或奏音乐之"和"（如《尚书·尧典》"声依永，律和声，八音克谐，无相夺伦，神人以和"），或举人伦之"和"（如《礼记·儒行》"礼之以和为贵"），或标人格之"和"（如《论语·子路》"君子和而不同"）等等。"和"关键词的谐和、调和、协和、圆和、中和等含义延展于中国文化的方方面面，成为中国文化最具再生力、承续力的"元关键词"之一。

《荀子·正名》:"若有王者起,必将有循于旧名,有作于新名。"王先谦案曰:"作者,变也。"① 故知"有循于旧名"者属于古今恒久型,而"有作于新名"者则属于古今变异型。所谓"新名",可以是新造的,也可以是外来的,但更多的是借旧名以说新义,所谓"名"虽存而"实"已变也,本文所讨论的"转义性"或"再生性"即包含此类。以"民"为例。据学者考证,金文中的"民"描画的是人的眼睛,锥刺其中,意指正在受刑罚的奴隶。② 可见最早的"民"虽有人之形体却无人之地位与权利。《说文·民部》:"民,众萌也。"段注:"萌,犹懵懵无知皃也。"③《荀子·礼论》:"外是,民也。"杨倞注曰:"民,民氓无所知也。"④ 就"懵懵无知皃"这一义项而言,"民"又可训为"冥"或"瞑":前者如刘知几《史通·自叙》"民者,冥也,冥然罔知",后者如董仲舒《春秋繁露·深察名号》"民者,瞑也"。就"民""氓"互训而言,《说文·民部》有"氓,民也",段玉裁注引了两条语料,一条出自《诗经·卫风·氓》("氓之蚩蚩"),一条出自《孟子·公孙丑上》("则天下之民悦而愿为之氓矣"),段注曰:"盖自他归往之民则谓之氓。"⑤ 无论是那位抱布贸丝、二三其德的"氓",还是那些因不堪赋税之重负而远走他乡的"氓",都是没有社会地位,甚至没有固定居所的游民。我们今天常说"人民",而在古代社会,"人"与"民"其实是两个不同的等级。《说文·人部》:"人,天地之性最贵者也。"⑥ 孟子讲"民贵君轻",显然是对"君贵民贱"之社会现实的义愤和批判。现代社会常常使用的"人民","民"与"人"

---

① (清)王先谦:《荀子集解》下册,中华书局 1988 年版,第 414 页。

② 参见左民安:《细说汉字——1000 个汉字的起源与演变》,九州出版社 2005 年版,第 114 页。

③ (清)段玉裁:《说文解字注》,上海古籍出版社 1981 年版,第 627 页。

④ (清)王先谦:《荀子集解》下册,中华书局 1988 年版,第 358 页。

⑤ (清)段玉裁:《说文解字注》,上海古籍出版社 1981 年版,第 627 页。

⑥ (清)段玉裁:《说文解字注》,上海古籍出版社 1981 年版,第 365 页。

不仅同义，而且"民"之中新增了"民权""民生""民主"等现代义项，"人民"于是成为一个有着鲜明意识形态特征的关键词，而"民主"也由古代的"为民作主"而新变为"民为主人"。1949年9月第一届"中国人民政治协商会议"期间，黄炎培曾对民盟同仁说："人民共和国才把'民'当做'人'，须自家堂堂地还我做个人！"[①]"民"的地位的提高，"民"的性质的转变，是"民"这个文化关键词古今变异的确证。

文化元典关键词的现代转义性，第三种类型是古今悖反。前文所提到的"民主"语义的古今变异，其实也是一种悖反。可见，变异的极致就是悖反。我们以"鬼"为例，来看看这一类关键词如何从变异走向悖反。殷商时代，"鬼"，不仅与"神"同义，而且是地位很高的"神"。到了周代，鬼是指祖先神，《论语·为政》："子曰：'非鬼而祭之，谄也。'"孔子这里说的"鬼"指的就是已死的祖先。《楚辞·九歌》是一组用于祭祀的歌诗，其中《山鬼》祭爱笃情深的神女，《国殇》祭为国捐躯的将士，一位是"山中人兮芳杜若，饮石泉兮荫松柏"，一位是"身既死兮神以灵，魂魄毅兮为鬼雄"，或缠绵或壮烈，或柔美或阳刚，《九歌》所描写的"鬼"都是美的形象。佛教传入中国后，"鬼神"之"鬼"变为"魔鬼"之"鬼"，"鬼"的形象于是由正面而变为负面，由美而变为丑。这种悖反式变异一直延续到当下。现代社会，无神论者视"鬼"为子虚乌有，斥之为封建迷信。日常生活话语，带"鬼"的词多为贬义，诸如"鬼话""见鬼""鬼相信""鬼头鬼脑"等等。关键词的古今悖反，缘于历史文化的变迁，具有某种合理性。但也有一种并不具备合理性的误读和曲解，如"封建"。"封建"的本义是指"封蕃建国"的分封制，后人却误读为中央大一统的郡县制。冯天瑜先生的《封建考论》对此有深入的研究和精当的论述，此不赘。更有一种比"误读"更厉害的"诬读"

① 张量：《历史一刻》，《中国新闻周刊》2009年第32期。

即"诬陷式解读",如"文革"十年对中国传统文化诸多关键词的批判。对于被"诬读"的关键词，需要正本清源，需要拨乱反正，这也是中华元典关键词研究的题中之义。

"关键词"之英文 KEY WORD 中的 KEY 有"钥匙"之义，而中华元典关键词正是开启中国文化之现代意义世界的钥匙，是贯通轴心时代与全球化时代华夏文明的密码，是让古老的中国诗性智慧在今日焕乎为盛、郁哉可从的点金棒，是历经多次风雨仍然支撑民族精神不死的文化心灵！因而，要实现中国文化的现代化，"关键词"不失为一个很好的切入点。它在那个文明炳耀的遥远时代里奏出温润和煦的无声乐曲，于代代相续的传承中会通而迁变，历久而弥新。

李建中

2020 年 12 月

目　录

第一章　元典关键词研究开启中国文化的意义世界

　　人类文化对意义世界的建构，于轴心时代不约而同地取得辉煌成就，就华夏文明而言，其时空节点是殷商西周及春秋战国，其经典文本是六经及诸子，其语义根源则是先秦元典关键词。源起于轴心时代、扎根于先秦元典的中华文化关键词，在漫长的演变历程中标举特定时空的文化观念，接续前世与后代的文化命脉，从而成为不同历史时期的文化坐标。从轴心时代到全球化时代，汉语关键词以词根性固其本，以坐标性续其脉，以再生性创其新，从而建构起中华文化的意义世界。

第一节　元典文化的字生性特征

　　人类轴心期五大文明（古巴比伦、古埃及、古希腊、古印度、古中国），唯有华夏文明传承至今，生生不息，个中缘由非常复杂，但文字的特性无疑是重要因素之一。同为轴心期文明，拉丁语的最小单位（字母）是无意义的，而汉语的最小单位（包括部首在内的字）则能显现独立甚至全息的意义，一字一世界，一字一意境。在漫长的历史演变之中，方块字既没有被梵化，也没有被拉丁化，中国文化因之分久必合，华夏文明因之亘古亘今。

东汉许慎（约56—147）《说文解字·叙》曰："字者，言孳乳而寖多也"①，孳者孳生，乳者哺乳。从观念和思想的层面论，方块字是中华文化之母，不仅孕生而且哺育了中华文化，会意指事、形声并茂地建构起中华文化的意义世界。《周易》讲"鼓天下之动者存乎辞"，许慎讲"文字乃经艺之本，王政之始"，刘勰讲"心生而言立，言立而文明"，金圣叹讲"以文运事，因文生事"，一直到鲁迅讲"自文字至文章"和陈寅恪讲"凡解释一字，即是作一部文化史"，均可视为从不同层面揭示中华文化的"字"生性特征。

中华文化产生、传承并能在长久历程中与多种外来文化交流而生生不息，与汉字密切相关。汉字是世界上非常独特的一种文字，每个汉字独立且集音形义于一体。在上古，汉语以单音词为主，其中有些单音词成为中国文化的关键词，作为中华文化之元（本原与起源），在其后不断的演变中扩展、丰富。《中国文化元典关键词研究》丛书，对"字"（即元典关键词）的诠解，既作"原生—沿生—再生"之源流清理，又作"字根—坐标—转义"之义理阐释，从而在文化思想、社会政治、智性审美、民族心理乃至民风民俗、日常生活等多元面向，标举元典文化的"字"生性特征，建构中华文化的话语体系，彰显中华文化的巨大影响力和恒久生命力，开启中华文化高远而深广的意义世界。

南朝刘勰（约465—521）《文心雕龙·序志篇》曰："若乃论文叙笔，则囿别区分，原始以表末，释名以章义，选文以定篇，敷理以举统，上篇以上，纲领明矣。"②"原始以表末"四句，既是《文心雕龙》的理论纲领，又是刘勰文学理论批评的基本原则。刘勰的"文学"是广义的文学，

---

① （清）段玉裁：《说文解字注》，上海古籍出版社1981年版，第754页。

② 范文澜：《文心雕龙注》，人民文学出版社1958年版，第727页。本书所引《文心雕龙》，均据此版，下不另注。

与我们今天所说的狭义的"文化"（即小文化或称观念形态的文化）大体上是相通甚至是相重合的。因此，刘勰《文心雕龙》"论文叙笔"的四项基本原则，完全适用对文化元典关键词的诠解与阐释。本丛书各分册对元典关键词的解读和阐释，大体上在"释名章义""原始表末""选文定篇"和"敷理举统"等层面深入展开。

第一，释名章义。名不正则言不顺，言不顺则事不成。"字"的定义（内涵与外延）尚未厘清，文化阐释从何谈起？本丛书所精选的汉字，大多是上古时代以单个方块字为词的核心观念或术语，既有形、声、义三大基本要素，又有从殷商卜辞到六国文字到篆、隶、草、行的历史演变，其语义还有词根义、引申义、转借义、修辞义以及词性活用的不同，凡此种种，各分册在诠解各自的关键词时，都是需要讲清楚的。

第二，原始表末。不述先哲之诰，无益后生之虑。关键词的语义嬗变，既标识不同时代的文化观念，又贯通不同时代的文化命脉，故须从历史的层面对关键词的语义嬗变作出阶段性清理和分时段呈现，尤其要注意在外来文化（如古代的佛学和近现代的西学）影响下，中国文化元典关键词与异域文化的冲突与融合。

第三，选文定篇。单个的字，活在文本之中。这里所说的"文本"，既包括传世文书如文史哲经典等，也包括出土文物如简帛铭器等，还包括民间的和日常生活的口传文化。本课题对关键词的解读，借助多类文本以及由文本所构成的复杂语境，依凭丰富多元、详实鲜活的语言材料，叙述并阐释本字所涵泳的智性审美、民族心理乃至民风民俗等多重旨趣。

第四，敷理举统。本丛书各分册所精选的汉字，大多具有全息特征，一字一意境，一字一世界，会意指事、形声并茂地呈现出中国元典文化高远的美学意境和深广的意义世界。故本丛书各分册的词义诠释和解读，从思想文化的深度，剖析元典关键词所包蕴的哲学、伦理、宗教、政治、文学、艺术等多重语义内涵，概括并揭示元典关键词对于中国文化乃至世界文明的独特价值和意义。

在囊括上述四项基本内容的前提之下，本丛书各分册的入思路径、整体框架、章节设计乃至撰著风格等等，既因"字"（关键词）而异，又因"人"（撰著者）而异，但在总体上具有鲁迅《汉文学史纲要》所称颂的汉字三美："意美以感心，音美以感耳，形美以感目"。

一、文字乃经义之本

许慎的《说文解字》，其《叙》称"文字者，经艺之本，王政之始"。陈梦家（1911—1966）《中国文字学》指出，汉代以前，"文字"的名称经历了三个时期：首称文字为"文"（如《左传》有"夫文止戈为武""故文反正为乏"和"于文皿虫为蛊"），次称文字为"名"（如《论语》"必也正名乎"皇疏引郑注"古者曰名，今世曰字"），末称"文""名"为"文字"（如秦始皇《琅琊台刻石》"同书文字"）并沿用至今。[①] 章太炎（1868—1936）《国故论衡》曰："文学者，以有文字著于竹帛，故谓之文。论其法式，谓之文学。"[②] 这里所说的"文学"是广义上的，与狭义的"文化"（即观念形态的文化或曰小文化）大体重合。从字面上看，章太炎似将文化与文字等同；究其奥义，则是从源头（竹帛）处找到汉语文化与汉语文字的内在关联。章太炎又称"凡文理、文字、文辞，皆称文"，可见"文字"还包括了"名""言""辞"等。在中华文化的产生、生成乃至生生不息之中，汉语的文字扮演着"名"正言顺、一"言"九鼎和"辞"动天下之重要角色。

---

① 参见陈梦家：《中国文字学》，中华书局 2006 年版，第 255 页。

② 章太炎：《国故论衡》，上海古籍出版社 2003 年版，第 49 页。

章太炎《国故论衡》称"摧论文学，以文字为准"①，"以文字为准"是中国文化及文学研究的一大传统，这里的"准"既有标准、法式之义，亦有本根、源起之义。刘勰的"文章"颇类似于章太炎的"文学"，也是广义上的，与"文化"重合。刘勰著《文心雕龙》，专门辟有《练字》一篇，叙述"字"的历史，表彰"字"的伟绩，揭橥"字"的诸种功能。《练字篇》论"字"从苍颉造字说起："苍颉造之，鬼哭粟飞；黄帝用之，官治民察。"苍颉造字是华夏文明史上伟大的文化事件，动天地泣鬼神，孳文明乳文化。汉字的历史也就是中华文化的历史，汉字的功绩也就是中华文化的功绩，故《文心雕龙·序志篇》讲"文"之功德时称"君臣所以炳焕，军国所以昭明"，亦即《练字篇》所言"官治民察"。刘勰之前，东汉许慎曰："盖文字者，经艺之本，王政之始，前人所以垂后，后人所以识古。故曰'本立而道生'，'知天下之至赜（赜）而不可乱也'。"②许慎"故曰"所引两段文字，前者出自《论语·学而篇》，后者出自《周易·系辞上传》。由此可见，从《论语》到《易传》，中华元典对"字"之文化本根义的体认是一以贯之的。

《文心雕龙·练字篇》称"字"乃"言语之体貌，文章之宅宇"，汉语的方块字是言语的生命体，是文章的宅基和家园。《尔雅》有"言者，我也"，"我"以何"言"？字。故《练字篇》说"心既托声于言，言亦寄形于字"。无言，心何以托？无字，言何以寄？《文心雕龙·章句篇》赞"字"，称其"振本而末从，知一而万毕"，亦即许慎所言"经艺之本，王政之始"。字乃统末之本，驭万之一。《章句篇》胪列"立言"的四大要素（字、句、章、篇），"字"居其首，"字"立其本："夫人之立言，因字而生句，积句而成章，积章而成篇。"无论是单篇的文章还是观念

---

① 章太炎：《国故论衡》，上海古籍出版社 2003 年版，第 50 页。

② （清）段玉裁：《说文解字注》，上海古籍出版社 1981 年版，第 763 页。

形态的文化，其创制孳乳，其品赏识鉴，都是从一个一个的方块"字"开始。① 在源起与流变、创制与识鉴、传播与接受等多重意义上，"字"皆为文化之"始"或"本"，故在此意义上可以说"字生文化"。

许慎《说文解字》对"字"这个汉字的解释是"乳也。从子在宀下，子亦声。"段玉裁（1735—1815）注曰："人及鸟生子曰乳，兽曰产。引申之为抚字，亦引申之为文字。《叙》云：'字者，言孳乳而浸多也。'"② 字者，孳乳也。"孳"是生孩子，"乳"是哺孩子。由"字"我们想到"孕"，两个汉字都是会意："孕"还只是十月怀胎，"字"则不仅是一朝分娩，更是含辛茹苦地将孩子抚养成人；"孕"还只是怀一个（胎）孩子，"字"则是生产并哺育一个又一个的孩子，引而伸之，则表明一个字可衍生出许多个词和短语。段玉裁为《说文解字·叙》"字者，言孳乳而寖多"作注时，还将"字"拿来与"名"和"文"相比较，先讲"名者自其有音言之，文者自其有形言之，字者自其滋生言之"，后说"独体曰文，合体曰字"，强调的都是"字"的"孳乳""寖多""滋生""合体（再造）"之功能。

当然，许慎和段玉裁说"字"，还只是在小学（文字学）的场域内讨论"字"的孳乳性或繁衍力。如果我们将"字，孳乳也"放在广阔的文化领域，来追问并验明"文字"与"文化"的血缘关系，则不难发现中华文化的字生性特征。《文心雕龙》开篇"原道"，追溯"文"即文化之本原与起源，《原道篇》在为"文"释名章义即解决了"文"的本原问题之后，继之回答"文"的起源问题："自鸟迹代绳，文字始炳，炎皥遗事，纪在三坟"，从"唐、虞文章"到"益、稷陈谟"，从夏后氏"九序惟歌"到周文王"繇辞炳耀"，从周公旦"制诗辑颂"到孔夫子"熔

① 民间将文人著书立说称之为"码字"，将接受者的文化解读称之为"识文断字"，亦可见对文化活动中"字"元素的高度重视。

② （清）段玉裁：《说文解字注》，上海古籍出版社 1981 年版，第 743 页。

钧六经",刘勰为我们描述的这一部上古文化史,分明滥觞于"文字始炳",分明嬗变为文字的"符采复隐,精义坚深",又分明完成于先秦圣哲的"组织辞令""斧藻群言"。

《原道篇》的上古文化史在论及商周文化时,称"逮及商周,文胜其质,雅颂所被,英华日新",这是伟大的《诗经》时代,这是辉煌的风雅颂时代。商周始祖的"英华"纪录在《雅》《颂》文字之中。商的始祖是契,契建国于商;周的始祖是后稷,后稷的母亲是姜嫄。再往上追问:契乃谁生?姜嫄如何生后稷?幸好,我们有《诗经》的文字:《商颂·玄鸟》说"天命玄鸟,降而生商",《大雅·生民》说"(姜嫄)履帝武敏歆,攸介攸止。载震载夙,载生载育,时维后稷"。玄鸟生商(契),姜嫄履帝之足迹而生后稷,这是《诗经》的文字所记录的商周历史。就历史的真实而言,玄鸟不可能生商(契),姜嫄亦不可能履帝迹而生后稷;就文化(神话与传说)的真实而论,"玄鸟生商""姜嫄履帝迹生后稷"则不仅是"真"的,更是"美"和"善"的。而关于商周始祖的真善美的历史,与其说是《诗经》的文字所记录,还不如说是《诗经》的文字所创造。关于"字生文化"的例证,除了"玄鸟生商"和"履帝武敏歆",还可以举出后羿射日、女娲补天、皇英嫔虞、伏羲画卦、苍颉造字……中华文化史上这些动天地泣鬼神的壮美故事,这些孳文明乳文化的伟大事件,无一不是我们的方块字所创造出来的,字生文化是也。

"文化"和"文字"的"文",被许慎解释为"错画也,象交文,凡文之属皆从文"[①]。东汉的许慎虽读过《庄子》却未见过殷商卜辞,故不知道这个"文"就是《庄子·逍遥游》的"越人断发文身"之"文"。甲骨文中的"文",从武丁时期到帝辛时期,均有"文身"之义:"象正

---

① (清)段玉裁:《说文解字注》,上海古籍出版社1981年版,第425页。

立之人形，胸部有刻画之纹饰，故以文身之纹为文。"①纹身所具有的符号性、象征性、修饰性、结构性和文本化，使得"文"这个独体象形的汉字成为人类最早的文化产品之一，亦成为汉语言"字生文化"的最早例证之一。如果说，人在自己身体上的交文错画是人类最早的文化行为，那么"以文身之纹为文"则是人类最早的文化识鉴和文化交往，是人对"字生文化"的感性鉴赏和理性批评。交文错画着形形色色之"文"的龟甲兽骨，虽然被掩埋在殷商帝辛的废墟之中，但"字生文化"作为华夏文明的重要特征却生生不息，历经数千载而不朽。我们今天从文明、文化、文字、文辞、文献、文学、文章、文艺、文采、文雅等众多中国文化的诸多关键词之中，从诗、词、歌、赋、曲、文、说、剧、碑、诔、铭、檄、章、奏、书、记等各体文学及文化产品之中，不难窥见掩埋在殷墟小屯的"字生文化"之元素及景观。

二、言立而文明

"文字"与"文化"都有一个"文"，"文"既是独体象形的上古汉字的典型代表，也是字生文化的典型例证。《文心雕龙》以"文"肇端（《原道篇》首句"文之为德也大矣"），以"文"终章（《序志篇》末句"文果载心，余心有寄"），可谓始于"文"而终于"文"。《原道篇》追原"文"之"元"（原本与源起），在很诗意也是很哲理地阐释了"天之文"和"地之文"之后，水到渠成地引出"人之文"的定义："心生而言立，言立而文明，自然之道也。""人"（天地之心）诞生了，"字"（语言文字）才会被发明被创立；语言文字创立之后，"文"才会彰显、彰明、刚健、灿烂。作为天地之心的"人"，以自己所独创的"字"（"名""言""辞"等），

---

① 徐中舒主编：《甲骨文字典》，四川辞书出版社 2006 年版，第 996 页。

去彰明"自然之道",这一彰显的过程、结果及其规律就是"文"(文章、文学和文化)。如果说,《原道篇》"鸟迹代绳,文字始炳"、《章句篇》"人之立言,因字生句"、"振本末从,知一万毕"讲的都是文字对于文化之产生即历史起源的决定性价值,那么这里的"心生言立,言立文明"讲的则是文字对文化之生成即逻辑本原的规定性意义。

鲁迅《汉文学史纲要》亦借刘勰"心生言立,言立文明"论汉语"文章"即狭义文化的本原、起源及流传,其首篇《自文字至文章》讲文字乃文章之始:"专凭言语,大惧遗忘,故古者尝结绳而治,而后之人易之以书契","文字既作,固无恌误之虞矣"①,连属文字而成文章,即刘熙《释名》所云"会集众字以成辞义",字生文化是也。汉娜·阿伦特《人的境况》讲人生在世须做三件事:活着,工作着,说(书写)着。②人的工作,制作出各种文化产品,创造出灿烂的文明。而只有当人类用文字"立言"之时,才真正创造出"人之文"。或者说,人类只有凭借"立言"这种文化行为,才能创造出"言立"的文化。《左传》讲三不朽,立德、立功、立言。就"德"和"功"的历史传承而言,前人如何垂后?后人如何识古?立言。何以立言?言寄形于字,因字而生句。故刘勰的"心生言立,言立文明"是对中华文化"字"生性特征的高度概括。

汉语"文学"一词有文献可征者,始见于《论语·先进篇》:"文学:子游,子夏。"孔子(前551—前479)的这两位高足,既不创制诗歌更不杜撰小说,何来"文学"之名?杨伯峻(1909—1992)《论语译注》将此处的"文学"释为"古代文献,即孔子所传的《诗》《书》《易》等"③,

① 《鲁迅全集》第九卷,人民文学出版社1981年版,第343、345页。

② 参见[美]汉娜·阿伦特:《人的境况》,王寅丽译,上海人民出版社2009年版,第14—17页。

③ 杨伯峻:《论语译注》,中华书局1980年版,第110页。

这里的"文学"实际上是我们今天所说的"文献学",是观念形态之"文化"的重要组成部分。中国古代,小学(文字学)是经学的根基(故十三经有《尔雅》),经学家首先是小学家(字乃经艺之本)。《世说新语》据《论语》孔门四科而列"文学"门,叙述的是马融(79—166)、郑玄(127—200)、何晏(?—249)、王弼(226—249)、向秀(约227—272)、郭象(252—312)这些学者注经的故事。精通小学和经学的文化大师们,统统被划归于孔儒的"文学"之门。

夜梦仲尼以孔子为精神导师的刘勰本来是要去传注儒家经典的,但他觉得自己在经学领域很难超过马融、郑玄,就转而去撰写《文心雕龙》,其《序志篇》坦陈:"敷赞圣旨,莫若注经;而马郑诸儒,弘之已精,就有深解,未足立家。唯文章之用,实经典枝条,五礼资之以成,六典因之致用,君臣所以炳焕,军国所以昭明,详其本源,莫非经典。"可见以"敷赞圣旨"即弘扬孔儒文化为人生理想的青年刘勰,实际上是从经学(包括小学)切入"文"的研究,或者说是从经学(包括小学)与文章之关系入手建构其"文"本体。以五经为标准来考察他那个时代的"文",刘勰很容易发现"〔时文〕去圣久远,文体解散,辞人爱奇,言贵浮诡,饰羽尚画,文绣鞶帨,离本弥甚,将遂讹滥"。坚守儒家文化的经学立场和小学本位,青年刘勰敏锐地看出他那个时代的"文"(时文)在"言"与"辞"(即语言文字)方面出了大问题,而问题之要害则是严重背离了儒家五经"辞尚体要"的传统:"盖周书论辞,贵乎体要;尼父陈训,恶乎异端:辞训之异,宜体于要。于是搦笔和墨,乃始论文。"批判时文的"言贵浮诡",回归元典的"辞尚体要",竟然成了刘勰撰写《文心雕龙》的文化—心理动因。

如果说《序志篇》是在"文心(为文用心)"的深潜层次讲"辞尚体要",那么《征圣篇》和《宗经篇》则是在"雕龙(创作技法)"的精微领域讨论如何以圣人和经典为师来"辞尚体要"。二者虽有巨细之别,但其经学立场和小学本位（即"字本位"）则是一致的。《征圣篇》连续三次讲到"辞尚体要"，要求文学家学习春秋经的"一字以褒贬"和礼经的"举轻以包重"，其文字方可"简言以达旨"；学习易经的"精义以曲隐"和左传的"微辞以婉晦"，其文字方可"隐义以藏用"；学习诗经的"联章以积句"和礼经的"缛说以繁辞"，其文字方可"博文以该情"……《宗经篇》则针对"励德树声，莫不师圣，而建言修辞，鲜克宗经"之时弊，大讲特讲儒家五经在"言""辞"即文字上的优长：易经的"旨远辞文，言中事隐"，诗经的"藻辞谲喻，温柔在诵"，书经的"通乎尔雅，文意晓然"，礼经的"采掇片言，莫非宝也"，春秋经的"一字见义，详略成文"……"五经之含文也"，宗经征圣落到实处，是要学习五经的文字功夫即雕龙技法，这也是刘勰撰著《文心雕龙》的用心之所在，苦心之所在。

青年刘勰"征圣立言"的经学立场不仅铸就其文学本体观的"字本位"，同时也酿成其文学史观的"字本位"，即从"字"的特定层面来考察文学的历史嬗变。《章句篇》讲诗歌的演变，称"笔句无常，而字有条（常）数"，诗歌句子的变化似无常规，而（每一句）字数的多少则是有规律可寻的："四字密而不促，六字格而非缓，或变之以三五，盖应机之权节也。"在刘勰的眼中，中国古代诗歌的发展演变史，落到实处，就是"字"数之多少的应变史："二言肇于黄世，竹弹之谣是也；三言兴于虞时，元首之诗是也；四言广于夏年，洛汭之歌是也；五言见于周代，行露之章是也。六言七言，杂出诗骚；两体之篇，成于西汉；情数运周，随时代用矣。"《明诗篇》对诗歌史的描述，也是以"字有常数"为演变规律的："四言正体，则雅润为本；五言流调，则清丽居宗；……至于三六杂言，则出自篇什；离合之发，则明于图谶；回文所兴，则道原为始；联句共韵，则柏梁馀制；巨细或殊，情理同致，总归诗囿，故不繁云。"总之，一时代有一时代之诗歌，彼一时代与此一时代的诗歌之异，或短或长，或密或疏，或促或缓，或多或寡，完全取决于字数的或增或减。王国维《人间词话》说"著一字而境界全出"，对于诗歌创作而言，增（或减）一字则格调迥别、境界迥异，"字"之多寡，岂能以轻心掉之？

三、鼓天下之动者存乎辞

《周易·系辞上传》讲到《周易》的四大功用，首条便是"以言者尚其辞"①。《周易》的文化符号包括了两大系统：卦爻象系统与卦爻辞系统，借用王弼《周易略例》的话说，前者是"象者，出意者也"，"尽意莫若象"；后者是"言者，明象者也"，"尽象莫若言"②。但是，"象"之出意尽意，完全有赖于"言"之明象尽象，若无卦爻辞的文字阐释，《周易》那么多的卦爻象究为何意是谁也弄不清楚的。因此，《系辞下传》要说"是故《易》者，象也；象也者，像也"，《周易》就是象征，象征就是通过模拟外物以喻晓内意，而拟物喻意离开了"辞"是根本无法进行也无法完成的。作为修辞手法，象征有两个端点：一头是物一头是意，物何以达意指意或明意？必须有"辞"，故《周易》的经与传要用"辞"来拟物（人物、事物、景物等）出意（意义、价值、情志等）。《周易》作为中国的文化经典，其生生不息的奥秘在于斯，其动天地泣鬼神的感染力亦在于斯，故刘勰要借用《周易》的话来浩叹："鼓天下之动者存乎辞"！

在因"五经皆文"而征圣宗经的刘勰心目中，《周易》无疑是最好的"文"（即文化元典）之一，故《文心雕龙·原道篇》讲述上古文明

① 本书所引《周易·系辞传》，均据（清）阮元校刻：《十三经注疏》，中华书局1980年版，第75—91页，下不另注。

② 楼宇烈：《王弼集校释》下册，中华书局1980年版，第609页。

史以《周易》的原创与阐释为主线，所谓"庖牺画其始，仲尼翼其终"。《周易》的创卦者，观物而画卦，"系辞焉以尽其言，变而通之以尽利，鼓之舞之以尽神"；《周易》的观卦者，尚辞而解卦，"观其象而玩其辞"，观察卦爻的象征意味而探究玩味其文辞，或者反过来说，通过品味卦爻辞而领悟其象征及修辞。"辞"对于《周易》的意义是无论怎么强调也不为过分的：无"辞"何以识训诂？无"辞"何以明象征？无"辞"何以成易道？无"辞"何以定乾坤？

《周易》是象思维和象言说，而《周易》的象思维和象言说，是靠"辞"（小学之训诂加上文学之修辞）来完成的。受《周易》的影响，中国古代文化历来有"尚辞"之传统，笼统而言是讲究语言文字的艺术，具体而论是注重象征、隐喻、比兴、夸饰等修辞手法。《文心雕龙》创作论二十多篇，有超过一半的篇幅是专门谈"字"说"辞"的：属于谈"字"（即讨论语言文字）的篇目有《声律》《章句》《俪辞》《练字》等，属于说"辞"（即讨论文章修辞）的有《比兴》《夸饰》《事类》《隐秀》等，属于通论二者的有如何《通变》与《定势》，如何《指瑕》与《附会》，如何《熔裁》与《总术》。广而论之，中国古代文论的批评文本，数量最巨的是历朝历代的诗话、诗式、诗格、诗法等。明清以降，继海量的"规范诗学"或"修辞诗学"，又出现热衷于作法和读法的小说戏曲评点。金圣叹《第五才子书》讲《水浒传》的创作是"因文生事"，"只是顺着笔性去，削高补低都由我"[①]，故"因文生事"是在叙事层面对"字生文化"的经典表述。

汉语的方块字孳生了文化，也哺乳了文化，字是文化之母。就"文字"创制与"文化"创造之关系而言，汉字的六书作为"字"的构

---

① 陈曦钟、侯忠义、鲁玉川辑校：《水浒传会评本》上册，北京大学出版社1981年版，第16页。

造规律，深情地也是深度地哺乳了中华文化，并成为观念形态之文化的创造规律。刘歆、班固将"象形"置于六书之首，并将六书前四项表述为"象形""象事""象意""象声"①，无意中触到字乳文化之要害。鲁迅《汉文学史纲要》亦论及"六书"尤其是"象形"与文化的关系："文字初作，首必象形，触目会心，不待授受，渐而演进，则会意指事之类兴焉。"②

我们以文字与文学的关系而论。汉字六书对汉语文学的孳乳，若概而言之，则是鲁迅所言"意美以感心，音美以感耳，形美以感目"③。若分而言之，其"象形"之"画成其物，随物诘诎"既是汉字区别于拉丁文的标志性特征，也是文学的标志性特征，方块字的象形孳乳了文学的形象性和意境化，此其一。如果说"指事"的"视而可识，察而见意"，养育了文学之"赋"的直书其事，体物写志；那么，"比类合谊，以见指撝"之"会意"，与"本无其字，依声托事"之"假借"，则分别孳乳了文学的"比显"与"兴隐"，此其二。此外，"转注"的"同意相受"启迪了文学的互文性，而"形声"的"取譬相成"成就了文学的谐音之趣与声韵之美，此其三。至于具体的创作过程之中，文学家如何推敲，如何练字，如何捶字坚而难移，如何语不惊人死不休，亦可见出"字"对于文学的特殊意义。

被称为现代语言学之父和结构主义之鼻祖的费尔迪南·德·索绪尔（1857—1913），视"文字"为"语言"的表现或工具；与此同时，索绪尔又不得不承认："书写的词常跟它所表现的口说的词紧密地混在一起，结果篡夺了主要的作用；人们终于把声音符号的代表看得和这符号本身

---

① （汉）班固撰，（唐）颜师古注：《汉书》第六册，中华书局 1982 年版，第1720 页。

② 《鲁迅全集》第九卷，人民文学出版社 1981 年版，第 344 页。

③ 《鲁迅全集》第九卷，人民文学出版社 1981 年版，第 344 页。

一样重要或比它更加重要。"① 把书写的词即文字看得比口说的词即言语更加重要，这在表音体系（如拉丁语）中或许不太正常，但在表意体系（如汉语）中却是非常正常也是非常真实的。

或许是看到了表意体系的这种独特性，宣称"我们的研究将只限于表音体系"② 的索绪尔，却在《普通语言学教程》中用了整整一节的篇幅，专门讨论表意体系中"文字的威望"及其形成原因："首先，词的书写形象使人突出地感到它是永恒的和稳固的，比语音更适宜于经久地构成语言的统一性"；其次，"在大多数人的脑子里，视觉印象比音响印象更为明晰和持久"；第三，"文学语言更增强了文字不应该有的重要性。它有自己的辞典，自己的语法"，并最终形成自己的"正字法"，"因此，文字就成了头等重要的"；"最后，当语言和正字法发生龃龉的时候，除语言学家以外，任何人都很难解决争端。但是因为语言学家对这一点没有发言权，结果差不多总是书写形式占了上风，因为由它提出的任何办法都比较容易解决。"③ 我们看索绪尔从逻各斯中心主义立场出发对"文字威望"的批评，在某种意义上恰好是对汉字这种典型的表意体系的表扬。书写形象的永恒和稳固，视觉形象的明晰和持久，文字威望对语言统一性的塑造和维护，尤其是文学语言如何以"头等重要"的身份来解决文字与语言的矛盾等等，表意体系的这些特征及优长，构成了"字生文化"的文字学根基。

解构主义大师、后现代理论家雅克·德里达（1930—2004），其《论

① ［瑞士］费尔迪南·德·索绪尔：《普通语言学教程》，高名凯译，商务印书馆1980年版，第48页。

② ［瑞士］费尔迪南·德·索绪尔：《普通语言学教程》，高名凯译，商务印书馆1980年版，第51页。

③ ［瑞士］费尔迪南·德·索绪尔：《普通语言学教程》，高名凯译，商务印书馆1980年版，第50页。

文字学》解构索绪尔语言学的外 / 内二分结构，认为"文字并非言语的'图画'或'记号'，它既外在于言语又内在于言语，而这种言语本质上已经成了文字"①，故"文字学涵盖广阔的领域"，甚至可以用文字学替代语言学，从而"给文字理论提供机会以对付逻各斯中心主义的压抑和对语言学的依附关系"②。逻各斯中心主义又称语音中心主义，声音使意义出场，不同于汉字的书写使意义出场。德里达《论文字学》在批评索绪尔对文字与言语作内外之分时指出："外在 / 内在，印象 / 现实，再现 / 在场，这都是人们在勾画一门科学的范围时依靠的陈旧框架。"③我们今天研究中华字文化，应该打破陈旧的框架，以一种跨学科的宏阔视野来说"文"解"字"。

文字乃经艺之本，就人类轴心期文明的典型代表华夏文明而言，以"经艺"为代表的汉语元典，用一个一个的方块字（中国文化元典关键词），建构起轴心期华夏文明的意义世界。中华文化是字孳字乳的文化，华夏文明是字孳字乳的文明。观念意义上的中华文化，其源起是"鸟迹代绳，文字始炳"，其元典是或"一字以褒贬"或"联章以积句"的经艺，其楷模是情见文字、采溢格言、辞尚体要、辞动天下的圣贤文章，其种类是肇于经艺、著于竹帛的所有文体。字生文化，上古汉语的方块字从起源与本原处孳乳了中华文化，孳乳了华夏文明。追问并验明文字与文化的血缘关系，揭示中华文化的"字"生性特征，可为"文化"的释名章义，为文化研究的选文定篇，为文化理论的敷理举统，乃至为

---

① ［法］雅克·德里达：《论文字学》，汪堂家译，上海译文出版社 1999 年版，第 63 页。

② ［法］雅克·德里达：《论文字学》，汪堂家译，上海译文出版社 1999 年版，第 70—71 页。

③ ［法］雅克·德里达：《论文字学》，汪堂家译，上海译文出版社 1999 年版，第 45 页。

文化史的原始表末，提供新的路径并开辟新的场域。

第二节　元典关键词研究的中国语境

"关键词"兼具对象与方法双重含义，作为方法的关键词研究亦有中西两条路径。西方文化关键词研究为"它山之石"，汉语阐释学思维乃"本土之玉"，在"以石攻玉"的过程中，既要借鉴外来理论，在考量得失、权衡利弊后为我所用；更需努力发掘本来传统，拂去蒙尘而砥砺其术。

一、本土之玉：中国古代经典诠释学思维

海德格尔说过，西方哲学是柏拉图的注脚。此话有些笼统，却道出西方诠释学的真谛，说明在西方，诠释学源远流长。在中国，也有丰富的诠释学思想和久远的历史传统。张立文认为："诠释文本（her-meneutical text）的转换，是中国学术创新的特征之一，是学术流派创立的文献标志。"① 孔孟老庄的影响相当于柏拉图在西方的影响。先秦诸子百家极具开先创新意义，后世思想无非是在此基础上的诠释或再诠释。古人有"我注《六经》，《六经》注我"的说法，陆九渊说："学苟知本，《六经》皆我注脚。"② 禅言曰："曾见郭象注庄子，却是庄子注郭象。"我与《六经》、郭象与庄子之间的互注互释，恰恰是中国诠释学的思维路径。

① 张立文主编：《中国学术通史·序言》，人民出版社 2004 年版，第 13 页。
② 《陆九渊集》卷三四，中华书局 1980 年版，第 395 页。

（一）道与术

中国经典诠释学有注重"道术"之辨的传统。《庄子·天下篇》被认为是"最早的一篇中国学术史；批评先秦各家学派的论著，以这一篇为最古"①，自然也是中国诠释学的开篇。《天下篇》所书写的"学术史"，是一部"道术"裂变为"方术"的历史。何为"道术"？"指洞悉宇宙人生本原的学问"；何为"方术"？"指特定的学问，为道术的一部分"②，也就是后人所说的诸子百家。故《天下篇》在依次评述墨翟、禽滑厘、宋钘、尹文、田骈、慎到、关尹、老聃、庄周、惠施等各家学说之前，有一段总概"百家往而不反……道术将为天下裂"的文字。

相对于现代学术体制的分科治学，庄子的那个时代无疑属于"前学科"时代；而相对于"百家往而不反（返）"的战国诸子，《天下篇》所描述的"古之所谓道术"又是前"诸子"（或前"百家"）时代，可谓"前学科"之"前学科"。《天下篇》从理论主体与理论要义两个层面区分"道术"与"方术"。道术的主体是"天人""神人""至人""圣人"，四名实为一人："古之人其备乎"！道术的要义是"配神明，醇天地，育万物，和天下……六通四辟，小大精粗，其运无乎不在"。天地万物，宇宙人生，时间空间，形上形下，本数末度，诗书礼乐，无远不届，无处不在。"方术"的主体则是随后详论的各家之"子"，是"寡能备天地之美，称神明之容"，因而"不幸不见天地之纯，古人之大体"的"一曲之士"。"方术"的要义则是"贤圣不明，道德不一"，是"不该（兼备）不遍（普遍）"，是"多得一察焉以自好。譬如耳目鼻口，皆有所明，不能相通。犹百家众技也，皆有所长，时有所用"，"各为其所欲焉以自为方"。《天下篇》

---

① 陈鼓应：《庄子今注今译》下册，中华书局 1983 年版，第 852 页。

② 参见陈鼓应：《庄子今注今译》下册，中华书局 1983 年版，第 856 页。

感叹，"道术"裂变为"方术"是一件很可悲的事情。

值得注意的是，《天下篇》叙述"道术"如何裂变为"方术"，是在讲了"《诗》以道志，《书》以道事，《礼》以道行，《乐》以道和，《易》以道阴阳，《春秋》以道名分"之后，再讲"天下大乱"的；而且"道术"裂变为"方术"的标志性特征是"内圣外王之道，闇而不明，郁而不发，天下之人各为其所欲焉以自为方"。可见，在《天下篇》作者的眼中，儒家的经典（六经）和核心命题（内圣外王）是在"方术"之前的。虽然我们不能据此就断定儒家的元典和命题（即关键词）属于《天下篇》所说的"道术"，但将之归入战国之前的"前学派"是没有问题的。

不惟"内圣外王"，儒家六经中的诸多关键词，其生成、建构及演变，均体现出前学科时代的"道术"特征。我们以《周易》为例。《周易》的成书过程是先有八卦，次有六十四卦，然后有卦爻辞，最后有象传、象传、文言、系辞等。对《周易》全书而言，八卦是八个元关键词，六十四卦是六十四个核心关键词，而"经"之卦爻辞和"传"之十翼则是对元关键词和核心关键词的系统性诠解和阐释，略为不同的是："经"之诠解是"键闭"式释名，"传"之诠解则是"开启"式彰义。《周易》为六经之首，亦为古典形态的关键词诠解之元，我们今天的超（跨）学科意义上的关键词研究，其基本路向及方法，已在《周易》的关键词建构系列及诠释系统中先在性构成。

《文心雕龙·宗经》篇有"易惟谈天，入神致用"，这八个字概括出《周易》（也是前诸子时代之经典）"见天地之纯，古人之大体"的道术特征。"谈天"只为"见天地之纯"，"入神"方可识宇宙之奥，"致用"才能在自然与人类的广阔领域得"古人之大体"。《周易·系辞》一上来就讲"天尊地卑，乾坤定矣"，又讲"《易》与天地准，故能弥纶天地之道"。作《易》者非"仰观（天）俯察（地）"而不能作，解《易》者非拟"天"象"地"而不能解，习《易》者非法"天"则"地"而不能习，正所谓"天如何，地如何，人如何"是也。

"道术"即前学科时代的文化经典，不仅"《易》惟谈天"，五经皆喜"谈天"。《诗经》之《周颂》，有《维天之命》《天作》《昊天有成命》等；《尚书》之《尧典》，有"钦若昊天，历象日月星辰"；《礼记》之《中庸》，开篇言"天命之谓性，率性之谓道，修道之谓教"；《周礼》序官，以"天官冢宰"居首，"地官司徒"次之；《春秋》编年，以天时为经，以人事为纬……前学科时代文化经典的创制者，通晓自然人文，弥纶天地之道，故他们及其作品才能成为后世各家各派各门各类所"征"之"圣"、所"宗"之"经"。

按照现代的学术分类，刘勰是文学理论家，其《文心雕龙》是文论专著，但刘勰论文，从天地谈起："文之为德也大矣，与天地并生者何哉！"刘勰原道，从《周易》说起："人文之元，肇自太极，幽赞神明，易象为先，庖牺画其始，仲尼翼其终。"班固是历史学家，作《汉书·艺文志》，不仅以《周易》为"六艺略"之首，而且引《周易·系辞下》的文字："宓戏氏仰观于天，俯察于地。"许慎是文字学家，《说文解字》从"一"说起，也是从"天地"说起："惟初太极，道立于一，造分天地，化成万物。"其"叙曰"亦大段引用《周易·系辞下》："古者庖牺氏之王天下也，仰则观象于天，俯则观法于地，视鸟兽之文，与地之宜，近取诸身，远取诸物，于是始作易八卦，以垂宪象。"孔安国是经学家，为《尚书》作序同样征引《周易·系辞下》："古者伏牺氏之王天下也，始画八卦，造书契，以代结绳之政。由是，文籍生焉。"以军事学家身份首注《孙子兵法》的曹操，为《孙子兵法》作序亦从《周易》说起："操闻：上古有'弧矢'之利"，"弧矢之利"出自《周易》，其"睽"卦《象传》有"先张之弧"，其《系辞下》有"弦木为弧，剡木为矢，弧矢之利，以威天下，盖取诸《睽》"。以上诸例，或文学或史学或文字学或经学或兵学，均属于后道术时代的一方之术或一家之学，均不约而同地以"谈天说易"的方式返回道术，返回前学科时代。非如此，无法见天地之纯，古人之大体，正所谓五家如一，无所逃循于天地之间。

（二）经典与视角

葛兆光指出，在中国思想史中，有一些思想命题是在不断诠释中的。比如孔子说过："未知生，焉知死。"又说："未能事人，焉能事鬼。"这些命题给后人不断填充和阐释的空间。"本来，可能这只是孔子对于鬼神、天道和人性等未知领域的委婉拒绝和对家庭、家族和社会等现实世界的全面肯定，可是在后人那里却被理解为，这是孔子有意给后人留下的话题。"孟子、荀子对于天道与人性的解释已经超越孔子的视界。到了 3 世纪的玄学，荀粲说："常以为子贡称夫子之言性与天道，不可得闻，然则六籍虽存，固圣人之糠秕。"把儒家经典轻描淡写地放在了一边。何晏则云："性者，人之所受以性也。"又曰："天道者，元亨日新之道，深微，故不可得而闻也。"则把"性与天道"的话题放置思想的至高点。王弼则从中找到从儒家转向道家玄思的依据。到 5 世纪，宗炳在《明佛论》中讨论儒家的局限性时就以孔子的这几句话为例，阐明佛教关于死后世界、因果报应、人性佛性等等思想与知识的理由。①

文化经典正是在这种不断阐释中得以建构。詹福瑞先生考察过"经典的累积性"，以《诗经》的经典化为例。《诗经》本来不是经典，孔子整理《诗经》，就开启了《诗经》的经典化，孔子还对其思想作了鉴定性总结："诗三百，一言以蔽之，曰：思无邪。"这种鉴定性的总结"影响到后人对《诗经》作一种思想纯正的解释"。到了汉代，经过汉儒的阐释，《诗经》更是成了儒家六经之一。胡适说："汉朝的齐、鲁、韩三家

---

① 参见葛兆光：《中国思想史·导论》，复旦大学出版社 2001 年版，第 61—62 页。

对于《诗经》都加上许多的附会，讲得非常的神秘。明是一首男女的恋歌，他们故意说是歌颂谁，讽刺谁的。《诗经》到了这个时代，简直变成了神圣的经典了。"汉儒赋予《诗经》很深的教化之义，后世注疏者也多沿此路向继续往前走，如唐代孔颖达、宋代经学大家朱熹，直到清代大儒，大多不离此旨，不敢突破孔子对《诗经》的思想定性和教化之义。①经过一代又一代的累积，附着在《诗经》上面的礼教内涵和教化意义越来越深厚，一部本来是纯粹的文学作品成了拥有神圣光环的经典了。

标举圣人，为的是认祖归宗，为自己思想谱系的重构找到依据。葛兆光先生在谈及中国思想史的连贯性时，他以唐宋时期从韩愈到朱熹关于"道统"的建构为例。韩愈把自己所主张的"道"追溯到尧舜禹汤文武孔孟，他在《原道》一文说："斯道也，何道也？曰：斯吾所谓道也，非向所谓老与佛之道也。尧以是传之舜，舜以是传之禹，禹以是传之汤，汤以是传之文武周公，文武周公传之孔子，孔子传之孟轲，轲之死，不得其传焉。"从孟子到唐宋新儒学，中间距隔千余年，新儒学们通过"千圣传心"，即对此心此理的体认，把思想道统的连贯性建构起来。②

中国阐释学也不是一味地唯经典是从，从经典说起、借助经典是为了阐述自己的思想和观点。这就有一个立场和视角的问题。每一个阐释者都有时代的烙印和个人的视角。比如朱熹，他是经学大家，他的《四书章句集注》仍然不能摆脱宋代理学的框框，谁都知道他是在借《四书》来阐释自己的理学思想。葛兆光指出："各个时代各种背景中的叙述者可能理解并不一致，各种后设的价值都在支配着选择的目光，《伊洛渊

---

① 参见詹福瑞：《论经典》，人民文学出版社2015年版，第136—138页。
② 参见葛兆光：《中国思想史·导论》，复旦大学出版社2001年版，第74—75页。

源录》撰者看到的宋代思想史，《明儒学案》撰者眼中看到的明代思想史，《清儒学案小识》撰者看到的清代思想史，其实都各有所偏，就像后来的思想史要放大王充、范缜、王夫之的存在一样。"[1] 文学界有一句老话："一千个读者，就有一千个哈姆雷特。"阐释者的立场和视角各自不同，其思想观点自然也会千差万别。如"正统"问题，是史学家、文学史家常常讨论的论题。梁启超撰《论正统》说："中国史家之谬，未有过于言正统者也。言正统者，以为天下不可一日无君也，于是乎有统；又以为天无二日民无二王也，于是乎有正统。统之云者，殆谓天所立而民所宗也；正之云者，殆谓一为真而余为伪也。千余年来，陋儒断断于此事，攘臂张目，笔斗舌战，支离蔓衍，不可穷诘。"[2]"正统"一词含义的演变，首先是统治者的政治用心，他们有意曲解，目的是为其统治找到依据。这里，我们且不说政治家们的"正统观"，单说在文史学者那里，"正统"一词内涵的争议，则是由于各自观察问题的角度和立场所致。梁启超认为，大抵正统之说起因有二：一则"当代君臣，自私本国也"；二则"由于陋儒误解经义，煽扬奴性也"[3]。第一点说的是统治者的政治用心，第二点说的是治学者的视角和立场。"朱子《通鉴纲目》所推定者，则秦也，汉也，东汉也，蜀汉也，晋也，东晋也，宋齐梁陈也，隋也，唐也，后梁、后唐、后汉、后晋、后周也。本朝乾隆间御批《通鉴》从而续之，则宋也，南宋也，元也，明也，清也。"[4] 其依据无非六个方面："得地之多寡"、"据位之久暂"、是否为"前代之血胤"、是否"前代之旧都所在"、是否"后代之所承者所自出者"、是否"中国种族"。其实，所据之理由本身就相互矛盾："通于此则窒于彼，通于

---

①　葛兆光：《中国思想史·导论》，复旦大学出版社 2001 年版，第 80 页。

②　梁启超：《清代学术概论》，中国人民大学出版社 2004 年版，第 252 页。

③　梁启超：《清代学术概论》，中国人民大学出版社 2004 年版，第 255—256 页。

④　梁启超：《清代学术概论》，中国人民大学出版社 2004 年版，第 253 页。

彼则窒于此。""前后互歧,进退失据,无一而可焉。"①"自古正统之争,莫多于蜀魏问题。主都邑者以魏为真人,主血胤者以蜀为宗子,而其议论之变迁,恒缘当时之境遇。"②梁启超以陈寿和习凿齿为例作了具体分析,一个是西晋人,一个是东晋人,对于同一个问题的立场截然不同,原因都是为了维护统治者的政治利益。陈寿《三国志》主张魏为正统,因为他生活在西晋,"西晋踞旧都,而上有所受,苟不主都邑说,则晋为僭矣。故寿之正魏,凡以正晋也"。东晋时期的习凿齿主张蜀为正统,因为"凿齿时则晋既南渡,苟不主血胤说,而仍沿都邑,则刘、石、苻、姚正而晋为僭矣。凿齿之正蜀,凡亦以正晋也"③。后世议者,也都可作如是分析,所以梁启超说:"凡数千年来哓哓于正不正伪不伪之辨者,皆当时之霸者与夫霸者之奴隶,缘饰附会,以保其一姓私产之谋耳。"④各自立场不同,看问题的角度有异,观点自然千差万别。"同一人也,甲书称之为乱贼偷盗仇雠夷狄,而乙书则称之为圣神焉;甚者同一人也,同一书也,而今日称之为乱贼偷盗仇雠夷狄,明日则称之为圣神焉。"⑤在梁启超看来,"自周秦以来,无一朝能当此名者也"⑥。梁启超自己生当中西文化大汇流之际,自然深受近代西方文化的浸染,所以他的"正统"观明显打上了近代西方宪法精神的烙印:"然则正统当于何求之?曰统也者,在国非在君也,在众人非在一人也。舍国而求诸君,舍众人而求诸一人,必无统之可言,更无正之可言。必不获已者,则如英、德、日本等立宪君主之国,以宪法而定君位继承之律;其即位也,

---

① 梁启超:《清代学术概论》,中国人民大学出版社 2004 年版,第 254 页。
② 梁启超:《清代学术概论》,中国人民大学出版社 2004 年版,第 254 页。
③ 梁启超:《清代学术概论》,中国人民大学出版社 2004 年版,第 255 页。
④ 梁启超:《清代学术概论》,中国人民大学出版社 2004 年版,第 256 页。
⑤ 梁启超:《清代学术概论》,中国人民大学出版社 2004 年版,第 257 页。
⑥ 梁启超:《清代学术概论》,中国人民大学出版社 2004 年版,第 258 页。

以敬守宪法之语誓于大众，而民亦公认之。"① 所以，梁启超的"正统观"也有他的立场和视角。

二、它山之石：西方文化关键词研究方法

从 1995 年《读书》杂志刊载《关键词与文化变迁》一文算起，时至今日，国内"关键词热"已历二十余年。倘若放眼海外，还可将关键词研究的历史再向前追溯 20 年。1976 年，英国学者雷蒙·威廉斯撰写的《关键词：文化与社会的词汇》出版，标志着现代意义上文化关键词研究的诞生。回顾 40 年来日益兴盛的研究史，自然绕不开《关键词：文化与社会的词汇》这部奠基之作，不过，我们倒不妨先从雷蒙·威廉斯更早的一部学术著作谈起。

从 1950 年撰写《文化与社会》起，雷蒙·威廉斯便开始有意尝试关键词的方法。他选取"工业"（Industry）、"民主"（Democracy）、"阶级"（Class）、"艺术"（Art）和"文化"（Culture）5 个核心词以及"意识形态"（Ideology）、"科学家"（Scientist）、"罢工"（Strike）等 47 个新词，来绘制 18 世纪中叶到 20 世纪中叶思想文化变迁的地图。按照雷蒙·威廉斯所言，《文化与社会》"探讨的框架是全盘性的，但具体的方法是研究实际的个人论述及贡献"②。他将全书按时段划分为"十九世纪传统""中间时期"和"二十世纪的见解"三编，依次考察了伯克、萧伯纳、王尔德、劳伦斯、艾略特等英国思想界和文学界名家的相关论述，以此来追踪关键词的语义演变。为了更好地呈现词语的不同意涵，雷蒙·威廉斯还选取 60 个词加以注解或短评，作为该书的附录。这一部分在正式出

---

① 梁启超：《清代学术概论》，中国人民大学出版社 2004 年版，第 258—259 页。

② ［英］雷蒙德·威廉斯：《文化与社会》，吴松江、张文定译，北京大学出版社 1991 年版，第 21 页。

版时因篇幅限制被抽离弃置，后经增补修订，直到 1976 年才以《关键词：文化与社会的词汇》为题独立出版。① 于此勾陈这一段"学术前史"，是为了还原《文化与社会》和《关键词》之间的关联。毕竟前者侧重人物和作品的分析，本是后者质疑与探询词汇的文本依据；而后者聚焦关键词的提要钩玄，亦为前者的梳理对比提供了逻辑线索。二者看似各自为营，实乃互为犄角。

　　按照《文化与社会》导论所言，"文化"是前述"工业""民主""阶级""艺术"和"文化"5 个关键词以及提请读者所注意的"意识形态""科学家""罢工"等 47 个新词中的"元关键词"。在雷蒙·威廉斯看来，"比任何其他词汇都包含了更多这些关系的，就是'文化'这个在观念上和关系上都极为错综复杂的词。在本书中，我的全部目的就是要描述并分析这个综合体，并且说明其形成的历史过程"②。是书以"文化"一词为核心，由思想领域而至社会历史，考察其背后"广大而普遍的思想与感觉运动"，这便自然涉及作为新生产方式的"工业"、代表新政治和社会发展的"民主"与"阶级"，以及属于私人经验的"艺术"实践。在这一"文化"研究宗旨的引领下，雷蒙·威廉斯选取的方法是考察具体的词义变迁而非抽象的定义，即"研究当事者的实际语言：也就是说，研究这些具体的男人和女人们在试图赋予他们的经验以意义时所使用的词汇与系列词汇"③。

　　在《关键词：文化与社会的词汇》导言中，作者重申了"文化与社会"

---

　　① ［英］雷蒙·威廉斯：《关键词：文化与社会的词汇》，刘建基译，生活·读书·新知三联书店 2016 年版，第 28 页。

　　② ［英］雷蒙德·威廉斯：《文化与社会》，吴松江、张文定译，北京大学出版社 1991 年版，第 20 页。

　　③ ［英］雷蒙德·威廉斯：《文化与社会》，吴松江、张文定译，北京大学出版社 1991 年版，第 21 页。

的主题。一方面,从"美学"(aesthetics)到"作品"(work)的质疑和探寻源自作者对"文化"涵义的独特兴趣;另一方面,这又与便于读者更好了解"文化与社会"的编撰宗旨息息相关。可以说,不管是早期的《文化与社会》,还是后来的《关键词:文化与社会的词汇》,雷蒙·威廉斯标举的关键词研究始终以"文化"为核心。而所谓"文化",在他看来实为"一种物质、知识与精神构成的整个生活方式"①。因之,"文化研究关键词"也就自然不再局限于某一特定学科,而是指向"整个生活方式"。

那么,作为一种学术研究方法的"关键词"究竟是什么呢?我们知道,"关键词"是词语之一种,它在通行的《现代汉语词典》中有两个义项:"能体现一篇文章或一部著作的中心概念的词语"与"检索资料时所查内容中必须有的词语"②。然而在具体语用中,"关键词"除了作为思维与言说的对象,还意味着一种质疑与探询词义的方法。如果说文本关键词与搜索关键词的普及,标志着以简驭繁型思维在信息化时代的大行其道,那么,关键词研究则带来了与之相反的复杂化阐释。在关键词研究中,雷蒙·威廉斯对词语的态度是驻足审视而非走马观花,他自称关键词是"一种记录、质询、探讨与呈现词义问题的方法"③。倘若借用"陌生化"理论观之,作为方法的关键词研究其实是一种恢复"使词语成其为词语"的自我审视。关键词不只是以简驭繁的认知方式,还代表了一种由简入繁的阐释技术,旨在解读约定俗成的词语背后复杂深邃的语义生成史。这里的区分与正名倒不是要死抠"关键词"的字眼,而

---

① [英]雷蒙德·威廉斯:《文化与社会》,吴松江、张文定译,北京大学出版社 1991 年版,第 19 页。

② 中国社会科学院语言研究所词典编辑室:《现代汉语词典》,商务印书馆 2012 年版,第 477 页。

③ [英]雷蒙·威廉斯:《关键词:文化与社会的词汇》,刘建基译,生活·读书·新知三联书店 2016 年版,第 29 页。

是为了彰显这项特定的阐释技术所应具备的学术旨归与精神气质。

必须说明的是，关键词研究中的一些代表性译作在原题中其实并无key words。例如，前面提及《关键词：文学、批评与理论导论》一书原名《文学、批评与理论导论》（An Introduction to Literature, Criticism and Theory）。译者在序言中自述添加"关键词"之由："鉴于它以核心范畴或关键词的形式架构全书，而且作者在第一版序言中也明确交代它的写作方法和结构安排是'在我们或多或少已经熟悉的关键的批评概念的领域作一些基本的尝试。通过对特定文学文本的阅读，我们将这些概念运用于文学实践'，我们根据本书的实际情况，将书名译为《关键词：文学、批评与理论导论》。"① 无独有偶，丹尼·卡瓦拉罗《文化理论关键词》一书原名《批判与文化理论：主题的变奏》（Critical and Cultural Theory: Thematic Variations），中译本标题中"关键词"也属译者添加。② 这两部著作之所以仍要归入关键词系列，与其说是遵循辞典体的"形似"，倒不如说是阐释技术上的"神似"。

曾作为"附录"的《关键词：文化与社会的词汇》因其鲜明的文体和新颖的方法，独立成书后一度引发学界的"关键词热"。随着该书第二版在英（Fontana Paperbacks，London，1983）、美（Oxford University Press，New York）两国的相继问世，一大批相关著作步武其后，如 1995 年，安德鲁·本尼特（Andrew Bennett）、尼古拉·罗伊尔（Nicholas Royle）合著的 An Introduction to Literature，Criticism and Theory（中译本题为《关键词：文学、批评与理论导论》，汪正龙、李永新译，广西师

---

① 汪正龙：《译者序》，载［英］安德鲁·本尼特、尼古拉·罗伊尔：《关键词：文学、批评与理论导论》，汪正龙、李永新译，广西师范大学出版社 2007 年版，第 1—2 页。

② 参见［英］丹尼·卡瓦拉罗：《文化理论关键词》，张卫东、张生、赵顺宏译，江苏人民出版社 2013 年版，总论第 1 页。

范大学出版社，2007）；2004 年，于连·沃尔夫莱（Julian Wolfreys）的 Critical Keywords in Literary and Cultural Theory（中译本题为《批评关键词：文学与文化理论》，陈永国译，北京大学出版社，2015）；2005 年，托尼·本内特（Tony Bennett）等人编写的 New Keywords: A Revised Vocabulary of Culture and Society（尚无中译本），等等。从引进效仿到消化吸收，国内学者师承雷蒙·威廉斯，在译介西学新知与移用本土化批评的实践中，已探索形成了一系列成果，如《当代文学关键词》（2002）、《中国当代文学关键词十讲》（2002）、《文化研究关键词丛书》（2005）、《西方文论关键词》（2006）、《文化批评关键词研究》（2007）、《西方文论关键词与当代中国》（2015），等等。从文本形态看，上述成果对于关键词的描述详略各异，侃侃而谈者一词一书，简明扼要者一词一条，丰富了关键词研究的体例。就写作动机而言，编撰者亦秉承了《关键词：文化与社会的词汇》的传统。雷蒙·威廉斯的著书始于惊奇，他在二战结束后从陆军退役回到剑桥，察觉出词语含义异常快速的变迁，因而留心搜集语料。与之相似，国内关键词研究亦发轫于"新语"的译介和规范。新时期以来，"现代性""主体性""解构主义"等大量西学术语涌入，令人眼花缭乱且极易人言言殊。此外，现当代政治与社会实践也造就了"两结合""鲜花·毒草""思想改造"等大量本土新词。由是之故，国内学者的关键词研究呈现出较强的译介性和当下感。

按照雷蒙·威廉斯的揭示，社会历史变迁和思想观念兴替会沉淀在关键词之中，而词语之所以"关键"正因"在某些情境及诠释里，它们是重要且相关的词"，以及"在某些思想领域，它们是意味深长且具指示性的词"①。具体说来，关键词通常包括核心的术语、概念、范畴和命

---

① ［英］雷蒙·威廉斯：《关键词：文化与社会的词汇》，刘建基译，生活·读书·新知三联书店 2016 年版，第 29 页。

题。与常见词语相比，诞生在思想领域中的术语，尤其是理论术语往往更加晦涩。汪民安在《文化研究关键词》前言中就将"星座""能指"等外来词语比作"埋伏在理论著作中"的"一道道黑暗深渊"。在他看来，"关键词语和概念的发明，是理论对世界进行表述的权宜之计"，不过对国内接受者来说，这些译介的理论术语或是因脱离原始语境而极易被误解（如"星座"），或是因跨语际翻译而常常溢出固有的汉语经验（如"能指"），那么也就有必要云探寻这些词语在"构筑""繁殖"和"翻译"过程中产生的意义"深渊"。① 值得注意的是，在这篇题为《词语的深渊》前言中，"关键词"的用法不再像雷蒙·威廉斯那样紧扣"文化"主题，而是始终不离"理论"的语境。从主编所选取的"保守主义""规训""赛博空间""作者之死"等 193 个词条来看，是书对"关键词"的理解正如书名所示——《文化研究关键词》（Key Words in Cultural Studies）。确切地说，编写者关注的是"文化研究"中的"理论关键词"。

从"文化关键词研究"到"文化研究关键词"，词序的微小变动带来了研究重心的转移。如果说文化研究因其包容性还在很大程度上保留了跨学科的广阔视域，那么，诸如"文学理论关键词"式的研究便难免显现出浓厚的学科特色。比如，英国学者安德鲁·本尼特和尼古拉·罗伊尔合著的《关键词：文学、批评与理论导论》选取了 32 个关键词，其中"纪念碑式的作品""创意写作""述行语言"之类的适用范围恐怕只限于文学，而"开端""战争""结局"等常用词的论述也紧密围绕着文学这一中心展开。尽管译者指出是书"借鉴了关键词著作的跨学科研究方法，从文学与其他文化形态的相互作用入手"②，但这种"重心仍然

---

① 参见汪民安：《词语的深渊》，载《文化研究关键词》，江苏人民出版社 2011 年版，第 1—4 页。

② 汪正龙：《译者序》，载 [英] 安德鲁·本尼特、尼古拉·罗伊尔：《关键词：文学、批评与理论导论》，汪正龙、李永新译，广西师范大学出版社 2007 年版，第 5 页。

聚焦到文学上"的眼光毕竟遮蔽了从"开端"到"结局"等关键词本应具有的更为广阔的历史文化意涵。诸如"文学中的战争"或"文学和战争"的探讨，关注点还是在作家的表述和读者的接受，这显然不是文化与社会语境中"战争"的全部意涵，甚至都难称是主要部分。

"文化"还是"理论"，"关键词"前面的潜在定语不易觉察却事关重大。不妨说，现今种种"关键词研究"之所以时常受到"学科术语汇编"的批评，实与从"文化关键词"到"理论关键词"（亦即从词语一般用法到特殊规定）的重心偏转有关。以笔者所见"关键词研究"著作为例，除了托尼·本内特《新关键词：新修订的文化与社会的词汇》（New Keywords: A Revised Vocabulary of Culture and Society）与美国不列颠百科全书出版公司编辑的论题集《西方大观念》（The Syntopicon: An Index to the Great Ideas of Western Civilization）等少数著作还遵循着"文化关键词"的取向，后继者似乎更偏爱"理论关键词"的研究。一般被视作雷蒙·威廉斯之后关键词研究代表性著作的丹尼·卡瓦拉罗《文化理论关键词》（Critical and Cultural Theory: Thematic Variations）、于连·沃尔夫莱《批评关键词：文学与文化理论》（Critical Keywords in Literary and Cultural Theory），以及前述安德鲁·本尼特和尼古拉·罗伊尔合著的《关键词：文学、批评与理论导论》（An Introduction to Literature，Criticism and Theory）等，皆不例外。受其影响，国内的关键词研究亦发轫于文学与文论领域。1999 年，《南方文坛》开设"当代文学关键词"专栏，旨在"对我们经常使用的、并对学科具有支配性的基本概念进行一番清理"，首期刊载洪子诚的《中国当代文学》与南帆的《两结合》。2002 年，《外国文学》开设"文论讲座：概念与术语"专栏，旨在"专门介绍和讲解西方文论中不易把握的概念与术语"，首刊赵一凡《结构主义》一文。这两个专栏有力推动了"关键词研究"在国内的接受与实践，可视作"关键词热"的标志性事件。"当代文学关键词"专栏于 2002 年由广西师范大学出版社以同一题名结集出版，"文论讲座：概念与术语"专栏亦于 2006 年由外语教学与研究出版社结集为《西方文论关键词》。与之类似，可纳入"文学理论关键词"系列的还有陈思和《中国当代文学关键词十讲》（2002）、南帆主编《二十世纪中国文学批评的 99 个词》（2003）、盖生《20 世纪中国文学原理关键词研究》（2013）、胡亚敏主编《西方文论关键词与当代中国》（2015），等等。与之不同的是，2005 年陶东风主编《文化研究关键词丛书》采用一词一书形式，梳理了"现代性""文化研究""意识形态""互文性""文化与文明"等关键概念。时至 2007 年，汪民安主编《文化研究关键词》、王晓路等著《文化批评关键词研究》与周宪编著《文化研究关键词》三书相继问世，标志着可与"文学理论关键词"形成双峰对峙之势的"文化研究关键词"系列蔚然兴起。现在看来，文学与文化理论关键词研究呼应了新时期以来学术界的方法论热，甚至一度承担起普及与整理西学新知的重要功能。不过，这同样也引起了国内学者的理解偏差，以致萌生出关键词研究等同于术语编纂的观点："关键词的研究方法，无非就是选取某一学科领域的几个术语，围绕它们的'定名''定义''定位'展开阐释，借此达到'立论'的目的。"①"无非就是"的理解多少窄化了关键词研究本应具有的广阔面向。

就其历史而言，关键词研究在文学理论与文化研究两大领域内的勃兴并非偶然。作为文化思想家的雷蒙·威廉斯的专长正是文学批评与文化研究，他的《乡村与城市》《电视：科技与文化形式》《马克思主义与文学》等著作与关键词研究构成了不容忽视的互文关系。不过，与雷蒙·威廉斯投身成人教育事业和反精英化的志向相比，专业精深的"理论关键词"研究是否已在背离日常生活而走向象牙塔的理路上渐行渐远了呢？某种意义上讲，"学科术语汇编"式的批评早已给出了评判。这

---

① 郑述谱、叶其松：《术语编纂论·前言》，上海辞书出版社 2015 年版，第 4 页。

一批评声音的背后，是从"文化关键词"到"理论关键词"研究取向的偏转。"理论关键词"的繁盛固然适应了新时期以来国内学界译介与规范外来术语的迫切需求，也彰显了关键词研究在具体学科的落实与推进，但不可否认的是，"术语化"对理论的过分依赖也多少遮蔽了这项研究的初衷。相较于"文化与社会的词汇"，局限在某一学科论域内的关键词研究往往因特定的对象和方法而很难从容展开，在收获论说针对性与集中性的同时，也付出了主动放弃开阔论域的代价。由是之故，有学者指出"文学理论关键词""美学理论关键词"之类的著作大多为学科术语汇编而难称真正意义上的关键词研究。① 这类批评绝非苛责，反倒是直指由"文化关键词"到"理论关键词"的"术语化"倾向及其带来的关键词研究生命力之萎缩。这也是梳理西方文化关键词研究脉络，引入他山利器时不可回避且尤须警惕的问题。

三、以石攻玉：20 世纪以来国内关键词研究得失

现代意义上的关键词研究始于 20 世纪初，如张岱年的中国古典哲学概念范畴研究、郭绍虞的中国文学批评史术语和观念研究以及钱锺书《管锥编》对经史子集之关键词汇的考论等等。21 世纪初，受英国文化学家雷蒙·威廉斯的影响，国内学界兴起"关键词"热，先是《南方文坛》《外国文学》等杂志开辟"关键词"专栏，继之是译介国外有关"关键词"研究的专书（如雷蒙·威廉斯《关键词：文化与社会的词汇》、丹尼·卡瓦拉罗《文化理论关键词》、安德鲁·本尼特等《关键词：文学、批评与理论导论》等），然后是以"关键词"为关键词的论文、著作和丛书时现坊间：如陶东风主编的《文化研究关键词丛书》、周宪主编的《人

---

① 参见冯黎明：《关键词研究之"关键技术"》，《粤海风》2014 年第 3 期。

文社会科学关键词丛书》、江苏人民出版社的《关键词丛书》等等。此外，国家社科基金立项资助的相关项目有：胡亚敏"西方文论关键词与中国当代文学批评"（2007）、盖生"中国 20 世纪文学原理关键词论要"（2010）、赖彧煌"新诗观念史上的关键词谱系研究"（2011）、黄擎"'关键词批评'的理论范式及其在中国的批评实践研究"（2011）等。

关键词，不仅是研究对象，也是研究方法。雷蒙·威廉斯《关键词：文化与社会的词汇》对于中国学界的意义，不限于文化研究领域，而是为人文社会科学的诸多领域提供了一种"关键词"研究法，也就是"历史语义学"（historical semantics）的方法。雷蒙·威廉斯用历史语义学的方法研究文化关键词，不仅强调词义的历史源头及演变，而且强调历史的"现在"风貌——现在的意义、暗示与关系。重视词义的延续、断裂及价值、信仰方面的激烈冲突等过程。注重关键词的开放性与流变性，重视其缘起、生成语境、基本理论意指及在批评实践中的发展、变异。①

雷蒙·威廉斯的观念和方法，为 21 世纪中国学界不同学科或领域的关键词研究提供了"他山之石"，并直接催生出国内学界的"中国文化关键词"研究。就后者而言，冯天瑜先生的研究具有典范意义。冯天瑜倡导"历史文化语义学"研究，以关键术语和概念为研究对象，强调通过对概念作历时性和跨文化考察，探悉概念背后的历史文化意涵，学术重心是在中西日三边互动的语境中探讨文化关键词的近代生成及流变。《新语探源——中西日文化互动与近代汉字术语生成》（中华书局，2004）和《"封建"考论》（武汉大学出版社，2006）两部专著，以新语为窗口，透视汉字文化的古今转换、中西对接，尤注意概

① 参见［英］雷蒙·威廉斯：《关键词：文化与社会的词汇》，刘建基译，生活·读书·新知三联书店 2016 年版，"译者导读"，第 13—22 页。

念误植的考辨，对近代术语作历史学、文化学和语义学的综合探究。冯天瑜主持的武汉大学中国传统文化研究中心，围绕历史文化语义学积极开展学术交流与合作。2005 年 8 月、2007 年 4 月，与国际日本文化研究中心在日本京都先后联合举办两次相关国际学术会议，2006 年 12 月在武汉大学举办"历史文化语义学国际学术研讨会"，汇集国内外历史文化语义学研究的近百位学者，对汉字术语生成、演变包含的历史文化内涵进行探讨。会议论文集《语义的文化变迁》（武汉大学出版社，2007）刊载论文 60 余篇，反映该领域研究的前沿成果，其中有聂长顺《学名厘定与新学构筑》和余来明《历史文化语义学：理论与实践》。① 此外，聂长顺新著《近代教育术语生成研究》（武汉大学出版社，2010）、余来明博士后工作报告《"文学"的观念》（人民文学出版社，2016）也是这一领域的代表性成果。严格意义上的"中华文化关键词"研究，则有周光庆《中华文化关键词研究刍议》（《华中师范大学学报》2009 年第 9 期），周文从汉语词汇分析层面切入，对文化关键词研究的理论依据、复合目标和基本程序等提出构想。周光庆另有《通往中国语言哲学的小路》（华中师范大学出版社，2011），对"和""同"等中国文化关键词作出个案分析。

从较为宽泛的意义上说，关键词研究还应包括中国哲学—美学范畴研究和中国古代文论范畴研究。前者有张岱年《中国古代哲学概念范畴要论》（中国社会科学出版社，1989）、成中英《中国哲学范畴问题初探》（《汉学研究》1985 年第 1 期）、张立文主编《中国哲学范畴精粹丛书》（中国人民大学出版社,1989）、张立文《中国哲学范畴发展史》之《天道篇》和《人道篇》（中国人民大学出版社，1988、1995）和蔡锺翔等主编《中国美学范畴丛书》（百花洲文艺出版社，2001）等，后

① 参见冯天瑜主编：《语义的文化变迁》，武汉大学出版社 2007 年版。

者有汪涌豪《中国古代文论体系·范畴论》（复旦大学出版社，1999）和李建中主编的《中国古代文论范畴发生史丛书》（武汉大学出版社，2009）等。

毋庸讳言，所谓"关键词研究热"，"热"的时间并不长。雷蒙·威廉斯的《关键词：文化与社会的词汇》2005年才有完整的中译本，而不到十年，"关键词"热已呈消退态势。进入21世纪的第二个十年，虽然还能见到一些以"关键词"为关键词的文章和专书，但是，无论是规模、气势以及观念和方法上的创新程度，都无法与21世纪头十年的状况相比。关键词研究在21世纪的第二个十年趋"冷"，亦即出现"困境"主要表现在以下两个方面。从规模、气势上来看，据不完全统计，进入21世纪的第二个十年，以"关键词"为题名的专著由2009年和2010年每年三十多部减少到2011年只有二十多部，论文由2010年的1500多篇减少到2011年1400多篇，而且这两组数据呈逐年递减的趋势发展；从观念和方法上来看，此期的研究者大多沿袭了前期研究者的套路，或采用分科治学的模式来研究某一具体学科的"关键词"，或采用辞典释义的模式按音序或笔画编排的体例来对"关键词"进行切割和类分，以上种种研究均未能摆脱依经立义、经义至上的传统模式，从而遮蔽了这些"关键词"深广的文化意蕴和现代价值。就中国文化及文论的关键词研究而言，无论是严格意义上的中国文化关键词研究，还是宽泛意义上的中国哲学—美学和古代文论的范畴研究，均不同程度地存在下列缺陷和不足。

一曰分科治学模式导致对研究对象的切割。

包括五经和先秦诸子在内的中国文化元典，其关键词诞生于前学科时代，也就是《庄子·天下篇》所说的"古之道术"尚未裂变为"方术"的时代。而今人对元典关键词的研究，大多在某一特定的学科框架内进行，"各得一察焉以自好"，"皆以其有为不可加矣"，结果是"不幸不见天地之纯、古人之大体"。① 比如，对关键词的类分，哲学学科的研究者以"自然哲学、人生哲学、知识论"一分为三，文学理论学科的研究者则以"文学本质、主体创作、文体风格、批评鉴赏"一分为四。将关键词对号入座，则难免方枘圆凿。比如"道"，是自然、人生抑或知识？比如"兴"，是创作、文体还是鉴赏？

如果说 20 世纪八九十年代兴起的范畴研究对元典关键词的分科阐释尚有某种程度的合法性，而 21 世纪初直接受雷蒙·威廉斯影响而兴起的"关键词"热依然固守分科治学之模式，依然热衷于在不同学科的框架内诠释各自的术语、概念和范畴，则成了《庄子·天下篇》所说的"百家往而不反，必不合矣"：既不合于元典关键词"其备乎"的原生形态，亦不合于雷蒙·威廉斯"历史语义法"的跨学科视域和路径。

二曰辞典释义模式导致关键词阐释的非语境化。

就释词方式而言，既有的关键词研究不外乎三种模式：一是"标准答案、一锤定音"的辞典式，其中既包括各种版本和规模的文化辞典，还包括 21 世纪初新出现的冠之以"关键词"的各学科的分类辞典；二是"语料汇抄、词义类聚"的类书式，如《中国古典美学丛编》《中国古典文艺学丛编》等等；三是"范式归纳、体系构建"的范畴式，如前面所提到的中国哲学—美学和文论范畴著述。这三种方法又是以"辞典释义"为基本或核心模式：类书是为辞典准备语料，范畴则是扩展版和理论版的辞典。对于文化元典关键词研究而言，辞典以及相关的类书和范畴模式当然是必不可少的，但我们在使用时对其局限乃至弊端须有清醒的认识，否则就会导致关键词释义的静态化、非语境化以及历史场域即语义现场的遮蔽或丢失。

三曰经义至上模式导致对元典关键词之现代价值的遮蔽。

---

① （清）郭庆藩：《庄子集释》第四册，中华书局 1961 年版，第 1065—1069 页。

中国文化元典多是先秦时期各家各派的经书，其中儒家经书及其传疏占了多数，加之西汉开始的独尊儒术也就是独尊儒家经书和圣人的传统，则元典关键词之阐释，遂形成依经立义、经义至上的路径。前述文化关键词研究的三种释词模式（辞典式、类书式和范畴式），或是引经据典式的词义界定，或是断章取义式的语料排比，或是微言大义式的静态阐释，阐释者较少能站在现代文明的高度去深入分析元典关键词在现代社会（包括主流文化和民间话语）中的转义、变异和更生，也较少能客观把握元典关键词这种再生性所折射出的传统与现代、东方与西方的冲突及融合，尤其是忽略了汉语关键词在中西互译的过程中所产生的语义变迁甚至是词义悖逆。上述种种缺陷，在一定程度上遮蔽了元典关键词的现代价值，阻碍了元典关键词的现代转型之路。

关键词研究如何走出困境？基于以上分析，我们分别就"入思路径"和"研究方法"这两个层面的问题提出几点粗陋之见，以求教于方家。

就关键词研究的入思路径而言，其理有三。

第一，突破"分科治学"模式，实现对关键词的整体观照和系统阐释。如前所述，现有的关键词研究，多是在不同学科的区域内各是其是、各非其非，东向而望，不见西墙；而中国文化元典的关键词研究，尚停留在个案分析（即单个关键词诠释）的阶段。要使关键词研究在纵深和宽广两个维度有所突破，则须打破学科樊篱，返回轴心期百家争鸣的历史语义现场，对儒、道、墨、法、兵等各家文化元典中的关键词作系统性研究。就中华文化元典关键词研究这一特定领域而言，这种超越学科之上的整体观照和系统阐释尚属首次，具有较高的学术开创价值。当然，跨学科不是去学科，而是对多种学科视域的整合，无论是对单个关键词的诠释还是对整个关键词群的考察，则既有历史学还原，又有语言学释义；既有哲学论辩，又有逻辑学界定；既有文学描述，又有心理学剖析，还有政治学或军事学延伸等等。关键词阐释的多学科视域融合，是实现关键词研究之整体观照的必要前提。

第二，突破"辞典释义"模式，开启关键词阐释的"生命历程法"。现有的文化关键词研究，其阐释方法以"辞典—类书—范畴"为主要模式。我们主张在通变传统释词方法的基础上新创"生命历程法"，厘清并描述元典关键词从诞生、成长、成熟到更新、再生的生命历程，从而在词根性、坐标性和再生性的不同阶段和层面，展示中国文化元典关键词鲜活的生命力和强大的文化影响力。关键词阐释的"生命历程法"，作为具体研究方法，不仅要继承中国文化研究之文字学、音韵学、训诂学、经学、史学等学科的传统，而且要吸纳历史语义学、文化语言学、认知语言学、语言哲学、阐释学等外来的研究方法。"生命历程法"的新创与应用，不仅对关键词研究，而且对相关领域和学科（如中国哲学、中国美学、中国文学、中国文论等）的研究，都具有较高的学术价值。

第三，深入发掘"元典关键词"之文化宝库，为中华文化的现代传承与创新提供文化资源、思想启迪和词语学依据。轴心时代（在中国是殷商、西周和春秋战国时代），华夏文化和文明的精髓以"关键词"的方式生成并存活在各家各派的文化元典之中，这些"元典关键词"不仅创生出先秦时期中华文明的辉煌，而且成为秦汉以降中国文化的源头和轴心。历朝历代的文化在与异域文化冲突、对话、交流和融会之际，在重建本土文明之时，都会自觉地重返文化元典，重返文化元典关键词。在今天这个全球化时代（或曰新轴心时代），中国文化同样面临与异域文化的冲突、对话、交流和融会，面临对传统文化的重释和阐扬，用"关键词"方法整体性地研究轴心期中国文化元典，通过对元典关键词之词根性、坐标性和再生性的考察和阐释，为中华文化的现代传承与创新提供词语学依据，从而在关键词研究的特定领域昭明中华文明的文化底蕴、生命活力、民族精神和核心价值观，获取全球化时代与异域文化平等交流的话语权，提高并增强文化多元格局下中国文化的软实力及影响力。这正是关键词研究的重要社会意义之所在。

第三节　元典关键词研究的经典文本

元典关键词研究须立足于中国语境，在批判性借鉴他山利器的同时，尤其不能忘记汉语阐释学这一看家本领。从轴心期到全球化，《韩非子·解老》《墨子·非乐》所代表的学派攻辩，《文心雕龙》所代表的经典意识，《北溪字义》《孟子字义疏证》所代表的历时演绎和《管锥编》所代表的中西会通是四类可资借鉴的经典文本。

一、百家争鸣：《解老》《非乐》与学派攻辩

冯友兰说："自春秋迄汉初，在中国历史中，为一大解放之时代。"[①]其标志即思想的大解放，百家争鸣，各言其道，相互诘难，针锋相对，出现"诸子互非"的盛况。如《墨子》有《非乐》《非命》《非儒》等篇目，批评儒家礼乐等核心思想。《荀子》有《非十二子篇》。其他人虽未用"非"字，但言词同样激烈，同样有致敌手于死地而快的决心，如庄子视杨墨为"多骈旁枝之道"（《庄子·骈拇》）、儒家是"毁道德以为仁义""屈折礼乐以匡天下之形"（《庄子·马蹄》），所以主张"削曾史之行，钳杨墨之口，攘弃仁义"（《庄子·胠箧》）。《韩非子》有《五蠹》篇，提出"儒以文乱法，侠以武犯禁"等观点，认为"人主不除此五蠹之民，不养耿介之士，则海内虽有破亡之国，削灭之朝，亦勿怪矣"。各家各执其辞，各言其是，正所谓"天下大乱，圣贤不明，道德不一，天下多得一察焉

---

① 　冯友兰：《中国哲学史》，商务印书馆 1976 年版，第 14 页。

以自好。"(《庄子·天下》)"九家之术，蜂出并作，各引一端，崇其所善，以此驰说，取合诸侯。"(《汉书·艺文志》)[1]诸子"互非"，多扣住对方的思想关键词来"非难"，从而树立自己的思想的关键词。从这一点来说，诸子"互非"的过程，也是诸子思想关键词的互诘、互进和互成的过程。诸子敢于坚持自己的观点，敢于怀疑他人、无视权威的精神，奠定了中国文化的理性品格，从而也铸造出一大批代表中国文化的核心思想和理念。

（一）解老喻老

"解老"和"喻老"既是《韩非子》的篇名，亦可视为韩非子的"老子关键词解读（或研究）"。从狭义（亦即《韩非子》的文本义）上说，"解（喻）者"与其"所解（喻）"，二者对同一关键词的理解并无本质上的差异，属于后进对前贤的阐发和引申。轴心期与此相类似的，还可举出《孟子》对《论语》的阐扬，《庄子》对《老子》的扩充。若在一个更大的范围内考察，与之同类的，还有南宋陈淳《北溪字义》之"宋代儒学关键词研究"，清代戴震《孟子字义疏证》之"孟子关键词研究"，今人钱锺书《管锥编》之"经史子集关键词研究"等等。

《韩非子·解老》，语涉《老子》八十一章中的十一章文字，其话语方式是在一段阐述之后，用"故曰"引出《老子》的相关原文。《解老》篇所解读的《老子》术语、概念和命题，既有道家文化的元关键词（如"道""德"），还有核心关键词（如"无象之象""祸福""生死"），也有一般性术语（如"迷""啬""走马""以家观家"等等）。《解老》一上来就解释《老子》"德篇"即三十八章的关键词："德者，内也；得

---

① （汉）班固撰，（唐）颜师古注：《汉书》第六册，中华书局 1962 年版，第1746 页。

者，外也。上德不德，言其神不淫于外也。神不淫于外则身全，身全之谓得。得者，得身也。"在区分了"德"与"得"的相异之后，用"无"和"不"来为"德"定义："凡德者，以无为集，以无欲成，以不思安，以不用固。"最后，用"故曰"引出《老子·三十八章》的原句："上德不德，是以有德。"用同样的方法，韩非子依次解读了《老子·三十八章》中的"上仁""上义""上礼"等关键词。

《喻老》亦涉及《老子》的十一章文字，只是解读的方式与《解老》不一样：《解老》重在"解"即理论阐释，逻辑推理；《喻老》重在"喻"，用历史掌故或寓言故事来喻明《老子》的相关关键词。《老子·四十六章》的关键词是"足"，与之相对立的是"可欲""欲得"和"不知足"。《喻老》一口气讲了三件事：第一件是晋文公受翟人丰狐玄豹之皮而自为罪，以喻"罪莫大于可欲"；第二件是智伯攻赵，军败晋阳，身死高梁之东，以喻"祸莫大于不知足"；第三件是虞君欲屈产之乘与垂棘之璧，不听宫之奇，故邦亡身死，以喻"咎莫憯于欲得"。最后用"故曰"引出老子关于"足"的经典论断："知足之足常足矣。"《老子·六十三章》的关键词是"细"，韩非子不厌其细地叙述扁鹊为桓公诊病的故事，用"良医之治病也，攻之于腠理。此皆争之于小者"来喻显"天下大事，必作于细"。《老子·四十一章》有一个著名的命题："大器晚成。"韩非子为之引喻的故事则是：楚庄王不为小害善，故有大名；不早见示，故有大功。

司马迁作《史记》，将韩非之传列于老庄之后，称韩非"喜刑名法术之学，而其归本于黄老"，又称"韩子引绳墨，切事情，明是非，其极惨礉少恩。皆原于道德之意，而老子深远矣"。可见韩非子的法家之学，与老子的道家之学是有渊源关系的。故《韩非子》之《解老》《喻老》二篇，既是对道家文化关键词的阐发，也是对法家思想渊源的追溯和清理。"解老喻老"作为文化关键词之解读方式，在轴心期中国文化的典籍中可以经常见到。只是所解所喻之对象，有的是与自家有渊源关系的别家先贤的关键词，有的则是自家或自家先贤的关键词。前者可称之"他解（喻）"，后者则可称之为"自解（喻）"。比如《墨子》一书，其《尚贤》《尚同》《兼爱》《非攻》《节用》《节葬》诸篇，是对墨家文化关键词的"自解"；而《经》之上下，《经说》之上下，还有《大取》和《小取》，其中既有"自解"：如解说"墨辩"之关键词"故""体""知""达""类""私"等等；亦有"他解"，如解说儒家文化关键词"仁""义""礼""知""勇"等等。

相对于"解"而言，"喻"的使用更为普遍。《韩非子》之专用"喻"，除了《喻老》，还有《说林》（上下），后者广说诸事，其多若林，专门以"喻"的方式来明理至道。《老子》亦有"喻"："上善若水"是喻，"治大国若烹小鲜"是喻，"飘风不终朝，骤雨不终日"也是喻……如《老子·十一章》："三十辐共一毂，当其无，有车之用；埏埴以为器，当其无，有器之用；凿户牖以为室，当其无，有室之用。有之以为利，无之以为用。"一口气用三个"喻"说一个关键词：无。

《庄子》自称"寓言十九"，足见"喻"的比重之大；又称"重言十七"，"重言"中也有"喻"，只是引以作"喻"的主人公常常是真实的历史人物。比如《大宗师》说"坐忘"，《人间世》说"心斋"，都是寓言式地借重儒家圣贤孔子与颜回的对话，亦即用"喻"的方式来言说道家的文化关键词。相对于"忘"和"斋"，《庄子》的"游"是一个更为核心的关键词，而《逍遥游》说"游"，通篇都是"喻"。起首用《北冥有鱼》《蜩与学鸠》两个寓言以及朝菌、蟪蛄、冥灵、大椿、彭祖诸事引出"小大之辩"，以喻"游"之无待。继之用《尧让天下于许由》《肩吾问于连叔》两个重言以及《鹪鹩巢林》《偃鼠饮河》《越樽代庖》《姑射神人》等寓言，以喻"游"之去名去功、无己无心。末尾用《惠子言庄子》的两个重言，套叙"虑瓠为大樽而浮乎江湖""树樗于无何有之乡而寝卧其下"两个寓言,以喻"游"之用大即无用之大用。庄子用一连串的寓言和重言喻"游",先抑后扬,似臧实否,层层推进,步步深入,使得"游"这个关键词,在超越了"小大""物我""用之有无"等多重阻障或遮蔽之后,终诣"无待"之最高境界。"游"在经过《庄子》的自喻自解之后,遂成为轴心期中国文化的核心关键词,流传久远,并深刻地影响到后轴心时代的中国哲学和文学理论。西汉刘安《淮南子》讲"游心于虚",西晋陆机《文赋》讲"精骛八极,心游万仞",南朝刘勰《文心雕龙》讲"神与物游"。"游"(关键词)之"游"(依时序流变),既传递了轴心期道家文化的逍遥之神,又承续了轴心期关键词诠释的解喻之方。可见,轴心期中国文化关键词之恒久生命力与巨大影响力的获得,与其独特的创生路径是密切相关的。

(二)非乐非命

"非乐"和"非命"均为《墨子》的篇名,墨子非乐非命是为了"非儒"。墨子之非儒,归结为"繁饰礼乐以淫人,久丧伪哀以谩亲,立命缓贫而高浩居,倍本弃事而安怠傲"①。但《墨子》的《非儒》篇主要是非儒者之言,如"亲亲有术,尊贤有等","君子必古服古言然后仁","君子循(述)而不作"等等。《非儒》引用的儒者言论,所指过于宽泛,故《非儒》所非之的没有聚焦于儒家的核心概念即关键词。相比之下,《非乐》《非命》才真正是墨家学派对儒家文化关键词的非议和否定。

以《非乐》篇为例。墨子"非乐"的出发点是兴天下之利,除天下之害;是上考之要中圣王之事,下度之要中万民之利。从理论上讲,墨子非乐的出发点是可以成立的。《非乐》上、中、下三篇,中、下两篇亡佚,仅存的上篇,墨子五次直言"为乐非也",而且五次的理由都是

---

① (清)孙诒让:《墨子间诂》上册,中华书局2001年版,第291页。

相同的：为乐亏夺民衣食之财。这仅仅是从器物（即今人所言"物质文化"）的层面言"乐"之"非"，显然是失之于浅表和片面。墨子所非之"乐"，是原始儒家的一个核心关键词，其义项绝非仅指器物（乐器）。乐，既是器物文化（乐器的制造），也是行为文化（乐器的排练和演奏），还是制度文化（包括礼乐制度、礼仪规范等）和观念文化（包括乐本、乐教、乐化、观乐以知政、致乐以治心等）。因而，《墨子·非乐》对儒家"乐"关键词的批判，仅从器物文化和行为文化入手，是难于服人难以奏效的。

《庄子·天下》在介绍墨子这一派的学说时，将其概括为"作为《非乐》，命之曰《节用》，生不歌，死无服"，继之用了较长的篇幅来非议墨子的"非乐"。《天下》篇在简介五帝三王的礼乐制度和音乐作品之后，坦言："今墨子独生不歌，死不服，桐棺三寸而无椁，以为法式。以此教人，恐不爱人；以此自行，固不爱己。未败墨子道，虽然，歌而非歌，哭而非哭，乐而非乐，是果类乎？"①《墨子》的"非乐"仅着眼于物质文化和行为文化的层面，而《庄子》的"非'非乐'"不仅包括了制度文化和观念文化的层面，而且还有对人类心理和情感的了解之同情。如果说墨子的"非乐"是失败的，那么庄子（实为庄子后学）的"非'非乐'"则是成功的。"乐"，这个轴心期时代的文化关键词，就这样在经历了"非"与"非非"之后而获得了永恒的生命力和巨大的影响力。

"非"这种方式不仅发生在不同的文化流派之间，还发生在同一文化流派的内部。荀子本属于儒家学派，但宋人晁公武称荀子"以性为恶，以礼为伪，非谏净，傲灾祥，尚强伯之道，论学术则以子思、孟轲为饰邪说，文奸言，与墨翟、惠施同诋"②。《荀子·非十二子》所"非"之

---

① （清）郭庆藩：《庄子集释》第四册，中华书局 1961 年版，第 1074—1075 页。

② （清）王先谦：《荀子集解》上册，中华书局 1988 年版，第 2 页。

"子"，既有墨家的墨翟、名家的惠施，还有儒家的子思和孟子。孟子道"性善"，荀子非之而道"性恶"，与孟子的学说扞格不入。但荀子对"性善"的"非"并不成功，后轴心时代，孟子"性善"之说胜出而"性恶"之说遭黜矣。"孟荀二家之书，在汉世并列诸子。自宋以后既入《孟子》于经，《荀》犹与百家伍"①，孟轲"性善"作为中国文化关键词而绵延至今，荀卿"性恶"则始终未能进入中国文化的核心价值体系。

荀子"非孟"遭挫，"非相"亦不成功。《荀子·非相》所非之《相人》，录于《汉书·艺文志》"数术略"之"形法"。相人之术，荀子之前有之，荀子之后亦存，如王充《论衡》辟有《骨相》篇。可见"相"这一关键词并未被荀子"非"掉。今人张舜徽指出："荀卿虽痛斥之，而其说未绝。至汉王充，以人生而有定形，于是强弱寿夭之数定焉。深信骨相之说，为不可易，作《骨相篇》以张之。"②魏晋品藻人物，亦行骨相之法，《世说新语·容止》门对魏晋名士容止的描摹、比拟和赞叹，不乏"相人"之义。《世说新语》另有《识鉴》《赏誉》《品藻》诸门亦有"相人"之迹。魏晋时代，包括"相人"之法在内的人物品藻，为中国文论"风骨"之说的诞生作了实践层面的准备。

《荀子·非十二子》指出："信信，信也；疑疑，亦信也。"③套用荀子的话语方式，可以说：是是，是也；非非，亦是也。"非"这种方式，在轴心期文化关键词的创生中经常可见。除了上述墨子之非儒，庄子之非墨，还有庄子之非孔，孟子之非墨非杨（朱），荀子之非相非十二子，韩非子之非儒非侠非纵横（五蠹）。这种"非"的方式一直延续到秦汉：

---

① 《张舜徽集·广校雠略　汉书艺文志通释》，华中师范大学出版社 2004 年版，第 261 页。

② 《张舜徽集·广校雠略　汉书艺文志通释》，华中师范大学出版社 2004 年版，第 415—416 页。

③ （清）王先谦：《荀子集解》上册，中华书局 1988 年版，第 97 页。

东汉王充作《论衡》，其"疾虚妄"是对东汉谶纬神学的"非"，是对形形色色的"虚"和"增"的"非"，而诸篇之中又辟有"问孔"、"刺孟"和"非韩"。

"非"，实乃周秦诸子一种重要的话语方式，因而也是轴心期文化关键词创生的重要路径。一个普遍词，如果过不了"非"这一关，它就成不了关键词；如果过了"非"这一关，也就是说没有被"非"掉，那么，它就有成为关键词的可能。换言之，轴心期中国文化关键词在"词以通道"的过程之中，"非"是一个非过不可的关隘。一个词由普通词成为关键词，必定要经历一次又一次的"非"，好比是过五关斩六将，挺过来了，冲过来了，方能跻身于关键词之列，否则就会销声敛迹。儒家的"乐"成为中国文化的关键词，因为它经受住了墨家的"非"而最终胜出；墨家的"非乐"没有能够成为关键词，因为它未能经受住道家的"非"而最终败亡。当然，"非"使得被"非"的关键词，其词义更加丰赡，其精义更加坚挺：如上述儒家的"乐"，如孟子的"性"，还有"相"等等。

二、宗经征圣：《文心雕龙》与经典意识

产生于齐梁时期刘勰的《文心雕龙》，是6世纪以前中国文化的集大成，它有强烈的经典意识，专门设有《宗经》《征圣》两个篇目。刘勰提出"文出五经"之说，认为五经为后世各式文体的"首""源""本""端""根"，"百家腾跃，终入环内"，"渊哉铄乎！群言之祖"（《文心雕龙·宗经篇》）。祖是本、是根、是源，祖先崇拜实即对生命之根本、生命之源泉的崇敬。祖先崇拜反映在文化上是敬祖敬宗，在思维方式上是寻根索源，在文学取向上则是一种经典意识，也就是说，刘勰"群言之祖"的感叹，实即中华文化久远的祖先崇拜文化在

文学思维和意识上的具体反映。

中国人的寻根溯源思想在一些文化典籍中表现是很明显的。先说道家典籍。据叶舒宪统计，老子的五千言中"归"字出现 11 次，典型的措辞有："归根"和"复归"两种。《道德经》中"复"字共出现 15 次。在《庄子》中，"反"字共出现 88 次，其中用于归返之义的占了大多数。"归"字共计 33 次，如《山木篇》中的"复归于朴"与《知北游》中"欲复归根"。庄子亦善于用"复"字来表现回归主题，总计出现了 50 次。①老庄所谓"反""归""复"，即返回"天地之始"、"万物之母"（《道德经》第一章）、"天地之根"（《道德经》第四章），是"反其真"（《庄子·秋水篇》）。返回万物的起始处、根本处，才能"得本以知末，不舍本以逐末"，"守母以存子，崇本以举末"（王弼注《道德经》第三十八章，第五十二章语）。老庄还认为，"复守其母"（《道德经》第五十二章）、返朴归宗是万事万物的发展规律，亦即老子所谓"夫物云云，各复归其根"（《道德经》第十六章）、"反（返）者道之动"（《道德经》第四十章）。老庄"归""反""复"的思想，是在追溯万物之宗、之母、之始，就思维方式而言是寻根溯源思想。其揭示的万物周行不殆、反复终始的规律，近似宗教史学家所谓的"永恒回归"（eternal return）。儒家经典中的寻根溯源思想也甚为明显。《周易·系辞上》："原始反终，故知死生之说。"《周易·系辞下》："易之为书也，原始要终，以为质也。"可见寻根溯源思想是《周易》一书的思想主脉之一。如《周易·象传》"大哉乾元，万物资始"，推及万物之元始。又《周易·系辞上》："易有太极，是生两仪"，即推及万物之本根为"太极"。《周易·系辞上》："探颐索隐，钩深致远"。这些表述，就其思维方式而言，显然是寻根溯源。

---

① 参见叶舒宪：《庄子的文化解析——前古典与后现代的视界融合》，湖北人民出版社 1997 年版，第 42—44 页。

《论语》中说："慎终追远，民德归焉。""追远"是孔子提炼出来的人生思想、人文精神之一：抱本反始，追思生命的原初源头。孔子又说："周监于二代，郁郁乎文哉！吾从周。"又说："述而不作，信而好古。"从周好古，从思维而言，也是在追述古代礼制，也是在推原。《礼记·中庸》："仲尼祖述尧舜，宪章文武。"① 这也是文化上的敬祖敬宗和思维上的寻根溯源。

《文心雕龙·序志》篇云："振叶以寻根，观澜而索源。"传统文化有着深厚的寻根溯源思想积淀，以此为思想基础和智慧背景的《文心雕龙》，其浓厚的寻根意识和强烈的溯源欲望则自在情理之中了。这一思维路向富于诗性特征。维柯认为，人之本性即在于"所回忆到的历史要一直追溯到世界本身的起源"，学者们"要把他们本行职业所研究的那种智慧推源到最显出智慧的那个来源"②。刘勰品诗论文，往往"鉴必穷源"（《文心雕龙·总术篇》）。探文学之本及天地之大道，溯文体之源到炎黄古世，俨然形成一股寻根溯源的思想主脉。刘勰穷究诗文之道，都追至天地之德、万物之理。《文心雕龙·原道》篇云，文之为德，"与天地并生"，又云："言之文也，天地之心哉"，主张"观天文以极变，察人文以成化"，"天文"与"人文"互文见义，形异而理通。这样，刘勰所"原"之道，是诗文之本根，是天地之大道。古代文论溯文体之源似以挚虞的《文章流别论》为开端，它在论述各体文章时，都说明其性质和起源。刘勰进一步拓展其思路，《文心雕龙》上半部论各种文体，标举"原始以表末"（《文心雕龙·序志》）的寻根纲领，注意探寻各体文章的诗性之源。如《明诗》开篇即云："大舜云：诗言志，歌永言。圣谟所析，义已明矣。"落笔即把诗歌之源远追至上古那个诗乐不分的诗性

049

---

① 王文锦：《礼记译解》下册，中华书局 2001 年版，第 796 页。

② ［意］维柯：《新科学》，朱光潜译，商务印书馆 1989 年版，第 99、137—138 页。

时代，刘勰又举葛天氏乐辞和大唐之歌作为上古时代有诗歌的证据。除诗之外，刘勰把其他文体的诗性之源也尽量追溯至太古三代之时。如追乐府之根，他说："钧天九奏，既其上帝；葛天八阕，爰乃皇时。"（《乐府》）溯颂赞之源，他说："昔帝喾之世，咸墨为颂，以歌九韶。"（《颂赞》）探祝盟之源，他说："昔伊耆始蜡，以祭八神……昔在三王，诅盟不及，时有要誓，结言而退。"（《祝盟》）讨铭箴之本，他叹曰："斯文之兴，盛于三代。"（《铭箴》）他如诔碑、哀吊、史传、诏策、封禅、章表、奏启、议对、书记等诸多文体，刘勰探讨其根源，都追溯到夏商以前，也即人类进入所谓文明社会以前。那是一个天地混沌、天人合一的诗性时代。根源于这一诗性时代的各种文体，本然地具有诗性特征。

中国文论的推原思维，是不断地追求本原，坚守本性；是不断地依经树则，树正门立高志；是返回过去，也是走向未来。这是一个富于人类文化学意味的文论命题。维柯说："各种制度的自然本性不过是它们在某些时期以某些方式产生出来了。时期和方式是什么样，产生的制度也就是什么样。而不能是另样的。"又说："各种制度的不可分割的特性必然是由于它们产生的方式，所以根据这些特性，我们就可以断定他们的本性或产生情况是这样而不是另样的。"① 维柯似乎是说，事物的本性是它的起源。由此，我们也可以说，要理解事物的本性最佳且必经的途径是推原，即回到事物的滥觞处。刘勰《文心雕龙》正是本着这样的理路去把握各类文体的本原和本性的。如《诔碑》先追叙最早的铭诔之文："周世盛德，有铭诔之文。大夫之材，临丧能诔。"由此，得出诔文的一大本性是"累其德行，旌之不朽"。又根据"周虽有诔，未被于士"的特点得出诔文的另一大本性是"贱不诔贵，幼不诔长"。刘勰是从诔文产生之日的特点来分析其本性的。又碑文亦如此，"上古帝皇，纪号封

---

① ［意］维柯：《新科学》，朱光潜译，商务印书馆 1989 年版，第 105 页。

禅，树石埤岳"，故碑文生。由此可见，碑文之原初意义即在"同乎不朽"，其叙事及文辞的特点则是"该而要"，"雅而泽"。《檄移》说："昔有虞始戒于国，夏后初誓于军，殷誓军门之外，周将交刃而誓之。"这是檄文产生的原初形式，由此决定了檄文的自然本性："威让之令"，"文告之辞"，"即檄之本源也"。对其他文体，刘勰也是从这一理路去探讨其各自的自然本义的。

刘勰追溯到的中国文论的根源正是中国文化的"轴心时代"——春秋战国时期。这一时代文化原创性最强、生命力最旺盛，为后世文化的"每一次新的飞跃"都提供了思想资源。在刘勰看来，产生于"轴心时代"的五经是正宗，是经典，是"恒久之至道，不刊之鸿教"，无论情理或文辞都是千秋万代学习的楷模，所谓"义既极乎性情，辞亦匠于文理"（《文心雕龙·宗经》）。后世文学要发展，要取法经典的精神："镕铸经典之范"（《文心雕龙·风骨》），"唯文章之用，实经典枝条，……详其本源，莫非经典"（《文心雕龙·序志》）。

《文心雕龙》的寻根溯源思维很容易使人理解为复古守旧。在某种意义上，它有这方面的成分，这是毋庸讳言的。所谓"迭相祖述"（《文心雕龙·杂文篇》），这是刘勰反对的。但从另一方面来说，事物之滥觞期和原始处，往往也是生命力最强旺、原创力最充实的时期。维柯称原始社会是人类的童年时期，记忆力最强，想象力特别生动。按本性就是些崇高的诗人。[①] 所以回到事物之滥觞处和本原处，即找回事物原初状态时的强旺生机和无限活力。海德格尔说："接近故乡就是接近万乐之源（接近极乐）。故乡最玄奥、最美丽之处恰恰在于这种对本源的接近，绝非其他。所以，惟有在故土才可亲近本源，这乃是命中注定的。""诗

---

① 参见［意］维柯：《新科学》，朱光潜译，商务印书馆1989年版，第115、121页。

人的天职是还乡，还乡使故土成为亲近本源之处。"① 任何人、任何事物都不可能真正回到历史的原点，哲人们对世界的原初状态的留恋，是对其精神的留恋，是对其生机和希望的留恋。回到过去，是为了更好地面向未来。《文心雕龙》的寻根溯源思想也只能作如是解。回到文学的滥觞处即回到有强旺生机和无限原创力的文学状态。推原过去，是为了推动未来。冯天瑜先生说："向元典精神寻求解决现实问题的处方，是中国古人的一种思维定势。"②《文心雕龙》寻根溯源，目的也是要从经典中吸取文学的真生命真精神，以求解文学现实问题的途径。刘勰已认识到前人文论的不足："未能振叶以寻根，观澜而索源。不述先哲之诰，无益后生之虑"，所以他要高举"师乎圣，体乎经"的大旗。（《文心雕龙·序志》）刘勰追溯远古，表面上是复古，其实质是创新，是要给齐梁文学指出一条出路。正如纪昀评《文心雕龙·通变》所说："盖当代之新声，既无非滥调，则古人之旧式，转属新声。复古而名以通变，盖以此尔。"③ 纪昀所言，为中肯之评。

刘勰秉承祖先崇拜的文化传统，追寻中国文学的文化之根和生命之源，以中国文化最具原创性和生命活力的经典作为中国文学的最高表率，企图为齐梁文学寻找到新的生命活力。

三、继武嗣前：《北溪字义》《孟子字义疏证》与历时演绎

在古代汉语中，单音节的词居多，一个词多数情况就是一个字，所以从古代字书对字义的解释，常常也可以看出某些词的历史演进。正因

---

① ［德］海德格尔：《人，诗意地安居》，郜元宝译，广西师范大学出版社2000年版，第69页。

② 冯天瑜：《中华元典精神》，上海人民出版社1994年版，第377页。

③ 范文澜：《文心雕龙注》下册，人民文学出版社1958年版，第521页。

为如此，我们研究关键词，要特别注重历代字书的价值，如《尔雅》、东汉刘熙的《释名》、许慎的《说文解字》、南宋陈淳的《北溪字义》、清代戴震的《孟子字义疏证》等，就是其中的代表。拿《释名》来说，它以因声求义的训诂方法解释天地万物得名之由来。作者在这些词语的解释中，指出了这些词语的本义，对于我们了解先秦至两汉的思想文化观念是相当有价值的。比如对"文"字的解释，东汉刘熙《释名》"文者，会集众采以成锦绣，会集众字以成词谊，如文绣然也"[1]，就反映出东汉文风渐趋繁缛的时代风尚。

南宋陈淳的《北溪字义》可视为"宋代儒学关键词研究"，它讨论的词语有命、性、心、情、才、志、意、仁义礼智信、忠信、忠恕、一贯、诚、敬、恭敬、道、理、德、太极、皇极、中和、中庸、礼乐、经权、义利、鬼神、佛老等，所涉范围和主旨观点，明显带有理学家的道学气。我们选择"礼乐"和"义利"两个词来作些分析。

陈淳这样解"礼乐"一词：

> 礼乐有本有文。礼只是中，乐只是和，中和是礼乐之本。然本与文二者不可一阙。礼之文，如玉帛俎豆之类。乐之文，如声音节奏之类。须是有这中和，而又文之以玉帛俎豆、声音节奏，方成礼乐。不只是偏守中和底意思，便可谓之礼乐。

> 就心上论，礼只是个恭底意，乐只是个和底意，本是里面有此敬与和底意。然此意何自而见？须于宾客祭祀时，将以之玉帛，寓之以笾豆，播之于声音节奏间，如此则内外本末相副，方成礼乐。若外面有玉帛钟鼓，而里面无和敬之心以实

---

① （汉）刘熙撰，（清）毕沅疏证，（清）王先谦补：《释名疏证补》，中华书局2008年版，第109页。

之，则不成礼乐。若里面有和敬之心，而外面无玉帛钟鼓以将

之，亦不成礼乐。①

　　汉字"礼"的最初内涵是敬天祀神，所以要尊崇敬畏。《说文解字》
示部云："礼，履也，所以事神致福也。从示，从豊，豊亦声。"又豊
部："豊，行礼之器也。从豆，象形。"《说文解字注》："礼有五经，莫
重于祭，故礼字从示。"② 国之大事，唯祀与戎，诸祀之中，又以敬祀
天地为先。关于"乐"字的起源。《说文解字》："乐，五声八音总名。
象鼓鞞，木，虡也。"③ 许慎把"乐"字当作象形字，是鼓置木架的象形，
原意是各种乐器和乐声。《释名·释言语》也是从哀乐之乐来解释"乐"
字："乐，乐也，使人好乐之也。"④ 古代许多文献也谈到，音乐与人们
有哀乐之情有密切关系，因哀而乐，或因乐而乐，这是人之常情，自
然而然的。礼乐是维系古代中国的基本社会制度，"礼别异，乐合同"。
礼和乐各自有不同的社会功能，要维系一个一个等级严明又和乐共生
的社会，礼和乐相辅相成、缺一不可。陈淳又说："礼乐亦不是判然二
物，不相干涉。礼只是个序，乐只是个和。才有序便顺而和，失序便
乖而不和。""礼乐无所不在。""礼以治躬""乐以治心"。⑤ 把严肃的
礼制演绎为人们无所不在的日常功夫，这是宋儒常有的言说方式和思
维理路。

　　至于"义利"一词，陈淳是这样解释的：

---

①　（宋）陈淳：《北溪字义》，中华书局 1983 年版，第 49—50 页。

②　（清）段玉裁：《说文解字注》，上海古籍出版社 1988 年版，第 2 页。

③　（汉）许慎：《说文解字》，中华书局 1963 年版，第 124 页。

④　（汉）刘熙撰，（清）毕沅疏证，（清）王先谦补：《释名疏证补》，中华书局
2008 年版，第 121 页。

⑤　（宋）陈淳：《北溪字义》，中华书局 1983 年版，第 50 页。

义与利相对而实相反。才出乎义，便入乎利，其间相去甚微，学者当精察之。自文义而言，义者，天理之所宜；利者，人情之所欲，欲是所欲得者。就其中推广之，才是天理所宜底，即不是人情所欲；才是人情所欲底，即不合于天理之所宜。天理所宜者，即是当然而然，无所为而然也。人情所欲者，只是不当然而然，有所为而然也。天理所宜是公，人情所欲是私。如货财、名位、爵禄等，此特利之粗者。如计较强弱多寡便是利，如取己之便宜亦是利，如求名觊效，如徇己自私，如徇人情而为之，如有外慕底心，皆是利。然货财、名位、爵禄等，亦未可便做利，只当把一件事看，但此上易陷于利耳。①

在学者论之，如货财亦是人家为生之道，似不可阙，但当营而营，当取而取，便是义。若出于诡计左道，不当营而营，不当取而取，便是利。②

"义利之辨"是中国传统文化的一大辩题，从先秦的百家争鸣到现当代的道德建设和价值取向，都关涉到这一辩题。义（繁体为"義"）字，《说文解字》："義，己之威仪也。"段玉裁注曰："古者威仪字作义，今仁义字用之。仪者，度也。今威仪字用之。谊者，人所宜也。"③"利"字，《说文解字》："利，铦也，从刀，和然后利，从和省。《易》曰：'利者，义之和也。'"段玉裁注曰："铦利引申为凡利害之利"，"上云刀和然后利者，本义也。引《易》者，引伸之义也"，"古文利，盖从刃禾"④。

055

---

① （宋）陈淳：《北溪字义》，中华书局 1983 年版，第 53 页。
② （宋）陈淳：《北溪字义》，中华书局 1983 年版，第 54 页。
③ （清）段玉裁：《说文解字注》，上海古籍出版社 1988 年版，第 633 页。
④ （清）段玉裁：《说文解字注》，上海古籍出版社 1988 年版，第 178 页。

"义""利"两个字，从一始就有各自的指向，"义"侧重精神价值方面，"利"偏向物质利益方面。但是，人是物质和精神的集合体，义利有时统一，有时也冲突，于是便有了义利之辨。孔子把"义"看成是君子人格的重要体现，认为"君子义以为上"（《论语·阳货》）。孔子认为，义利取舍可以区分君子和小人："君子喻于义，小人喻于利。"（《论语·里仁》）孔子很少谈"利"，即所谓"子罕言利与命与仁"（《论语·子罕》）。孔子又不是绝对地摒弃"利"，但前提是这个利是义，"义然后取，人不厌其取"（《论语·宪问》），也就是说，应该取的就取。与孔子有所不同，孟子甚至不谈任何层面上的"利"，而是主张行"仁义"："王何必曰利？亦有仁义而已矣。"（《孟子·梁惠王上》）孟子认为，"义"是决定言行的唯一取向："大人者，言不必信，行不必果，惟义所在。"（《孟子·离娄下》）道家既不崇"义"也不尚"利"，他们在解构通常意义上的"义"与"利"。墨家非常重视"义"："万事莫贵于义。"（《墨子·贵义》）[1]"天下有义则生，无义则死；有义则富，无义则贫；有义则治，无义则乱。"（《墨子·天志上》）[2] 墨子把"举义"当作收揽贤良的治国之策（《墨子·尚贤上》）[3]。法家认为，追功逐利是人之本性：人"不免于欲利之心"（《韩非子·解老》）[4]。利又有大小之分，人们不能"苦小费而忘大利也"（《韩非子·南面》）[5]。韩非子所谓的"大利"实质就是"义"。

义利之辨不仅是先秦诸子争论的重要话题，也是后世子学的重要命题。宋代理学家也多涉"义利之辨"，朱熹守南康（府址今江西星子县）时，曾延请心学大家陆九渊到白鹿洞书院讲学。"子静（陆九渊）以'君

---

① 方勇译注：《墨子》，中华书局 2011 年版，第 411 页。

② 方勇译注：《墨子》，中华书局 2011 年版，第 215 页。

③ 参见方勇译注：《墨子》，中华书局 2011 年版，第 50—51 页。

④ （清）王先慎：《韩非子集解》，中华书局 2013 年版，第 146 页。

⑤ （清）王先慎：《韩非子集解》，中华书局 2013 年版，第 121 页。

子小人喻义利'章发论,听者至有泣下,文公(朱熹)以为切中学者隐微深锢之病,请书于策,以谂同志云。"(《白鹿洞志》)[1] 陈淳把"义利之辨"用"天理"与"人情"的对待关系,明显有理学家的思维理路。

清代戴震的《孟子字义疏证》可视为"孟子关键词研究",讨论了理、天道、性、才、道、仁、诚、善等核心概念。我们拿"理"这个词来作些分析。南宋以来程朱理学讲"得于天而具于心",戴震对此进行批驳:

> 问:以情絜情而无爽失,于行事诚得其理矣。情与理之名何以异?曰:在己与人皆谓之情,无过情无不及情之谓理。《诗》曰:"天生烝民,有物有则;民之秉彝,好是懿德。"孔子曰:"为此诗者,其知道乎!"孟子申之曰:"故有物必有则,民之秉彝也,故好是懿德。"以秉持为经常曰则,以各如其区分曰理,以实之于言行曰懿德。物者,事也;语其事,不出乎日用饮食而已矣;舍是而言理,非古贤圣所谓理也。[2]

戴震借孟子"有物必有则"阐明"理在事中"这一唯物主义思想。针对理学家把"天理"与"人欲"对立起来的观点,戴震批驳道:

> 《记》曰:"饮食男女,人之大欲存焉。"圣人治天下,体民之情,遂民之欲,而王道备。……《六经》、孔、孟之书,岂尝以理为如有物焉,外乎人之性之发为情欲者,而强制之也哉![3]

---

① 吴宗慈编撰,胡迎建注释:《庐山志》上册,江西人民出版社1996年版,第590页。

② (清)戴震著,何文光整理:《孟子字义疏证》,中华书局1982年版,第2—3页。

③ (清)戴震著,何文光整理:《孟子字义疏证》,中华书局1982年版,第9—10页。

戴震大胆驳斥了宋明理学的"理欲之辨",肯定人饮食男女之本性,在当时是有很大进步意义的。

四、东西攸同:《管锥编》与中西会通

身处古今中西的十字路口,近现代中国学人吸纳西学新知而得风气之先。与前贤相比,严复、梁启超、王国维、陈寅恪、胡适、钱锺书等人率先接触西学,无异于打开了另一扇知识与方法的大门;较后辈而论,他们尚未疏离国学根柢,故能实现深层而非表面的中西会通。得益于吸收"外来",陈寅恪才不至像夏曾佑那般感慨"只能读中国书,都读完了,没得读了"[①]。又因不忘"本来","自今之后,对于西学的造诣固然会有精微过于钱锺书先生者;然其旧学之殖,却恐实难与之比肩"[②]。在元典关键词研究的中国路径中,这一时期的梁启超《释革》(1902)、章太炎《辨诗》(1910)、王国维《释史》(1916)、胡适《说儒》(1934)、沈兼士《"鬼"字原始意义之试探》(1936)、傅斯年《性命古训辨证》(1940),等等,或沿袭传统"解字"模式,或借鉴西式论文之体,皆具有鲜明的时代特色。时至 1979 年,钱锺书《管锥编》问世,更是成为会通中西文学与文化现象的经典文本。可以说,这部主要用文言书写却又处处援引英、法、德、意大利、西班牙、拉丁等多种外语材料以互证、互鉴、互启的笔记体著作,在中西会通方面具有不可复制的典范性和无法替代的历史意义。

---

① 引自金克木:《书读完了》,载《燕啄春泥》,人民日报出版社 1987 年版,第 109 页。

② 胡河清:《真精神与旧途径——钱锺书的人文思想》,河北教育出版社 1995 年版,第 62 页。

（一）邻壁之光，堪借照焉

学贯中西是钱锺书其人与其书的显著特色。仅《管锥编》一书就遍涉经（《周易正义》《毛诗正义》《左传正义》）、史（《史记会注考证》）、子（《老子王弼注》《列子张湛注》《焦氏易林》）、集（《楚辞洪兴祖补注》《太平广记》《全上古三代秦汉三国六朝文》）四部，所引用的数万条书证更是出自两千余种古籍，洵为"博古"。另据学者统计，钱锺书写作《管锥编》几乎囊括现代意义上人文社会科学的全部门类，共征引古今中外近四千家的上万种著作①，其中单就文艺思想来说，进入中西会通视野的便至少有现象学、阐释学、精神分析、形式主义、结构主义、解构主义、新批评、接受美学等现代西方理论，此又不可不谓"通今"。追根溯源，《管锥编》的"博古通今"离不开钱锺书对"旧学"的反思和对"邻壁"的借鉴。

钱锺书曾言"邻壁之光，堪借照焉"②。若拈出此句作为《管锥编》中西会通精神的精炼概括，则需进一步回答如下问题："邻壁"指谁（who）？何以"堪借照"（why）？如何"借照"（how）？又能"照"见什么（what）？

对此，钱锺书在《谈艺录》自序和为徐燕谋诗稿所作之序中已有说明：

> 凡所考论，颇采"二西"之书，以供三隅之反。盖取资异国，岂徒色乐器用；流布四方，可征气泽芳臭。故李斯上书，

---

① 参见陆文虎：《论〈管锥编〉的比较艺术》，载郑朝宗编：《〈管锥编〉研究论文集》，福建人民出版社 1984 年版，第 267 页。

② 钱锺书：《管锥编》，生活·读书·新知三联书店 2007 年版，第 273 页。以下引文均据此书，不一一出注。

有逐客之谏；郑君序谱，曰'旁行以观'。东海西海，心理攸同；南学北学，道术未裂。①

余尝谓海通以还，天涯邻比亦五十许年，而大邑上庠尚有鲰生曲儒未老先朽，于外域之舟车器物乐用而不厌，独至行文论学，则西来之要言妙道绝之惟恐不甚，假信而好古之名，以抱残守阙自安于井蛙袵虱，是何重货利而轻义理哉！盖未读李斯《谏逐客书》也。而其欲推陈言以出新意者，则又鲁莽灭裂，才若黄公度，只解铺比欧故，以炫乡里，于西方文学之兴象意境概乎未闻，此皆眼中之金屑，非水中之盐味，所谓为者败之者是也。譬若啖鱼肉，正当融为津液，使异物与我同体，生肌补气，殊功合效，岂可横梗胸中，哇而出之，药转而暴下焉，以夸己之未尝蔬食乎哉！故必深造熟思，化书卷见闻作吾性灵，与古今中外为无町畦。②

上述两段引文较完整地回答了"邻壁之光，堪借照焉"是什么、为什么与怎么样的问题。所谓"二西"，系"西方"（欧美）与"西天"（古印度）的合称。作为"邻壁"的"二西"之书，可"供三隅之反"，乃是基于共同的人情事理——"东海西海，心理攸同；南学北学，道术未裂"。至于理想的"借照"亦不是鲁莽生吞，而是消化吸收后的"与古今中外为无町畦"。验之《管锥编》开篇《论易之三名》和《乾》对"易""体用""象"等关键词的疏解，可知"邻壁之光"（即"西来之要言妙道"）还发挥着"映照"与"补光"两种功效。

所谓"映照"，系指中西之间可交相辉映，平等对话。《管锥编》开

---

① 钱锺书：《谈艺录·序》，生活·读书·新知三联书店 2008 年版，第 1 页。

② 引自郑朝宗：《续怀旧》，载《海滨感旧集》，厦门大学出版社 1988 年版，第68—69 页。

篇《论易之三名》以"易"为关键词,以德国哲学家黑格尔标举的"奥伏赫变"为触发点,揭示了中国文化"不仅一字能涵多意,抑且数意可以同时并用"的现象。有鉴于黑格尔自夸德语而鄙薄汉语不宜思辨,钱锺书不仅举"易"一名而含易简、变易、不易三义与"奥伏赫变"蕴灭绝与保存二义相映照,还胪列故训中的"诗"(承、志、持)、"伦"(次、理、纶、轮)、"王"(皇、方、匡、黄、往)、"机"(微、关、宜)、"应"(赴、对、应)以及语用中的"衣"(障、彰)等大量"赅众理而约为一字,并行或歧出之分训得以同时合训"者,以证汉语"易一名而含三义"现象的普遍存在。"使东西海之名理同者如南北海之马牛风,则不得不为承学之士惜之。"诚如钱锺书所言,作为"邻壁"的西方适可映照东方,彰显中国文化的世界性与民族性。

所谓"补光",乃言借西观中可烛照入微,彰显细节。《管锥编》次则《乾》又以"体用"和"象"为关键词,以释典为参照系,揭示了中西文化间的共通性以及"西天"体用思维、不执喻象之法所具有的独特证发价值。此篇先由"体用"出处之争切入,说明佛理、词章、经济乃至科举名目皆可言"体用"。继而通过分析话语交锋背后的卫道心态,还揭示了顾炎武"不欲儒家言之濡染释氏禅宗,乃亟明其沾丐道流方士,浑忘释、道二氏之等属'异端'",晁说之"'迷乎释氏'之讥,非病其释,而病其援释入儒,只许两家鸡犬相闻,而不许骑驿往来"等悖论。于此,钱锺书所反对的,与其说是学术史上的儒释门户之见,倒不如说是心态上的中西或曰本土与外来的隔阂、对立乃至封闭。"夫体用相待之谛,思辩所需;释典先拈,无庸讳说,既济吾乏,何必土产?当从李斯之谏逐客,不须采庆郑之谏小驷也。""既济吾乏,何必土产"式的反问,昭示了一种宽容且通透的正确态度。不信且看,此则后半部分在诠释孔颖达《周易正义》"或有实象,或有虚象"之说时,释家思维中的权宜方便与破除文字之执,登岸舍筏之喻与拟象比喻相抵互消之法,对于理解"《易》之拟象不即"与"《诗》之比喻不离"个中同异岂非大有裨益？

（二）锥指管窥，稍迪骑驿

"通"是读解钱锺书治学特色的一大关键词。许国璋回忆西南联大诸师时，便称赞钱锺书为"中国之大儒，今世之通人也"[①]。傅璇琮亦曰："钱先生把中国文学置于世界文学的总背景下加以观照，自然就目光回射，举重若轻。他又把中国文学放在古今学术的大系统中加以考察，这样就能明其异同，观其通变。在探索某一创作意向时，他又会通各种文学体裁，启人心智，又涉笔成趣。"[②]细致说来，这"通"又包括钱锺书对"尚通"传统的体认，以及操作方法上的"打通"两个层次。

学界对中国学术的"尚通"传统论之已详，毋庸赘述，这里要谈的是述学文体与研究目标相契合的问题，即"锥指管窥"的笔记体如何承载"尚通"精神？又怎样服务于"打通"的方法和"由字以通词，由词以通道"的逐层进阶？在《管锥编》1972年《序》中，钱锺书曾自称其书乃"瞥观疏记，识小积多。学焉未能，老之已至！遂料简其较易理董者，锥指管窥，充成一辑。假吾岁月，尚欲赓扬"[③]。这固然是自谦之语，却也折射出作者的著述宗旨和文体自觉。据陆文虎所言，钱锺书本人最为认可的《管锥编》英译书名为"Limited Views: Essays On Ideas And Letters"，即"有限的观察：关于观念与文学的札记"[④]。"关

---

① 许渊冲：《追忆逝水年华：从西南联大到巴黎大学》，生活·读书·新知三联书店1996年版，第53页。

② 傅璇琮：《学养深厚与纵逸自如》，载《濡沫集》，湖南人民出版社1997年版，第28页。

③ 钱锺书：《管锥编·序》，生活·读书·新知三联书店2007年版，第1页。

④ 陆文虎：《〈管锥编〉释义》，载《〈围城〉内外：钱锺书的文学世界》，解放军文艺出版社1992年版，第30页。

于观念与文学的札记"以字词背后的观念为单位，自然不同于刘知几《史通》、杜佑《通典》、郑樵《通志》、马端临《文献通考》、章学诚《文史通义》。尤其是加入了"颇采'二西'之书，以供三隅之反"的时代新质后，这种札记凭借其收放自如的文体，颇适宜担当"非作调人，稍通骑驿"的使命。

"骑驿"异于"调人"之处正在"通"字。就中西文学与文化而言，这种会通首先涉及翻译的问题。明代徐光启在应对西方历法冲击时曾言："欲求超胜，必须会通；会通之前，先须翻译。"① 具体到翻译方法，钱锺书在《林纾的翻译》一文中曾借《说文解字·口部》对"囮"的训诂——"囮，译也。从'口'，'化'声。率鸟者系生鸟以来之，名曰'囮'，读若'讹'。"——串联起"诱"（翻译所起的作用）、"讹"（翻译的毛病）和"化"（翻译的最高境界）三字。② 可以想见的是，钱锺书对待"二西"的态度，自然也是由"译"而"诱"，避"讹"而臻于"化"了。《管锥编》采用札记体，多数情况下于每则仅探讨一两个问题，有话则长者旁征博引娓娓道来，无话则短者亦不妨单刀直入一语点破。至于篇章互文和后续补苴，又能以"参观"和"增订"的形式随文标注。如此一来，作为文体的"锥指管窥"反倒显现出集中论述与自由行文的优势。如果同雷蒙·威廉斯的《关键词：文化与社会的词汇》相较，札记体的"则"在解诠关键词时，述学文体与论说对象之间的契合度，其实并不亚于辞典体的"词条"。

在私人通信中，钱锺书曾向郑朝宗自述其方法并非"比较文学"，而是"求打通"，即"以中国文学与外国文学打通，以中国诗文词曲与

---

① （明）徐光启：《治历书稿·历书总目表》，载《徐光启集》，中华书局1963年版，第374页。

② 参见钱锺书：《林纾的翻译》，载《七缀集》，生活·读书·新知三联书店2002年版，第77页。

小说打通"①。当然，除了中西之隔与文体之异，《管锥编》所要"打通"的还有古今之间。随着研究的深入，季进、陈颖等学者还将"打通"的层次归纳得更为全面：或曰"中西文学与文化的打通"，"各种学科的打通"，"造艺意愿与学术研究的打通"②，或谓"中与西、古与今、审美与人生、文学与文化、理论与实践等多层面的双向贯通"③。

以《管锥编》释"知几"和"气韵生动"为例。在《周易正义·系辞》第三则中，钱锺书之所以能揭示"几者，已动而似未动"，"'知几'非无巴鼻之猜度"，"有'几'即见，非前识亦非后觉"等独特的哲学内涵与美学意蕴，实有赖于历代经子注疏、诗词歌赋、檄文、史传等各类文献的参稽互照，以及与西方哲学中"潜能"或"潜力"，乃至米凯郎吉罗（今译米开朗琪罗）论雕塑人物重在表现"郁怒"情态的同异分析。如果说"知几"特质的呈现得益于"打通"中西、古今、文体、学科等层层壁垒，那么"气韵生动"的中西会通还会直指"不通"之处。一方面，"古希腊谈艺，评泊雕刻绘画，最重'活力'或'生气'，可以骑驿通邮"；另一方面，西方人将此句翻译成"具节奏之生命力"，"心灵调和因而产生生命之活动"，"精神之声响或生命力之运为或交响"等，所造成的"以讹传讹"，"强饰不解以为玄解"乃至"数典忘祖"诸问题，亦不容忽视。研究对象的性质往往决定了方法。因此，唯有打通古与今、中与西、知与行，将文字训释置入文学与文化的广阔语境，方可全面彰显"几""气韵生动"这类中国文化关键词的话语形态、思维方式、审美趣味、价值取向与民族特色。

---

① 郑朝宗：《〈管锥编〉作者的自白》，载《海滨感旧集》，厦门大学出版社 1988 年版，第 124 页。

② 季进：《钱锺书与现代西学》，复旦大学出版社 2011 年版，第 30 页。

③ 陈颖：《"对话"语境中的钱锺书文学批评理论》，中国社会科学出版社 2015 年版，第 25 页。

（三）"进一解"与"下一转"

"打通"只是方法，在主流释义、一般观念上的"进一解"与"下一转"，方为会通目标之所在。换言之，倘若归纳《管锥编》的中西会通特色，辄"邻壁之光，堪借照焉"言其态度，"锥指管窥，稍通骑驿"论其方法，"进一解"与"下一转"显其效果。如果不能在已有认识的基础上"进一解"与"下一转"，所谓的"通"便只流于表面。在《围城》中，钱锺书曾辛辣地讽刺了这种现象："高松年身为校长，对学校里三院十系的学问，样样都通——这个'通'就像'火车畅通'，'肠胃通顺'的'通'，几句门面话从耳朵里进去直通到嘴里出来，一点不在脑子里停留。"①《抱朴子·尚博》曰："通人总原本以括流末，操纲领而得一致焉。"于钱锺书及其《管锥编》而言，中西会通过程中的"原本"与"纲领"便是"变易不居"与"和而不同"的文化观念。

因持"变易不居"的动态文化观，《管锥编》尽量尊重并彰显中国文化关键词的复杂形态，故在诠释时尤其留意"进一解"与"下一转"的情况。由《诗·小雅·正月》中的"怨天"现象出发，钱锺书旁征博引，提要钩玄，谓"怨天之有知而仍等无知，较仅怨天之无知，已进一解"，"谓天有知而无能，有心而无力，行与愿乖，故不怨之恨之，而悲之悯之，更下一转，益凄挚矣"。经此一"进"与一"转"，不仅分疏"怨天"的多种样态，还抓住情感"益凄"的主线。有学者指出，"钱锺书对札记体的偏爱，实际上兼含着对传统意义上的'专书或专篇'的距离感和对作为'系统化'研究范式的西学专著或专论的反思意识"②。钱锺书所看重的不是体系性与层次感，而是中国文化的原生

---

① 钱锺书：《围城》，人民文学出版社 1980 年版，第 251 页。
② 龚刚：《钱锺书与文艺的西潮》，南开大学出版社 2014 年版，第 212 页。

态、复杂性和语境化。在此基础上，他提出了"不以一说蔽一字"的观点：

> 寻常笔舌所道，字义同而不害词意异，字义异而复不害词意同，比比都是，皆不容"以一说蔽一字"。匹似"屈"即"曲"也，而"委屈"与"委曲"邈若河汉；"词"即"言"也，而"微词"与"微言"判同燕越。"军"即"兵"也，而"兵法"与"军法"大相径庭。"年"即"岁"也，而"弃十五年之妻"与"弃十五岁之妻"老少悬殊。"归"与"回"一揆，而言春之去来，"春归"与"春回"反。"上"与"下"相待，而言物之堕落，"地上"与"地下"同。"心""性"殊也，故重言曰："明心见性"；然"丧失人心"谓不得其在于人者也，而"丧失人性"则谓全亡其在于己者矣。"何如""如何"无殊也，故"不去如何"犹"不去何如"，均商询去抑不去耳；然"何如不去"则不当去而劝止莫去也，"如何不去"则当去而责怪未去矣。

出于对原生态、复杂性、语境化的尊重与"不以一说蔽一字"的自觉，诸如此类的"尚有一旱，未见论者拈出"（论"男女歧视不齐"），"惜着语太简，兹取他家所说佐申之"（释"兴"），"歧中有歧，聊为分疏，以补黄说"（释"契阔"），"聊举正史、俗谚、稗说各一则，为之佐证"（释"巫"），等等，在《管锥编》中随处可见。

又因持"和而不同"的中西文化观，《管锥编》在"进一解"与"下一转"时，既重点拈出"同归殊途，一致百虑"的会通，又不忘保留"个别而无可比拟"的差异。在此之前，王国维曾论中西思想之事，"知力人人之所同有，宇宙人生之问题，人人之所不得解也。其有能解释此问题之一部分者，无论其出于本国或出于外国，其偿我知识上之要求，而慰我怀疑之苦痛者则一也"①。此乃就接触西学伊始"当破中西之见"而言，可与《管锥编》的"心之同然，本乎理之当然，而理之当然，本乎物之必然，亦即合乎物之本然也"互文相足。随着比较的深入，钱锺书为《中国比较文学年鉴》所作"寄语"还进一步彰显了"和而不同"的价值："在某一意义上，一切事物都是可以引合而相与比较的；在另一意义上，每一事物都是个别而无可比拟的。"②具体到《管锥编》，在疏解《左传·昭公二十年》"和别于同"一则时，钱锺书先是遍举中西同类之说，如《国语·郑语》"和实生物，同则不继"、《论语·子路》"君子和而不同"、《淮南子·说山训》"同不可相治，必待异而后成"之故训与赫拉克利都斯、苏格拉底、柏拉图、亚里士多德、孟德斯鸠、布鲁诺等论说，后又比较晏子与古希腊赫西俄德之异，揭示"以他平他"的可能："晏子别'和'与'同'，古希腊诗人谓争（strife）有二，一善一恶，前者互利，后者交残；'善争'与'和'亦骑驿可通者。"此亦属于从"和别于同"而"进一解"为"和而不同"。

对于可比的"连类"与不可比的"分别"，胡范铸的概括可谓精当：

在人文科学中，理性的解释常常就在于现象本身的发现与俪比之中。对 A 类现象，不识其具体的 A_1、A_2……A_n，不能亲切地领会 {A} 的内涵的丰富性——因为 A_1、A_2……A_n 往往并非 {A} 的具体化，"一般只大致地与个别相联"（列宁《哲学笔记》）；不识 A 之初源及仿构，则难察其走向；不识与 A 相反的 -A，则难以确定 A 的有效范围。在文化现象的观察与阐

① 王国维：《论今年之学术界》，载傅杰编校：《王国维论学集》，云南人民出版社 2008 年版，第 258 页。
② 引自杨周翰、乐黛云主编：《中国比较文学年鉴（1986 年卷）》，北京大学出版社 1987 年版，第 6 页。

释中，"连类""网罗"越加齐备，则其脉络发展理董越清楚，而脉络理董越明白，其理论解释才越有价值。[1]

通过集合式的穷举，西方的文学与文化现象或是作为具体的 An 以补充，或是构成与 A 相反的 -A 以映衬，共同彰显了 {A} 的复杂性与特异性。譬如，论"诗一名而三训"，将"诗言志"与"诗言持"合观，便可发现中国文学"'发'而能'止'，'之'而能'持'"的特征，"非徒以宣洩为快有如西人所嘲'灵魂之便溺'（seelisch auf die Toilene gehen）矣"。又如，论"'权'乃吾国古伦理学中一要义"，亦引亚里士多德"适得其中，谈何容易"（to hit the mean is hard in the extreme）、柏拉图"谎语时或有益"（la fausseté utilisable）、基督教"犯戒而不失为守戒"（rules for the breaking of rules）之术，以彰显"权"与法则之"经"、与变化之"机""时"的错综关系。此即如季进之总结："他所企图解构的是中国历史文化话语中以尚同为宗旨的封建大一统文化的意识形态与权力话语；而他企图建构的则是会通中西的'和而不同'的文化话语。"[2]

① 胡范铸：《钱锺书学术思想研究》，华东师范大学出版社 1993 年版，第 26 页。

② 季进：《钱锺书与现代西学》，复旦大学出版社 2011 年版，第 107 页。

第二章 元典关键词的语义考察

关键词研究作为一种方法，可称之为"历史语义学"（historical semantics）。① 就"语义"的层面论，本章所讨论的中华元典关键词的词根性、坐标性和转义性，依次构成特定关键词的元生义、衍生义和再生义；就"历史"的层面论，元典关键词的元生义形成轴心期华夏文明的文化根柢，衍生义构成中国各个历史时期的文化坐标，再生义铸成现代性语境下中国文化的话语权和软实力。

第一节 汉语词根性

我们现在研究传统文化，有研究哲学、伦理学、文学、教育学等分支，只是研究传统文化的某一个领域，互相之间井水不犯河水，否则就是越界。如果我们对各个学科的关键词进行"振叶寻根""观澜索源"的追寻的话，我们可以发现，这些分属不同领域的关键词其实同源同根，今天属于不同领域的学科是由某些最核心的文化关键词分枝派

---

① 参见［英］雷蒙·威廉斯：《关键词：文化与社会的词汇》，刘建基译，生活·读书·新知三联书店 2016 年版，"译者导读"第 13—022 页。

叶的结果。中国文化的诸多关键词，词根槃深柢固于五经之沃土之中。《文心雕龙·宗经》篇称五经为"群言之祖"，五经为后世各式文体的"首""源""本""端""根"，又说："并穷高以树表，极远以启疆，所以百家腾跃，终入环内者。"中国文化关键词孕育、诞生于五经，而关键词之诠解又绵延于历代经义疏证。我们择取"文""道""体"三大关键，演绎经学视域下中国文化关键词之词根性考察的三大步骤：一是依据传世的五经文本并参照出土的卜辞金文，辨析并厘定关键词之原初释义；二是检阅后经典时代以汉学诂训和宋学章句为代表的经义疏证，梳理并勘订关键词之经学解诠；三是勾连从经部到集部的文献通道，识鉴关键词之经义根性在史部、子部、集部之中的诗性绽放。

站在经学的立场，则五经为华夏文明最本根最炳耀之"文"，从而成为中国文化之正"道"和大"体"。五经虽各有其"体"，但核心内涵还是讨论中国文化的"道"与"文"。拿中国古代文论来说，诸多经典文本中，最具经学立场或经学视域的首推刘勰《文心雕龙》。刘勰征圣宗经，将一部（广义上的）文学史描述为由经学到文章的历史，其路径为"道沿圣以垂文，圣因文而明道"，其原则为"文能宗经，体有六义"。由"道"而垂"文"、由"文"而成"体"，是经学视域中刘勰立言的整体思路，因而也构成本节以"文""道""体"为例证展开题旨的合法性依据。

一、详其本源，莫非经典

认定古汉语中的某一个字为中国文化的关键词，其基本的（或曰底线的）依据，是这个字还活着，不仅活在今人对中国文化的研究之中，而且还活在今天的学科理论及其研究之中，比如"文"这个汉字。认定古汉语中的某一个字为中国文化关键词的词根，除了上述"底线依据"

之外，似应新增两条依据：一是这个字具有较强的组词功能，或者说它是诸多关键词的词根，比如文学、文化、文明或者文气、文心、文趣中的"文"；二是这个字在历史时空中的语义变迁，必然导致以它为词根的诸多关键词的语义变迁，如具有不同时代和地域特征的"文"必然形成不同类型的文学、文化、文明，具有不同主体性特征的"文"也必然酿成不同内涵和外观的文气、文心、文趣等等。事物的起源常常决定着事物的性质，"文"这个汉字与生俱来的全部丰富性和复杂性，决定了以"文"为词根的诸多文论关键词的全部丰富性和复杂性。那么，"文"作为词根的特征即词根性是如何形成的？详其本源，莫非经典。

先看五经中关于"文"的六条语料：

① 《礼记·王制》："被发文身。"

② 《礼记·月令》："文绣有恒。"

③ 《周易·系辞上》："通其变，遂成天下之文。"

④ 《周易·系辞下》："物相杂，故曰文。"

⑤ 《周易·贲·象传》："柔来而文刚；刚上而文柔。"

⑥ 《周易·革·象传》："大人虎变，其文炳也。"

第一条材料中的"被发文身"（郑玄注曰"文，谓刻其肌，以丹青涅之"），实为"文"之原始义中最具本质特征或者说最具词根性的义项。甲骨文中的"文"，从武丁时期到帝辛时期，均有"文身"之义："象正立之人形，胸部有刻画之纹饰，故以文身之纹为文。"[1] 许慎《说文解字》有"文，错画也，象交文"，而甲骨文"文"字形胸前的纹身即为交文错画。当然，甲骨文不同时期的"文"，字形上会有差异：一是胸部所

---

① 徐中舒主编：《甲骨文字典》，四川辞书出版社 2006 年版，第 996 页。

刻画的纹饰有所不同，或为"X"或为"U"或为"一"；二是干脆省略掉错画而径直作"文"。如果说，人在自己身体上的交文错画是人类最早的文化和艺术行为，那么"以文身之纹为文"则是人类对文化和艺术作品最早的鉴赏和批评。《庄子·逍遥游》亦有"越人断发文身"的叙事，当越人或者任何一个部落的人"刻其肌，以丹青涅之"时，他们实际上是在从事文化和艺术的创造，因而他们的"文身"不仅是人类早期文化和艺术活动的重要内容，而且在某种意义上构成人类对自身本质力量和文化价值的体认和确证。交文错画着形形色色之"文"的龟甲兽骨，虽然被掩埋在殷商帝辛的废墟之中，但"文"作为汉语词根却顽强地活了下来，历经数千载而不朽。我们今天从文明、文化、文字、文辞、文献、文学、文章、文艺、文采、文雅等众多中国文化和文论的关键词之中，不难窥见掩埋在殷墟小屯的"文"的词根性。

第二条材料中的"文绣有恒"（郑玄注曰"文谓画也"），实为"文"之词根性的自然生长或扩展。"文"之交文错画，只是在人体的胸部作简单的刻画。可以想象，随着人类"文"之技艺和愿望的不断提升，"文"者已不满足于对自身或对他身的简单刻画，亦不满足于将刻画对象（或曰刻画材料）仅限于自身或他身。主体性的外射和扩张，创作欲望的充溢和高涨，必然导致"文"者对新的刻画材料、方法和技艺的寻找，于是就有了"文绣"之文，也有了带"彡"的"彣"和"彣彰"。《说文》有"彡，毛饰画文也"，又有"错画者，文之本义；彣彰者，彣之本义"，可见"彣"是"文"的扩充，"文绣"是对"文身"的扩充，因为"文谓画"是对"刻其肌"的扩充。《说文·彣部》："凡言文章，当皆作彣彰，作文章者，省也。"当书写者将"彣彰"省作"文章"时，省掉了什么？省掉了对文者"饰画"或"绘画"（无论是在身体上还是在其他材料上）功能及才华的强调。

三、四两条材料中的"天下之文"（孔颖达疏"青赤相杂，故称文"）

和"物相杂，故曰文"，是对"文"之词根性的又一次扩充。无论是自刻于肌肤之"纹"，还是外绘于简帛之"彣"，都是人为之文，都是人的文化的艺术的创造。而"天下之文（物相杂曰文）"，则将"文"从人为扩展于自然，从人造之文扩展为天地万物之文。前述"文章"对"彣彰"在字形上的省略，亦可视为"文章"对"彣彰"在词义层面的扩充。"彣彰"强调的是人的绘制，如"锦绣""黼黻"之类的文章；而"文章"则无所不包：人绘制出来的锦绣黼黻是文章，与人的绘制全无关系的日月山川、花鸟虫鱼皆为文章。前者如《荀子·非相》的"美于黼黻文章"，后者如屈原《橘颂》的"青黄杂糅，文章烂兮"。二者虽有人为与自然之别，但"美"是其共同的也是本质性特征。"文"的这一词根性在甲骨文中就秉有了，甲骨文"文"的第一释义就是"文，美也，冠于王名之上以为美称"①，第二和第三释义则是用于人名与地名，亦与"美"相关。"文"的词根性早已规定："文章"也好"彣彰"也罢，或者写成"纹"或者写成"彣"，美均为第一要素。古往今来的文学批评称某一部作品为"美文"，既是在"彣彰"层面对作家雕缛成体之技艺的褒奖，亦是在"文章"层面对作家文法自然之才情的赞誉。一文而具双美，是由"文"的词根性所决定所赋予的。

五、六两条材料中的"文"，实为"文"的两大功能：一是文饰，二是炳耀。讲"文饰"的第五条材料是贲卦的象传，讲"炳耀"的第六条材料是革卦九五爻的小象传。六十四别卦的卦名实为《周易》的六十四个关键词，卦名后的经文（即卦辞）是对该关键词的界定，而每一个卦的象传和大象传则是对该关键词的义释，亦即王弼所言"统论一卦之体，明其所由之主者也"②。经文对贲卦的界定是"亨，小利有攸

073

---

① 　徐中舒主编：《甲骨文字典》，四川辞书出版社 2006 年版，第 996 页。
② 　楼宇烈：《王弼集校释》下册，中华书局 1980 年版，第 591 页。

往"，而贲卦的这一定义与"文"的文饰功能密不可分。六二居下卦之中以文饰九三，"柔来而文刚"，故阴阳交贲以获亨通；上九高居卦终，六五因之获饰，"刚上以文柔"，故小利有攸往。下卦的"柔来文刚"，上卦的"刚以文柔"，再加上"下离"与"上艮"的柔刚互饰，于是形成贲卦象传所说的"刚柔交错，天文也"。"刚柔交错"，作为对"文"之功能的界定，同样是从"交文错画"这一"文"的词根性中生长出来的。"交文错画"彰显的是"文"作为人的作品（即"人之文"）所具有的审美特征，规定的是"人之文"的美学外观与哲学内涵；"刚柔交错"则由人之文弥漫为天之文．彰显的是"文"如何交构成天地宇宙之美，如何凝聚为阴阳和合之道。"文"的功德不仅是刚柔互饰，更有彪炳高耀。革卦九三的爻辞为"大人虎变，未占有孚"，其小象传曰"其文炳也"，意谓大人如猛虎般推行改革，则文必炳耀。如果说，刚与柔的互"文"，强调的是"文"对于天地宇宙的巨大功德；那么，"文"之彪炳高耀，强调的则是"文"对于人类社会的巨大功德。无怪乎刘勰《文心雕龙·原道》篇要喟叹："文之为德也大矣！"

概言之，就"文"这个关键词的诠解而言，从文身到纹绣，从彣彰到文章，从人为之文到天地之文，从文的哲学内核到文的美学功德，只有在五经对"文"的使用和诠解之中方能找到"文"的词根性。换言之，只有依据传世的五经文本并参照出土的甲骨卜辞，才有可能辨析并厘定"文"关键词的原初始义，才能真正追溯并建构"文"的词根性。不仅是"文"，下面我们要谈到的"道""体"等文化关键词亦如此。

二、禀经制式，酌雅富言

经学乃中国的诠释学，故经学视域亦为诠释学视域。就中国文化关键词的诠释而言，经学的影响之大是毋庸置疑的。刘勰虽说是舍"注经"

074

而取"论文",但他论文所遵循的基本原则是依经以立义。《文心雕龙》五十篇,几乎篇篇都要"原始表末"。"始"何谓?经书及创制经书的圣人,故而"原始"实为宗经征圣。"末"何谓?后经典时代对经书的各种诠释,故而"表末"在总论中是依经而正纬、辨骚,在文体论和创作论中是依经而释名章义、敷理举统。概言之,刘勰《文心雕龙》对中国文论关键词的诠解是"禀经制式,酌雅富言",亦即在辨析并厘定文论关键词之经学本义即词根性的基础上,梳理并勘订其经学解诠。

一部经学史也就是一部汉语诠释学史,后经典时代汉语诠释学的代表是汉学与宋学。《四库全书总目》之《经部总叙》概述"自汉京以后垂两千年"经学史:"要其归宿,则不过汉学宋学两家互为胜负。夫汉学具有根柢,讲学者以浅陋轻之,不足以服汉儒也;宋学具有精微,读书者以空疏薄之,亦不足服宋儒也。"[1] 又《四书章句集注提要》称:"盖考证之学,宋儒不及汉儒。义理之学,汉儒亦不及宋儒。言岂一端,要各有当。"[2] 经学诠释,从总体上看,汉学之字词诂训与宋学之章句义理,可互为补充;而就文论关键词这一特殊对象而言,宋学的章句义理,较之汉学的字词诂训,似更有理论意味,即如《四库全书总目》称赞朱子的《四书章句》,"《中庸》虽不从郑注,而实较郑注为精密"[3]。本目拟以朱子《四书章句》对"道"关键词的诠解为例,探讨中国文化元关键词的词根性在经学诠释中的展开。

我们先来看朱子章句对《礼记·中庸》"道"的六条诠解:

①道,犹路也。(《中庸》"率性之为道"朱熹章句)

②道者,日用事物当行之理。(《中庸》"道也者不可须臾

075

---

[1] (清)永瑢等:《四库全书总目》上册,中华书局1965年版,第1页。

[2] (清)永瑢等:《四库全书总目》上册,中华书局1965年版,第294页。

[3] (清)永瑢等:《四库全书总目》上册,中华书局1965年版,第294页。

离也"朱熹章句）

　　③道者，天理之当然，中而已矣。（《中庸》"道之不行也"
朱熹章句）

　　④道者，率性而已。（《中庸》"道不远人"朱熹章句）

　　⑤道者，天下之运道。（《中庸》"修身以道"朱熹章句）

　　⑥道，兼法则而言。（《中庸》"是故君子动世为天下道"
朱熹章句）

　　关键词之经学阐释，元论是汉唐诂训还是两宋章句，均有词根性层
面的原始表末与释名彰义。上一目以"文"为例讨论文论关键词在五经
中的词根孕育和生长，已经看到汉代郑注和唐代孔疏对"文"之原始义
的追问和诠解；此一目以"道"为例讨论文论关键词之词根性在经义疏
证中的扩充和展开，可以见出宋学章句虽然重在义理，却也有对词根性
的执守和把握，上引第一条材料"道，犹路也"就是对"道"原始义的
界定。《说文》"道，所行道也"应是基于经书中关于"道"的使用。《诗
经·小雅·大东》："周道如砥，其直如矢。"又，《诗经·小雅·巷伯》：
"杨园之道，猗于亩丘。"两条语料中的"道"，皆为朱子章句"道犹路也"
之所本。"道"之释义非常复杂，但由形而下之"道路"而至形而上之"道
理"当为辞义演变之轴心。古今中外，儒墨道法，任何一家的"道"都
要回答"从哪里来，到哪里去"之类的终极追问，而此义项之词根实乃
"路"之起点与终点。此其一。"道"乃规律或者说是对规律的揭示和确
证，此义项之词根实谓人须在道路上行走，即《说文》所释"一达谓
之道"。离道或越轨就是不按规律办事，何以能达？此其二。在遵循规
律（即行于道）的共同前凝之下，不同的个体乃至不同的文化或哲学流
派，各有自己的达道方式或曰方法论，此义项之词根则为行道之方，印
度原始佛学四圣谛中的"道"即为此义。"道"之种种义项如何昭示后人？

要通过说。说亦道。用作动词、释为言说的"道"，也是"道"的原始义，即《诗经·鄘风·墙有茨》"不可道也"，而《老子》一章首句"道可道"则将"道"之二义合为一语。

篆体的"道"字，其偏旁（走之底）由"行"与"止"两部分组成，意谓在道路上行走，其常态必然是走走停停，不知止歇的行走者事实上是不存在的。可见由"行止"构成"道"的偏旁是对行道状态及特征的真实写照，是"道"的词根性之所在。《中庸》讲"道也者，不可须臾离也，可离非道也"，这个"道"已不是"道路"而是"道理"。行道之人有行有止，"道路"对于行走者而言是可以暂时离开的；而"道理"对于闻道、习道、循道、传道之人而言，则是须臾不可离的。朱子章句说"道者，日用事物当行之理"，既然是"日用事物当行之理"，则"无物不有，无时不然"也。①孔子强调，仁义之道对于儒家君子而言是须臾不可离身的，"君子去仁，恶乎成名？君子无终食之间违仁，造次必于是，颠沛必于是"。儒家如此，道家亦然。有人问庄子"所谓道，恶乎在"，庄子说"无所不在"：在蝼蚁，在稊稗，在瓦甓，甚至在屎溺。②庄子又是齐生死的，生之道亦为死之道。是故庄子的道不仅无处不在，而且无时不在。

由具象之"道路"上升为抽象之"道理"，是"道"之词根性生长的主线。这一点从一、二两条材料中可以见出；而三、四两条材料则提供了"道"之词根性生长的另一条线索：从无所不在、无所不包的"道"衍化为有所指谓、有所限定的"道"：所谓"中而已矣"，所谓"率性而已"。孔子哀叹"道之不行（不明）也"，因为"知（贤）者过之，愚（不肖）者不及也"。孔子这里所说的"道"，是儒家的道，是孔子念兹在兹而"民

---

① （宋）朱熹：《四书章句集注》，中华书局 1983 年版，第 17 页。

② 参见《庄子·知北游》。

鲜久矣"的中庸之道，故朱子章句有"中而已矣"之诠解。子曰："道不远人。人之为道而远人，不可为道。"孔子这里所说的"道"，着重于"道"与"人"之关系，暗含着道的实践主体对于道之践行的认知态度，故朱子章句有"率性而已"之诠释。可见这两条材料对"道"的解释，都是有所限定的："道"已经不是无所不在，而是或在"中"或在"人"了。当然，在朱子看来，孔子的"中庸之道"和"道不远人"，讲的都是"道不可离"，是道的无所不在，是道的弥漫性和普遍性。但这只是儒家的看法，儒家之外的学者不见得会认可。《庄子·天下》篇感叹："天下之治方术者多矣，皆以为其有而不可加矣。"在《天下》篇的作者看来，儒墨道法诸家都是古之道术裂变为方术之后的一家之言、一得之见或一方之术，而只有"道术"才是"见天地之纯、古人之大体"的，才是"无乎不在"的道。《天下》篇的观点，儒者亦不会认可。是故《周易·系辞上》说："一阴一阳之谓道。继之者善也，成之者性也。仁者见之谓之仁，知者见之谓之知。百姓日用而不知，故君子之道鲜矣。"① 可见各家各派之论"道"是一个见仁见智的问题，并不影响我们在经学视域下对"道"之词根性的考察。

《中庸》所记孔子"修身以道"之言是对哀公问政的回答，而"君子动世为天下道"讲的是君子如何"王天下"，是故五、六两条材料中的朱子章句，均可视为在法度或方法的层面对"道"的词根性解读。"道"之形而下层面有"行道之方"之义，而形而上层面则有"方术法则"之释；无所不包的"道"自然有"术"之义，而一方一派之"道"更是各以自家之术为其标志性特征。由此可见，在"道"之词根性生长的两条路径之中，方法论意义上的"道"都是不可或缺的。从根本上说，无论是具象还是抽象意义上的"行道之人"，如果没有行之有效

---

① （清）李道平：《周易集解纂疏》，中华书局 1994 年版，第 558—560 页。

的"行道之方"，是不可能"达道"即抵达目的地的。"道"之词根性的这一重要内涵，对中国文论产生了深远的影响。比如儒家的"中庸"之道，既是一种人格的道德的境界（所谓"中庸之为德也，其至矣乎"），也是一种思维方式（所谓"过犹不及，无过无不及"）。刘勰《文心雕龙》正是在后一种意义上，将中庸之道化为他的文学研究方法："擘肌分理，惟务折衷。"刘勰深知，他之前的文学理论批评，其方法论通病是偏离了中庸之道，即《序志》篇所言"各照隅隙，鲜观衢路"，《知音》篇所云"各执一隅之解，欲拟万端之变"，结果是"东向而望，不见西墙也"。而刘勰的文学理论批评，从征圣宗经到论文叙笔，从割情析采到观物拟心，从释名章义到选文定篇，无不贯穿着折衷之术。刘勰论文以宗经为要，"盖经者非他，即天下之公理而已"①，故《文心雕龙》禀经制式，酌雅富言，开篇追原道术，末篇标举折衷，使"道"之词根性打通首尾，弥纶全书。对于《文心雕龙》而言，"道"也是"无乎不在"的了。

三、泰山遍雨，河润千里

《文心雕龙·宗经》篇在概述五经要旨时，称《易》惟谈天，《书》实记言，《诗》主言志，《礼》以立体，《春秋》辩理等等。五经的书名、篇名以及五经所阐释的核心观念，大多是中国文化的关键词。比如《易》，"易"是关键词，八经卦的卦名是关键词，《易》所阐述的"天""道""人""文"等等更是关键词。五经对这些关键词的言说，因其"根柢槃深，枝叶峻茂，辞约旨非，事近喻远"而"余味日新"，"可谓太（泰）山遍雨，河润千里者也"！比显兴隐，《宗经》篇的这一著名

---

① （清）永瑢等：《四库全书总目》上册，中华书局1965年版，第1页。

比喻突显出五经关键词及其经义根性对后世文化的巨大影响。槃深柢固于五经的中国文化关键词之词根性，在汉学诂训及宋学章句中生长，在史部、子部、集部及各种体裁、体式和体貌的文化文本中绽放。就中国文论关键词之经义根性在集部诗文评中的诗性绽放而言，五经的浇灌与滋润，如泰山之雨，如黄河之水。

从根柢处说，广义上的中国诗学是从经学中生长出来，故中国文论关键词的存在方式是双重的，即槃深于经部的词根性存在与绽放于集部的诗性存在：前者为体后者为用，前者乃根柢后者乃华实。因而，经学视域下中国文论关键词之词根性考察，在厘定原初释义和检阅经义疏证之后，尚须识鉴其诗性绽放。前面两目说"文"论"道"，已经涉及各自词根性的诗性绽放问题（如"文"之功德与"道"之言说），本目则以"体"为例，勾连从经部到集部的文献通道，识鉴关键词之经义根性在集部中的诗性绽放。

先看集部文献中关于"体"的六条材料：

①曹丕《典论·论文》："气之清浊有体，不可力强而致。"

②陆机《文赋》："体有万殊，物无一量。"

③刘勰《文心雕龙·征圣》："体要所以成辞。"

④刘勰《文心雕龙·宗经》："文能宗经，体有六义。"

⑤刘勰《文心雕龙·序志》："去圣久远，文体解散。"

⑥纪昀等《四库全书总目》："（《二十四诗品》）各以韵语十二句体貌之……"

《四库全书总目·集部·诗文评类一》："建安黄初，体裁渐备，故论文之说出焉，《典论》其首也。"魏文《典论》乃四库馆臣心目中的诗文评之首，其论文之说以"体"为关键词。《典论·论文》论"体"，既有文学体裁之类分（所谓"四科八体"），又有作家体性之辨析（所谓"建安七子"之文气），还有文章体统之赞颂（所谓"经国大业、不朽盛事"），而最为核心的是以生命之气论"体"。"体"之原初释义本为生命之体，《说文·骨部》有"体，总十二属也"，段玉裁注称"十二属"为人体"首、身、手、足"所属的十二个部位。^①包括五经在内的先秦典籍多在"肢体、身体"的意义上使用"体"这个字，而《典论·论文》对"体"的使用亦有对原始义的秉承或葆有，如"日月逝于上，体貌衰于下"中的"体貌"一语，即谓人之身体和生命，依然属于《说文》"总十二属"的范围。"气之清浊有体"，作为曹丕文论的核心命题，则将"体"之身体、生命层面的含义由"体骨"扩充为"体气"，从而使得"体"的词根性首次绽放于集部诗文评。换言之，曹丕以气论体，既是对"体"之词根性的秉承，又是对"体"之经义根性的扩展和延伸，从而在四库"集部"中开"体"关键词诗性绽放之先。

曹丕《典论·论文》"气之清浊有体"是"体"之生命本体在集部中的诗性绽放，而陆机《文赋》"体有万殊"则是"体"之文学本体的诗性绽放。"体"与"文"之密不可分，在五经中业已铸成，本节第一目谈"文"之"文身"义，其"文（纹）"之对象或曰材料即为人之身体。当人类已不满足于"文（纹）于己身"之时，"体有万殊"的时代就到来了，"万殊之体"的分类和命名就成了文学理论批评的当务之急。陆机《文赋》："体有万殊，物无一量。"李善注曰："文章之体有万变之殊，中众物之形，无一定之量也。"^②这里的"体"已不是"人体"而是"文章之体"，所谓"万变之殊"则是极言"体"的多样性和个性化。"体"之多样性指文学体裁而言，曹丕分八体，陆机列十体，刘勰则多达三十多体，故

---

① 参见（清）段玉裁：《说文解字注》，上海古籍出版社1981年版，第166页。

② （梁）萧统编，（唐）李善注：《文选》第二册，上海古籍出版社1986年版，第765页。

《四库总目·诗文评类一》称"（刘）勰究文体之源流，而评其工拙"，又《四库总目·文心雕龙十卷》称"其书《原道》以下二十五篇论文章体制，《神思》以下二十四篇论文章工拙"。"体"之个性化则指文体风格，曹丕讲"清、浊"二气，讲"雅、理、实、丽"四科，刘勰则讲"数穷八体"。而陆机这里将"体"与"物"相对举，则隐含"文体"与"自然"之关系。体之类分，就其简易而言，自然有阴阳两极，文体有刚柔二气；就其繁复而言，自然有万物之态，文体有万变之殊。本节第二目释"道"，讲"道沿圣以垂文"，人之文对道的言说，与天地之文对道的垂示，二者是同质的，不同的只是"体"，一为文体一为物体。可见陆机"体有万殊，物无一量"对"体"之经义根性的绽放，虽出发于文学文体却有着比文学文体更为广泛也更为深刻的意蕴，其文学本体论中包含着哲学本体论。

　　三、四、五共三条材料均出于刘勰《文心雕龙》。就对"体"之词根性的演绎及展开而言，曹、陆二人与刘勰相比较，着眼于并着力于诗文评即文学理论批评是其相似点，而经学视域之有无则是其相异处。刘勰论文以宗经征圣为文之枢纽，对"体"关键词的诠解及阐释在经学视域下层层推进，在经学框架内全方位展开，以"体"为词根的诸多关键词及其释义，又无一不是在"体"的经义根性之上生长出来的。限于篇幅，本文只谈与上引三条材料相关的问题。其一，辞尚体要。此语出自《尚书·毕命》，刘勰引之以讨论文学的语言问题，可见经学本体也就是语言本体。征圣宗经的刘勰非常重视"体要"这一经学话语，《文心雕龙·征圣》篇不足五百字，竟连续四次提到"体要"。刘勰写作《文心雕龙》的直接动机，就是要借"体要"这一经学话语以革除文学之时弊。五经以"体要"为贵，文学创作及文学理论批评亦须以"体要"为要，不体要则不能成辞，不体要则文体解散。其二，体有六义。《文心雕龙·宗经》篇所标举的"体有六义"不止于"体类"和"体貌"，而是文章之体的面面观：情感、风格、叙事、论理、文体、文辞。这六个方面是文章之体最为重要的元素，也是文学创作最应该向五经学习的地方。《宗经》篇说"五经之含文也"，五经就是最好的"文"，故为"体义"之典范。其三，文体解散。五经既为文体之范，那么能宗经则体有六义，否则便会文体解散。这里的"文体"有"体制""体统""总体"之义，较之上述"体义"更具有本质性或本体性内涵。就"体制"的层面而言，五经既"统其首"又"发其源"，既"总其端"又"立其本"。就"体统"的层面而言，一部经就是一个体统，而五经又整体性地构成一个大的体统即儒家文化之体。

最后一条材料是讲用作动词的"体"，有体察、体悟、体会之义。"体"用作动词亦是出自五经，如上述《尚书·毕命》的"辞尚体要"；又如《礼记·中庸》的"体群臣也"，朱熹章句曰："谓设以身处其地而察其心也。"①《四库总目提要》称《二十四诗品》"深解诗理，凡分二十四品，各以韵语十二句体貌之"②，司空图用心体悟并描述二十四种诗歌风格和意境，"体貌"意指批评家从事风格批评的特殊才能。《文心雕龙》"体貌"两见：其一，《时序》篇论及建安文学的三曹七子时，称"并体貌英逸，共俊才云蒸"，此处的"体貌"是对作家个性气质及人格风貌的描述。人有体貌，文亦有体貌，后者便是作家气质个性及人格风貌在其文学作品中的呈现。其二，《书记》篇讨论"状"这种文体时，称"状者，貌也。体貌本原，取其事实，先贤表谥，并有形状，状之大者也"。此处的"体貌"用作动词，可释为对事实情状及本原的体察和描述，属于能力和才情。故知，人不仅有各具风采的体貌，还有体貌他人及他物之体貌的特殊才能。"体"之作为动词与作为名词，在刘勰对"体貌"

---

① （宋）朱熹：《四书章句集注》，中华书局1983年版，第29页。

② 郭绍虞称："司空氏所作重在体貌诗之风格意境。"（郭绍虞：《诗品集解　续诗品注》，人民文学出版社1963年版，第1页）

的使用中统一起来了。

中国文化关键词的研究，从理论谱系之清理到内容框架之建构，从诠解路径之确定到释义方法之创新，均与词根性考察息息相关。而词根性考察之关键，则是经学视域的引入。经学视域下中国文化关键词之词根性考察，我们这里所论述的三大步骤是顺时序的，即由五经元典而经学诠解，由经学诠解而集部诗文评。在具体的研究之中，亦可逆时序进行，即由诗文评而经学解诠，由经学解诠而五经元典。借用刘勰的喻辞，"顺时序"好比"泰山遍雨，河润千里"，"逆时序"可谓"振叶以寻根，观澜而索源"。

四、振叶寻根，观澜索源

中国文化各个分支学科的关键词同根同源的特性，决定了中国文化言说方式的一个重要特点，即寻根性特征。人类学家指出，追根溯源、敬祖宗宗是人类普遍的人文情怀和重要的思维特点。寻根问祖是中国文化的基本特色。人类学之父泰勒说："在中国，正如任何人都知道的，祖先崇拜是国家的主要宗教。"[①] 汉字"祖"的初文为"且"，近世有些学者在研究了甲骨文的字形后，提出了一种影响较大的意见，即"且实牡器之象形"[②]。牡器，即男性生殖器。视牡器为祖先，把生命之源追溯至父系，是父系氏族社会以来男子地位的反映。其中尽管有男女不平等的意思在，但就其思维方式而言，追溯生命之源即为一种寻根思维。《礼记·大传》云："尊祖，故敬宗；敬宗，尊祖之义也。"又云："人道亲亲也，亲亲故尊祖，尊祖故敬宗，敬宗故收族。"尊祖敬宗为中国人生活

---

① ［英］爱德华·泰勒：《原始文化》，连树声译，广西师范大学出版社2005年版，第501页。

② 刘达临：《中国古代性文化》，宁夏人民出版社1993年版，第42页。

之大礼，拜祖孝宗是中国许多节日活动中的一项重要内容。此风此俗祖孙相因，代代相传，形成中国文化的恒久传统。中国人视父系为祖，而有的民族则视母亲的子宫为人的故乡。① 就其思维而言，都为一种寻根思维。

中国人的寻根思维在一些文化典籍中表现是很明显的。先说道家典籍。据叶舒宪统计，老子的五千言中"归"字出现 11 次，典型的措辞有："归根"和"复归"两种。《道德经》中"复"字共出现 15 次。在《庄子》中，"反"字共出现 88 次，其中用于归返之义的占了大多数。"归"字共计 33 次，如《山木篇》中的"复归于朴"与《知北游》中"欲复归根"。庄子亦善于用"复"字来表现回归主题，总计出现了 50 次。② 老庄所谓"反""归""复"，即返回"天地之始"、"万物之母"（《道德经》第一章）、"天地之根"（《道德经》第四章），是"反其真"（《庄子·秋水篇》）。返回万物的起始处、根本处，才能"得本以知末，不舍本以逐末"，"守母以存子，崇本以举末"（王弼注《道德经》第三十八章、五十二章语）。老庄"归""反""复"的思想，是在追溯万物之宗、之母、之始，就思维方式而言是寻根思想。其揭示的万物周行不殆、反复终始的规律，近似宗教史学家所谓的"永恒回归"（eternal return）。

儒家经典中的寻根思想也甚为明显。《周易·系辞上》："原始反终，故知死生之说。"《周易·系辞下》："易之为书也，原始要终，以为质也。"可见寻根思想是《周易》一书的思想主脉之一。如《周易·彖传》"大哉乾元，万物资始"，推及万物之元始。又《周易·系辞上》：

085

① 如南非洛维杜人所说："理想是返回老家，因为永远不可能返回的唯一的地方是子宫……"（［法］列维－斯特劳斯：《野性的思维》，李幼蒸译，商务印书馆 1987 年版，第 180 页）

② 参见叶舒宪：《庄子的文化解析——前古典与后现代的视界融合》，湖北人民出版社 1997 年版，第 42—44 页。

"易有太极，是生两仪"，即推及万物之本根为"太极"。《周易·系辞上》："探赜索隐，钩深致远。"这些表述，就其思维方式而言，显然是推原思维。《论语》中说："慎终追远，民德归焉。""追远"是孔子提炼出来的人生思想、人文精神之一：抱本返始，追思生命的原初源头。孔子又说："周监于二代，郁郁乎文哉！吾从周。"又说："述而不作，信而好古。"从周好古，从思维而言，也是在追述古代礼制，也是在推原。

古典诗文中有一大情怀主脉，即思乡恋土情结。从《诗经》中的"黍离之悲"到《古诗十九首》中游子"还顾望旧乡"，从王粲"虽信美而非吾土"的喟叹到《春江花月夜》"谁家今夜扁舟子"的人生拷问，从贺知章"少小离家老大回"的感伤到苏轼"有田不归如江水"的宦海沉浮……陈陈相因、代代相续的是中国人的乡土情怀。故乡，那是我们生命的起点，那里有母爱，有亲情，有孩童时期纯真的友情和天真的快乐……游子们历经生活的艰辛和宦海沉浮之后，念念不忘的是故乡的温馨，魂牵梦绕的是故乡的纯美。而就其思维方式而言，则是在追寻人生的心灵历程，是在探求人生的美好之源、快乐之源，是用文学的形式在"探原"。

传统文化、哲学、文学有着深厚的"寻根思想"积淀，以此为思想基础和智慧背景的中国文论，其浓厚的寻根意识和强烈的溯源欲望则自在情理之中了。维柯认为，人之本性即在于"所回忆到的历史要一直追溯到世界本身的起源"，学者们"要把他们本行职业所研究的那种智慧推源到最显出智慧的那个来源"。[①]中国文论品诗论文，往往"务先大体，鉴必穷源"（《文心雕龙·总术篇》）。探文学之本及天地之大道，溯文体之源到炎黄古世，论作家作品每每谈及其所学有自、传承有源，俨然形

———————————

① ［意］维柯：《新科学》，朱光潜译，商务印书馆 1989 年版，第 99、137—138 页。

成中国文论一股寻根穷源的思想主脉。中国文论中进行文学本源探讨较深入的，前有《文心雕龙·原道篇》，后有清代叶燮的《原诗》。两者穷究诗文之道，都追至天地之德、万物之理。

中国文化的推原思维很容易使人理解为复古守旧。在某种意义上，它有这方面的成分，这是毋庸讳言的。正如杜甫《戏为六绝句》所言："递相祖述复先谁？"叶燮《原诗·内编》也说："互相祖述，此真诗运之厄。"但推原亦有面向未来的维度。明人钟惺对这一点见解颇深。他和谭元春共同编辑《诗归》，影响很大。他在《诗归·序》中说，"选古人诗，而命曰《诗归》"，"以古人为归也"。所以此"归"即我们所说的"推原"。钟惺说他要归的是古之精神，他编《诗归》是为了"接后人之心目"，亦即为了诗歌的未来："引古人之精神，以接后人心目，使其心目有所止焉，如是而已矣。"这亦是对中国文化推原思维之精神实质的最精妙概括。

第二节　历史坐标性

作为中国文化源起、赓续、传承和新变的标识，中国文化元典关键词在其后漫长的演变历程中，以"词根"的方式沉潜，以"坐标"的方式呈现，既标举特定时空的文化观念，又接续前世与后代的文化命脉，从而成为不同历史时期的文化坐标。

一、时空经纬

一般而言，时间和空间是人类看待世界和表达世界的两个基本维度。德国学者恩斯特·卡西尔说："空间和时间是一切实在与之相关联的构架。

我们只有在空间和时间的条件下才能设想任何真实的事物。"①时间和空间犹如事物存在的纵坐标和横坐标，落实了具体的时间和空间，我们就扣住了事物的时空经纬，对于我们认识事物的文化背景和发展性状有重要意义。我们要认识中华文化关键词，也必须将其放在具体的时间和空间维度来认识。时间维度可以看出关键词的生命历程，空间维度可以看到关键词被运用时所处的文化情境，以及运用者特殊的具体语境和思想指向。

就时间维度来说，基于深厚的农耕文化和漫长的历史演进，中国人的时间观念既有四季轮回、日月更替等农耕生活基础上的自然时间体验，又有因帝王更替、改朝换代等社会生活基础上的政治性时间概念。前者是文化性的时间概念，体现着中国人对自然宇宙的体认和感悟，后者是社会性的时间概念，蕴含着中国人特殊的政治和历史经验。这两种时间观念都渗透在中国文化关键词的内在思维和外在言说当中，表达了中国人对大化自然、社会政治及人生命运的思考和感悟。

宇宙大化永远处在变化不息之中，所以古希腊哲学家赫拉克利特有一句有名的格言："你不可能两次跨进同一条河流。"这种生生不息的观念在中国文化中也早就存在。《周易》就有这种生命发展观："生生之谓易。"（《周易·系辞上传》）一切历史都处于"为道屡迁，变动不居"之中。事物的发展是一个生命历程、一个不断生新变化的过程。每个阶段都有它自己的生命体征。如《乾》卦把龙的生命历程分为"初九""九二""九三""九四""九五""上九""用九"几个阶段，相应地，每个阶段龙的生命体征是"潜""见""乾乾""跃""飞""亢""无首"，事物的阶段性及其桛应特征非常明显。雷蒙·威廉斯说："一种语言发展的重要过程：某一些语词、语调、节奏及意义被赋予、感觉、检

---

① ［德］恩斯特·卡西尔：《人论》，甘阳译，上海译文出版社 1985 年版，第 54 页。

试、证实、确认、肯定、限定与改变的过程。在某些情况里，这种演变过程的确是非常缓慢的。它需要几世纪的时间累积，才能蓬勃发展，表现出积极活力。在其他的情况下，这种过程可能非常快速，尤其是在某些重要的领域里面。在一个具规模且活跃的大学里，以及在一个大变动的时期(譬如说，战争)，这种过程可能异常地快速并且极易被察觉。"①又说："当我们超越这些意义，更进一步去查询历史词典，或是阅读历史随笔、当代小品文时，我们实际上已跨越'适当意义'(proper meaning)的范围。我们可以发现意义转变的历史、复杂性与不同用法，及创新、过时、限定，延伸、重复、转移等过程。我们也可发现，词义的变化有时候为我们所忽略，以至于它们似乎几世纪以来都是长久不变，但其实词义本身及其引申的意涵会随时代而有相当的不同与变化。"② 中国文化关键词的生命历程，也有一个"被赋予、感觉、检试、证实、确认、肯定、限定与改变的过程"，也有"意义转变的历史、复杂性与不同用法，及创新、过时、限定，延伸、重复、转移等过程"。由于中国文化天生的恒久稳定性，这个过程往往是缓慢的，很少有狂飙突进式话语革命。

基于中国传统文化久远的历程观念，文化关键词的生命历程及其阶段性内涵也就顺理成章了。取法天地万物、四季轮回，中国形成文化上的四季观念。文字学者臧克和先生认为，春、夏、秋、冬四个字本义就是草木从萌动初生、盛大、成熟到枝垂叶落的生命历程。③ 这种四季言

---

① [英]雷蒙·威廉斯：《关键词：文化与社会的词汇》，刘建基译，生活·读书·新知三联书店 2016 年版，第 24 页。

② [英]雷蒙·威廉斯：《关键词：文化与社会的词汇》，刘建基译，生活·读书·新知三联书店 2016 年版，第 31 页。

③ 参见臧克和：《说文解字的文化说解》，湖北人民出版社 1995 年版，第 189—196 页。

说在中国古代文论就表现甚为明显。陆机《文赋》要算较早的："遵四时以叹逝，瞻万物而思纷。悲落叶于劲秋，喜柔条于芳春。心懔懔以怀霜，志眇眇而临云。"四时之景不同，人的内心因之感动而忽悲忽喜。《文心雕龙·物色篇》直承陆机的"四季言说"：

> 春秋代序，阴阳惨舒，物色之动，心亦摇焉。盖阳气萌而玄驹步，阴律凝而丹鸟羞，微虫犹或入感，四时之动物深矣。若夫珪璋挺其惠心，英华秀其清气，物色相召，人谁获安？是以献岁发春，悦豫之情畅；滔滔孟夏，郁陶之心凝；天高气清，阴沉之志远；霰雪无垠，矜肃之虑深。岁有其物，物有其容；情以物迁，辞以情发。一叶且或迎意，虫声有足引心。况清风与明月同夜，白日与春林共朝哉！

相比陆机，刘勰的文心文辞有过之无不及。后世论者也多承此一思路。如清代叶燮《原诗·外篇下》把整个中国诗歌发展史都比作四季气运：

> 夫天有四时，四时有春秋。春气滋生，秋气肃杀。滋生则敷荣，肃杀则衰飒。气之候不同，非气有优劣也。使气有优劣，春与秋亦有优劣乎？故衰飒以为气，秋气也；衰飒以为声，商声也。俱天地之出于自然者，不可以为贬也。又盛唐之诗，春花也：桃李之秾华，牡丹芍药之妍艳，其品华美贵重，略无寒瘦俭薄之态，固足美也。晚唐之诗，秋花也：江上之芙蓉，篱边之丛菊，极幽艳晚香之韵，可不为美乎？①

---

① （清）叶燮：《原诗》，人民文学出版社 1979 年版，第 66—67 页。

在叶燮这里，天有四时，诗有四季。中国文论的"四季言说"，四时之中又尤其重视春秋两季，这也是中国的地理气候在农耕文明中心理反映。

古代文论的四季言说，只是中国文化四季言说的一个侧面。前人喜欢把任何历时性的东西比作有机生命过程。比如梁启超《论中国学术思想变迁之大势》就把数千年中华学术发展的历程概括为几个阶段：

> 吾欲画分我数千年学术思想界为七时代：一胚胎时代，春秋以前是也；二全盛时代，春秋末及战国是也；三儒学统一时代，两汉是也；四老学时代，魏、晋是也；五佛学时代，南北朝、唐是也；六儒佛混合时代，宋、元、明是也；七衰落时代，近二百五十年是也；八复兴时代，今日是也。其间时代与时代之相嬗，界限常不能分明，非特学术思想有然，即政治史亦莫不然也。一时代中或含有过去时代之余波，与未来时代之萌蘖，则举其重者也。①

梁启超自己说是借用佛学"生""住""异""灭"的观念来解释学术发展历程，认为"无论何国时代之思潮，其发展变迁，多循斯轨"②。但其实与中华文化源远流长的生命历程观念也是一脉相承的，上面这段文字中"胚胎""全盛""衰落""复兴"等词语，就是描述生命历程的根本术语。

中国人的空间观念主要也是在仰观天象过程中产生的，二千年前的《周易·系辞上》就有"地理"一词："《易》与天地准，弥纶天地之道。

---

① 梁启超：《清代学术概论》，中国人民大学出版社 2004 年版，第 5—6 页。
② 梁启超：《清代学术概论》，中国人民大学出版社 2004 年版，第 132 页。

仰以观于天文，俯以察于地理。"孔颖达疏曰："地有山川原隰，各有条理，故称理也。"我们这里讲文化关键词的空间维度，可以从两方面来理解，一是指关键词被言说时所处的文化情境，二是言说者特殊的具体语境和思想倾向。

我们先说关键词被言说时所处的文化情境。一方水土养一方人，一方水土也蕴育一方文学，就我们这里的话语也可以说，一方水土也涵养一方话语。刘勰《文心雕龙》多处提及这一思想。如《辨骚篇》云："楚人之多才"，认为在"诡异之辞""谲怪之谈""狷狭之志"，"荒淫之意"等方面，屈骚"异乎经典"，这就是其地域性特点。《明诗篇》说："江左篇制，溺乎玄风"，又有"赵代之音""齐楚之气"等，这是诗歌的地域特色。通过诗歌，人们可以看到一个地域的政治、社会风气，即所谓观风观志。《明诗篇》云："匹夫庶妇，讴吟土风。诗官采言，……师旷觇风于盛衰，季札鉴微于兴废，精之至也。"《诏策篇》提到"淮南有英才""陇右多文士"，是说人之才性方面的地域因素。《时序篇》提到韩、魏、燕、赵、秦、齐、楚等地的学术，体现出其全局性的学术空间观。

颜之推《颜氏家训·治家》："今北土风俗，率能躬俭节用，以赡衣食；江南奢侈，多不逮焉。"① 风土不同，习尚有异，影响所及，话语也不同。魏徵《北史·文苑传序》指出："江左宫商发越，贵于清绮；河朔词义贞刚，重乎气质。"这里所讲的是文学风貌的差异，其中也涉及作品所用词语的不同。

关键词文化空间，也指言说者特殊的具体语境和思想倾向。具体语境不同，关键词的具体内涵当然也不同。就拿"气"这个文化关键词来说，汪涌豪先生把它列为中国文学批评的"元范畴"之一。② 相关的研

---

① 王利器：《颜氏家训集解》，中华书局1993年版，第43页。

② 参见汪涌豪：《中国文学批评范畴及体系》，复旦大学出版社2007年版，第525页。

究可谓连篇累牍，近些年青年学者赵树功在这一领域用功尤力，其《气与中国文学理论体系构建》入选国家社科基金后期资助项目，是古代文论领域"气论"研究的重要收获。"气"绝对是中国文化的元关键词，和道、理、无、一等词一样，是中国文化阐释天地万物创生、发展及大化品状、物我关系的重要范畴，关涉领域极为广泛：天文学、农学、医学、哲学、文学艺术等相关理论都有"气论"。在这些众多领域中，虽然都是一个"气"字，但在具体领域甚至具体情境中，它的内涵是不同的。这就需要认真辨析。就文艺领域的"气论"来说，赵树功指出："气从古典哲学范畴完成向文艺美学范畴的过渡，关键在于其使用语境从自然宇宙向生命主体的转移。"① 所谓"语境"，无非就是文本存在的具体时空环境。正是在这个具体时空环境下，赵树功讨论"气与文机涵育"，"气与文学创作"，"气化与文学审美品格"，"气感、气貌与文学鉴赏批评"，"气运与文学史论"，等等，从而深入探寻以"气"这个关键词为核心的中国文学理论体系的构建。

言说者的思想倾向也影响着关键词的内涵。雷蒙·威廉斯说："每一种团体讲的是自己特有的语言，但是用法上有很明显的不同，尤其是涉及情感的强度或概念的重要性时。从语言的任何准则来看，没有哪一个团体是'错的'，虽然短暂时间里，居于主流的团体会强调自己的用法是'正确'的。"② 言说者有自己的思想倾向，总是从自己认为正确的角度来看待问题。比如第一章第二节提到的"正统"一词，陈寿、习凿齿，包括梁启超均是站在自己的视角，从自己的政治态度出发来看待和分析问题的。

中华文化关键词大抵都离不开时间和空间这两个维度，正如司马迁

① 赵树功：《气与中国文学理论体系构建》，人民出版社2012年版，第1页。
② ［英］雷蒙·威廉斯：《关键词：文化与社会的词汇》，刘建基译，生活·读书·新知三联书店2016年版，第24页。

的《史记》所说："究天人之际，成古今之变，成一家之言。"第一句是空间概念，第二句是时间概念，纵横时空，终成一家之言，这是司马迁宏大久远的时空坐标。在这一宏大久远的时空坐标之下，司马迁纵论天地古今，终成"史家之绝唱"。中华文化关键词往往伴随着文化的成长和发展，承载着文化的生命基因，最能体现文化的时空张力。

二、文化命脉

中国文化关键词（无论是单个的关键词，还是相互关联或互文见义的关键词组，抑或某一文化流派的关键词系列）的历史坐标性直观呈现为一个个有生命的词语的诞生、成长、衰亡或者再生的过程，而这个过程的总体特征表现为"键闭"与"开启"的交替。一个关键词的诞生，恰如一个新生命的开启。新生命蓬勃旺盛，茁壮成长，纵然是重重关隘，处处荆棘，也无法阻挡其生命的开启与成熟。终于，经历曲折而漫长的经典化过程而成了至理名言，从而在某一个文化谱系或某一种学科体系中获得很高的甚至是"至尊"的地位。然而，就是在此种至高无上的地位上，这个关键词被锁定了，被键闭了，所谓物极必反，亢龙有悔。若陷溺于这种键闭和关锁，该关键词的生命亦宣告完结；若要获得第二次生命，则必须借助新的阐释从"键闭"中挣脱出来，去博取新的"开启"。光阴荏苒，时运交移，中国文化元典中的诸多关键词，或消逝于历史的地平线，或穿越时空隧道而与日月同辉，其间的奥秘正在这"键闭"与"开启"之间。一个个关键词的诞生、成长、衰亡或者再生，合力绘制出饱经沧桑而又历久弥新的中国文化命脉。

肇始于轴心期，孔子师徒在精心整理六经等儒家文献之时，在忧道、论道、弘道之际，在习磋、琢磨、教学相长之日，创生、诠解并使用着元典关键词。对于先秦（原始）儒学而言，六经和诸子的时代，既是元典创制的时代，也是元典关键词创生的时代，其关键词之创生呈现出鲜明的"开启"特征。首先，此时的儒家尚未取得独尊地位，而是常常陷于遭驳斥、被辩难的处境。先是同为显学的墨家"非乐""非命""非儒"，公开挑战并否定儒家的核心价值观即关键词，后有道家的庄子借用寓言、重言和卮言讥儒、嘲儒、刺儒，又有法家的韩非子斥责"儒以文乱法"。即便到了西汉，到了董仲舒"独尊儒术"前夕，司马谈《论六家要旨》仍直言不讳地批评"儒者博而寡要，劳而少功"。在百家争鸣的文化语境下，作为百家之一的儒家，反而能以一种开放的心态去开启文化关键词的创生、阐释及语用。其次，儒家文化内部也是开放的，多元的，争鸣的，辩难的，孔子与众弟子，孔子与孟子，孟子与荀子，或者是平等对话，或者是隔（时）空论辩。比如同样是论"乐"，孔子好"古（雅）乐"，孟子重"（与民）同乐"，荀子则主张"乐合同，礼别异"。再次，作为先秦儒家的创始人，孔子自己对文化关键词的诠解及讲述既是因材施教，也是因（语）境而异。比如"仁"这个先秦儒家的元关键词，仅在《论语》一书中就出现 109 次，孔子说"仁"，不是键闭的而是开启的，其语义因人因境而旨趣有别。后人说"仁"，如果仅仅依靠"仁者人也"或"仁者爱人"这些非语境化、非现场化的关锁式、键闭式释义，是很难得其真谛和奥义的。

从汉武帝"罢黜百家，独尊儒术"开始，儒家文化关键词的生长进入一个漫长而曲折的"键闭"与"开启"的崇替期：二者或者同时共存，或者你先我后。比如汉代经学对元典关键词的阐释，古文经是"键闭"的，今文经是"开启"，"我注六经"与"六经注我"构成经学阐释的互补。又如阳明心学对宋儒关键词的赓续，正统一脉是"键闭"的，异端一派是"开启"的，"明心见性"与"童心真性"铸就思想张力。当然，若站在现代性立场回望整个帝国时代的关键词阐释史，其"崇替"态势还是以"键闭"为总体性特征。究其缘由，一是帝国体制及其威权化政治生态，其利禄诱惑与思想钳制合谋，掌控并键闭着儒家文化关键词的话语权。二是经学至上的文化心态和对圣人及经典的偶像式崇拜，规定着依经立义的阐释路向，制约着阐释者的视域及心胸。诸如"君权神授""天人感应""三纲五常""三从四德""男尊女卑""忠孝节义"等儒家文化的关键词，不证自明且不容质疑地被语用被践行被褒奖，乃至成为帝国体制及威权政治的文化支撑。而那些原本充满生命活力和阐释多元性的儒家元典关键词，在经历长期键闭之后，变得板滞僵化、了无生机，死水微澜般地等待着新的开启。

随着近代以来西方文化强势进入中国，以"德先生（民主）""赛先生（科学）"为代表的一大批西方文化的关键词，撞击着古老帝国横直交持的厚重门关，企图去唤醒去激活门关内被键闭的（文化关键词）生命，却遭遇了顽强的抵抗，直至20世纪初"五四"狂飙的突起。"五四"运动的文化英雄们，以一种"革命"的姿态和"矫枉过正"的策略，借助外来新语改写或重释本土故词。当然，这类重释或改写难免有过激之处，如从诸多的圣贤书中读出一个关键词——吃人；又如劝告年轻人不要去读中国的古书，等等。但是，这种革命式的开启，无疑为儒家文化关键词阐释史的演进提供了一次千载难逢的机遇。更何况，"五四"中人亦有执两用中者，比如当时有人提出"打倒孔家店，救出孔夫子"，这是将儒家文化元典关键词的创生者（孔夫子），与后来的关锁键闭者（孔家店）区别对待、分而论之。《荀子·正名》："若有王者起，必将有循于旧名，有作于新名。"王先谦案曰："作者，变也。"①"五四"时期的"王者"在开启文化关键词的阐释之时，既"循

---

① （清）王先谦：《荀子集解》下册，中华书局1988年版，第414页。

于旧名"亦"作于新名":前者是激活旧名亘古亘今的语义生命,后者则可以是新造的也可以是外来的还可以是借旧名以说新义。"博爱""仁义""诚信""敬业"这一类的旧名,其词根义并无改变,却在新的语境下被赋予现代性内涵。类似旧语新义的文化关键词还有"法治""教化""大同""天下""万国"等等。与之相匹配的,是一大批有着明显帝国时代之威权色彩的旧名(比如"君权神授""三从四德"等),或者无可挽回地衰亡,或者难逃"众矢之的"的厄运。倘若无法从"键闭"中挣脱出来,去博取新的"开启",去获得语义"再生",这类关键词便只有随着它所标识的历史观念一同走向衰亡。

三、一代有一代之所道

梁启超说:"凡'时代'非皆有'思潮',有思潮之时代,必文化昂进之时代也。其在我国自秦以后,确能成为时代思潮者,则汉之经学,隋唐之佛学,宋及明之理学,清之考证学,四者而已。"① 有思潮之时代,又势必生发出众多核心之价值理念,成为某一思潮的学术枢机、时代思想的核心标识,是为文化关键词。

汉之经学时代,仁、义、礼、智、信等伦理名词成为时代思潮的关键词。六朝隋唐,佛学盛行,缘、因果报应、一刹那间、镜花水月、不二法门、四大皆空等等词语大量涌现。宋明理学,无论濂学、洛学,还是关学、闽学,也无论是陆九渊还是王阳明,都关注理、气、心、性等问题的义理探究,或"心统性情",或"以性即理",或"以心即理",或"以气即理",各派争奇斗艳,相得益彰。学者高擎学术良知大旗,以深邃的忧患意识和崇高的使命意识,以"为天地立心,为生民立民,

---

① 梁启超:《清代学术概论》,中国人民大学出版社 2004 年版,第 131 页。

为往圣继绝学，为万世开太平"的学术豪情，把宋明学术推向中国学术的又一座高峰！清代，文人学子们"避席畏闻文字狱"（龚自珍《咏史》），躲进训诂、考据的故纸堆讨生活。考据之学盛行，甚至最富于灵性的诗学也盛行以考据治之，如翁方纲的"肌理说"就盛行朝野，成为一代诗学标识。晚清近代，古今中西大汇流，"中学""西学"等成为这一时期的热词。有人主张"中学为体，西学为用"，也有反其道而行之，当然也有人执其两端取其中，但不管具体思想倾向，都离不开"中学""西学"这些关键词。所以说，"中学""西学"成为晚清近代的标识性话语。

所谓"一代有一代之所道"，中国文化的发展之"道"，历经无数个路段或曰时段，每一个时段都有特定的文化坐标，亦即这个时代的文化关键词。

比如本书总序所讨论过的"道"。孔子说"朝闻道，夕死可矣"（《论语·里仁》），将"道"看得比个体生命还要重要。道家经典篇目《庄子·天下》将"道"划分为"道术"与"方术"，这种分别既是语义的也是历史的。时至两汉，经学之"道"，既是对先秦儒家经书的解说（作为动词），又是汉代经学家所诂训所传疏出来的先秦儒家经书的微言大义（作为名词）。到了魏晋玄学，其作为文化坐标的"道"，则由两汉经学"道（传疏）"五经之"道（经义）"演变为"道（清谈）"《老》《庄》《易》三玄之"道（有无本末）"。作为文化坐标的"道"，到了唐代增强了宗教的味道：既是道教之道，亦为佛禅之道。同一个"道"字，还逗露出宋型文化与唐型文化的诸多差异。鸦片战争之后，最早"开眼看世界"的中国知识分子在"器"和"技"（亦为"道"的义项之一）即物质及科学技术层面率先开启了中国文化的近代化历程。此之谓以"道—器（技）"博弈应对外族进攻。又如钱锺书《管锥编》释《老子王弼注》的"道可道，非常道"，称"古希腊文'道'（logos）兼'理'（ratio）与'言'

（oratio）两义，可以相参"①。是以"道—logos"的对谈应对中西文化冲突。由此可见，不同时代对元典关键词"道"的不同之"道"（言说），标识着不同时代之文化的核心价值、认知路径和言说方式。一代有一代之所道，斯之谓也。

第三节　现代转义性

西方文论的"强制阐释"，是这些年学者争论的一个热点问题。这也是一个历史遗留问题，早在近代社会，这个问题就历史地摆在了学者们面前。19世纪末、20世纪初，中国进入"三千余年未有之大变局"当中。这个"大变局"不仅发生在政治社会当中，也发生在思想文化方面，其中包括学术话语的"大变局"。随着西学东渐，历史呼唤新的思维模式和人文理论的建构。面对这一历史性课题，许多学者作出了各自的回答，如按其思想资源和价值取向来看，大致可以分为三种倾向：有的回头看，不忘从来，注重传承和复古；有的向前看，着眼未来，注重开拓创新；有的向外看，关注外来，注重中西结合。

古老的文化传统在惯性延续，旧名称、旧概念也顽强地存活着。同时，新思潮大量涌入，大量新名词、新概念也登上历史舞台。其文化之盛况，正如《荀子·正名》所说："若有王者起，必将有循于旧名，有作于新名。"王先谦案曰："作者，变也。"② 近代文化"王者"们在开启文化关键词的阐释之时，既"循于旧名"亦"作于新名"：前者是激活旧名亘古亘今的语义生命，后者则可以是新造的也可以是外来的还可以

---

① 钱锺书：《管锥编》第二册，中华书局1986年版，第408页。

② （清）王先谦：《荀子集解》下册，中华书局1988年版，第414页。

是借旧名以说新义。相应地，元典关键词的现代再生性大体上有着三种不同的类型。循于旧名、作于新名与移译异名。

一、循于旧名

先说第一种。这类恒久传承的文化关键词，之所以能够历数千年传承延续下来，一方面与其自身的文化生命力有关，另一方面也与历代无数文化精英的维护坚守有关。近代社会，中华传统文化受到极大冲击，有一批仁人志士坚守呵护着传统文化的根脉。以章炳麟、章太炎、黄侃等人为领袖的国粹派就是这一中坚力量。国粹派志在保存中国历来的文化传统，他们的坚守和呵护甚至到了迂腐和顽固的境地。比如，面对当时文学的困境，章炳麟选择的出路是回头看："诗至清末，穷极矣。穷则变，变则通；我们在此若不向上努力，便要向下堕落。所谓向上努力就是直取汉晋，所谓向下堕落就是近代的白话诗。诸君将何取何从？"面对山穷水尽的文学窘境，他不是向前看，面向未来，而是回头看，依恋往昔。他们用的词也是传统老套的，如章炳麟主张"以发情正义求进步"，所谓"情"就是"心所欲言，不得不言"的意义，"义"就是"作文的法度"。(《国学概论》) 这无非是古代文论"发乎情而止乎礼义""温柔敦厚""义"与"法"等概念的一脉相承，并非什么新创。

出于对传统文化的延续和传承，这一派人士也用古老传统的旧概念、旧名词来解读思想文化现象。比如，对于诗圣杜甫的解读，许多文人仍然延续千百年来的旧模式，甚至话语也一如千百年来的口吻语气。这些人包括严复、章太炎、黄侃、林纾、章士钊、马其昶、胡先骕、吴宓等旧学深厚者，又有任鸿隽、梅光迪等青年学子，还有南社骨干柳亚子、高旭等，他们反对新文学，抵制新派文化人士，如黄侃在北京大学时就常常大骂胡适忘了祖宗。梅光迪、胡先骕、吴宓等南京高校教授创办《学衡》杂志，与北京的《新青年》对着干。黄节、章炳麟、刘师培等创办国学保存会，又办《国粹学报》，著《诗学》，也意在保存文化传统。一时间，整理国故的风气盛行起来。正如郭沫若《整理国故的评价》所说："整理国故的流风，近来也几乎成为一个时代的共同色彩了。"① 这些人一如古代诗论家对古典诗学深有好感，对杜诗全盘高度评价，甚至他们表达思想的话语方式也很传统——诗话。

对比新文学，旧派文人认为旧体诗词情文并至、韵味无穷。1919年3月，《东方杂志》第十六卷三期转载《南京高等师范日刊》所载胡先骕《中国文学改良论（上）》："韵文者以有声韵之辞句，附以清逸隽秀之词藻，以感人美术道德宗教之感想者也……如工部之《兵车行》……诸诗，皆情文兼至之作，其他唐宋名家指不胜屈，岂皆不能言情达意，而必俟今日之白话诗乎？"钝剑《愿无尽庐诗话》："然新意境、新理想、新感情的词，终不若守国粹的、用陈旧语句为愈有味也。"② 与新派知识分子注重诗词的传播效果和社会价值不同，旧派文人评判文学的视角和观点，主要是从艺术入手来评判诗词的审美效果。

旧派文人评价杜甫诗歌也主要是从艺术入手。我们举例来说。黄节曾著《诗学》，认为杜诗"气格声律，至详极备"，"宏力厚畜，兼综条贯"。这是对杜甫诗歌艺术的总体评价。又说："杜甫之诗，世称诗史，以史义存焉。读杜诗而不读唐史，不足以知杜者也。"③ 内容也无非是从诗史关系谈杜甫，这是古典诗学的惯有理路，无新意可言。钝剑《愿无

---

① 原载1924年1月上海《创造周报》第三十三号，《郭沫若全集》卷四，人民文学出版社1982年版，第159页。

② 张寅彭主编：《民国诗话丛编》第五卷，上海书店出版社2002年版，第197页。

③ 张寅彭主编：《民国诗话丛编》第二卷，上海书店出版社2002年版，第497、496、499页。

尽庐诗话》："作诗不可不学古人，亦不可太学古人。宋明以来学杜者众矣，然多得其皮骨，能得杜之神髓者六人而已：退之、子瞻、半山、鲁直、义山、放翁是也。以其虽学杜而仍有己之本色，己之气概。若并此而无之，则即伪诗人而已，又何贵哉！故余谓不可太学古人也。学杜之病如是，即学他人，亦何独不然。"① 谈后人学杜，也是古典诗学的已有话题，主要也是从艺术角度来说的，观点也老旧。太牟《淡园诗话》："少陵为诗人宗匠，从'精熟《文选》理'中来，此脱化也。""太白之诗以气韵胜，子美之诗以格律胜，摩诘之诗以理趣胜。太白千秋逸调，子美一代规模，摩诘则精大雄厚，篇章字句，皆合圣教。"② 扣住杜诗"脱化""格律"来说，也是古典诗学的常有话头。卷盦《薇园诗话》："少陵七古，奇拔沈雄，自是绝唱，然终不若近体之多。故后世谈近体者，以杜律为宗。"③ 又蒋抱玄《听雨楼诗话》："余以为陶渊明，诗界之圣人也。其善诗也，虽以消遣万虑，而实有洁身全节之至意寓乎其中，故虽放浪而不觉其慢。至于杜工部，诗界之豪客也。其善诗也，即云消遣万虑，终不过嘲世笑人，浇胸中之魂礌。故诗中多激烈语，多愤懑语，多矜高语。以品格论，渊明究是诗中之完人，工部则终嫌放野。所谓学大醇而获小疵者也。"④ 这样的言说和观点，在古典诗学中都似曾相识、司空见惯，了无新意。旧派文人延续古典诗学千百年来的言说传统，主要从艺术入手谈诗论艺，在言说方式和观点立场上毫无新意，所以难于吸引大众眼球，难于产生社会轰动效应。就算吴宓《空轩诗话》说"杜工部为古来中国第一大诗人"⑤，把杜甫推到古今无二的地步，也是古典诗

---

① 张寅彭主编：《民国诗话丛编》第五卷，上海书店出版社 2002 年版，第 195 页。
② 张寅彭主编：《民国诗话丛编》第五卷，上海书店出版社 2002 年版，第 212 页。
③ 张寅彭主编：《民国诗话丛编》第五卷，上海书店出版社 2002 年版，第 257 页。
④ 张寅彭主编：《民国诗话丛编》第五卷，上海书店出版社 2002 年版，第 287 页。
⑤ 张寅彭主编：《民国诗话丛编》第六卷，上海书店出版社 2002 年版，第 37 页。

学说过无数次的话。

冯天瑜说："向元典精神寻求解决现实问题的处方，是中国古人的一种思维定势。"[①] 近代社会诸多仁人志士，言必称孔孟老庄、仁义礼智信，也是要从元典中吸取文化的真生命真精神，以求解现实问题的途径。

从元典时代就产生，并且在中华文化数千年的历史长河中一直存续的一些基本概念和话语，仍然持续其恒久生机，但面对风云激荡的社会思潮，毕竟无法给思想文化界提供颠覆性的、能快速应对时代激变的阐释工具，因而注定是难有出路的。

二、作于新名

所谓"新名"，可以是新造的，也可以是外来的，但更多的是借旧名以说新义，所谓"名"虽存而"实"已变也，本目所讨论的"转义性"或"再生性"即包含此类。我们这里以"革命""白话"等词在近现代的生成转义为例来谈这个问题。

如"革命"一词，冯天瑜先生认为："近代中国的革命观，其源头有二，一为西方的社会革命思想，一为中华元典的革命论。"[②] 就西方来说，雷蒙·威廉斯专门疏理过这一关键词生成过程，这个词最早的词源是古法文 "revolucion" 和拉丁文 "revolvere"，指旋转、循环，是物理学用词。自从 14 世纪起，它就在英文里常见了，泛指一般的武装起义或反叛运动。15 世纪以后，它作为转变（alternation）意涵相当明显。到 17 世纪，它的意涵较为正面了。之后，这个不只是在政治语境中

---

① 冯天瑜：《中华元典精神》，上海人民出版社 1994 年版，第 377 页。

② 冯天瑜：《中华元典精神》，上海人民出版社 1994 年版，第 460 页。

被使用。在许多活动中，这些词可以指"根本上的改变"（fundamental change）、"根本性的新进展"（fundamentally new develoment）。雷蒙·威廉斯特别指出："在这个发生一连串重要革命的世纪里，最重要的是去区分 revolution 这个词的用法与语境，以厘清它的政治意涵。"① 冯天瑜先生则详细梳理了这个词在中华元典中的语义演变。与西方不同，从元典时代开始，"革命"大体上是一个褒义的、富于正气的词。《周易·革卦》的卦形是下离上兑，水火相遇，互克相灭。《象传》："革，水火相息，二女同居，其志不相得，曰革。"进一步申述曰："革而信之，文明以说，大亨以正。革而当，其悔乃亡。天地革而四时成，汤武革命，顺乎天而应乎人。"强调革命的正当合理性，认为革命是顺天理得人心的，既是自然法则，也是社会法则。"元典所洋溢着的革故鼎新精神，尤其是对背弃民众的最高统治者予以革除、更替的战斗精神，在中国形成一种传统，并构成中国历史进程的一个必要环节。"② 19世纪中叶以后，无数仁人志士为挽救民族危亡，发动过无数革命。其中以孙中山为领袖的革命者，"一方面以法国大革命的同志自命，接过欧洲 18 世纪末叶的革命火炬，高张'自由、平等、博爱'的旗帜；另一方面又以中国数千年'革命'传统的继承者自命，高呼'汤武革命，顺天应人'的嘹亮口号"③。因此，近现代"革命"一词是中西文化融合会通的产物。从此以后，"革命"一词成为近现代社会政治的关键词，成为这一时代革故鼎新思潮的标识。如资产阶级革命党人邹容著《革命军》，宣传革命的正义性。后来，中国共产党人更是高举革命的旗帜，取得了新民主主义革命的胜利。在思想文化领域，"革命"也成为

---

① ［英］雷蒙·威廉斯：《关键词：文化与社会的词汇》，刘建基译，生活·读书·新知三联书店 2016 年版，第 463 页。

② 冯天瑜：《中华元典精神》，上海人民出版社 1994 年版，第 463 页。

③ 冯天瑜：《中华元典精神》，上海人民出版社 1994 年版，第 465—466 页。

一个热词，"革命"抑或"反革命"，成为区分人群思想、阶层特点的根本标识。

再拿"白话"一词来说，这也是从传统话语走出来的词语。白，就是说话发声的意思。《说文解字·白部》："白，此亦自字也，省自者。词言之气从鼻出，与口相助。"话，原初的意思是好话、和谐之声。《说文解字·言部》："话，会合善言也。从言昏声。"宋元时期，"说话"成为一种口头艺术。"白话"是相对"文言"来说的。1917年，胡适、陈独秀为代表的新文学运动领导人提倡白话。这是新文学运动基本的文学观念，这个基本的文学观念是新文学运动看待一切新旧文学的根本准绳，决定着对具体作家作品的评价。1917年1月胡适撰《文学改良刍议》，提出新文学的"八事"要求，提倡白话。1921年，作为新文学运动的主将，胡适趁任教于教育部第三届国语讲习所的机会撰写了《白话文学史》，全面地阐述他的文学思想。胡适指出："白话文学史就是中国文学史的中心部分。"他认为，若去掉了白话文学的进化史，中国文学史就不成中国文学史了，只可叫"古文传统史"。[1] 白话文学史是中国文学史上"最热闹，最富于创造性，最可以代表时代的文学史"，是"创造的文学史"，"活文学的历史"。这一千多年的中国文学史是古文文学的"末路史"，是白话文学的"发达史"。[2] 白话文学最富于生命活力，所谓"言之不文，行之最远"[3]。胡适《建设的文学革命论》一文也认为："自从三百篇到于今，中国的文学凡是有一些价值，有一些儿生命的，都是白话的，或是近于白话的。其余的都是没有生气的古董，都是博物馆中

---

① 参见《胡适文集》第四卷，人民文学出版社1998年版，第21页。

② 参见《胡适文集》第四卷，人民文学出版社1998年版，第22页。

③ 《胡适文集》第4卷，人民文学出版社1998年版，第20页。

的陈列品！"① 当然，胡适所谓白话，范围还是比较宽泛的，只要自然明白，就是白话。所以他说"一千八百年前的时候，就有人用白话做书了；一千年前，就有许多诗人用白话做诗做词了……"② 是否用白话，这是新文学运动评判诗歌的基本标准。用这种标准来审视文学，一切旧体文学首先受到冲击。陈源《闲话》一文甚至说："我们什么都不及别人，就是以文学来说，我们何尝胜过欧洲呢？"甚至李白、杜甫、曹雪芹这样的古典文学大家在"中国古典文学中，只是沙漠中的几个小小的绿洲罢了"③。有目空一切的意思，是典型的民族虚无主义。否定古文，否定旧诗体，成为当时的文化主潮。

近代社会，"革命""白话"等这些基于传统又有新义的关键词大量涌现，旧瓶装新酒，回应了时代社会文化生活的关切，带有强烈的时代文化生活气息，为人们更好地阐释现代提供了有力的思想武器。

三、移译异名

近代社会，大量西学名词翻译进来，其中必然出现翻译上文化不相对应，甚至翻译错误。翻读报刊，常常看到有关翻译出错的报道。多年前就有人就撰文指摘杨绛翻译《堂吉诃德》的错误。数年前有人批评马克思·韦伯经典名著《新教伦理与资本主义精神》中译的误译。④ 最近阅报，朱正撰文说，由黄修荣主编，先后由北京图书馆出版社、中共党

---

① 参见原载 1918 年四月《新青年》第四卷第四号，《胡适文集》第三卷，人民文学出版社 1998 年版，第 61、71 页。

② 《胡适文集》第四卷，人民文学出版社 1998 年版，第 20 页。

③ 原载《现代评论》第三卷第 63 期。

④ 参见阎克文：《〈新教伦理与资本主义精神〉误译举隅》，《南方周末》2005 年 9 月 29 日第 30 版。

史出版社出版的《共产国际、联共（布）与中国革命档案资料丛书》其中第一卷存在一些翻译上的错误，主要有人名译错、官职译错、地名译错、专名译错等。① 以上数例，指正者言之凿凿，语锋犀利，大有寸步不让之势。在我们看来，这其实是翻译史上经常出现的语言现象，东方西方，思维各别，言说有异，翻译用词不可能一一对应，有时会有偏差甚至错误，这都在所难免。

随着西学东渐，大量西方术语传入中国，当时的学界存在"失语症"。在《论新学语之输入》一文中，王国维揭示了这一现象："十年以前，西洋学术之输入，限于形而下学之方面，故虽有新字新语，于文学上尚未有显著之影响也。数年以来，形而上之学渐入于中国，而又有一日本焉，为之中间之驿骑。于是日本所造译西语之汉文，以混混之势，而侵入我国之文学界。"面对西方术语的大量入侵，学人的态度各异，"好奇者滥用之，泥古者唾弃之"。总之，大多学人无所适从，"今者时势又剧变矣。学术之必变，盖不待言。世之言学者，辄伥伥无所归"（《沈乙庵先生七十寿序》）。新旧词语都迫切需要深入阐释，在这个背景下，1906 年，商务印书馆正式设立了字典部，1908 年，由著名学者陆尔奎担纲开始编纂《辞源》。《辞源》的编纂启动，某种意义上标志着学界对于现实纷乱的词语世界的不适。

王国维指出："我中国有辩论而无名学，有文学而无文法，足以见抽象与分类二者，皆我国人之所不长，而我国学术尚未达自觉（Selfconsciousness）之地位也。况于我国夙无之学，言语之不足用，岂待论哉！夫抽象之过，往往泥于名而远于实，此欧洲中世学术之一大弊，而今世之学者犹或不免焉。乏抽象之力者，则用其实而不知其名，其实亦遂漠然无所依，而不能为吾人研究之对象。何则？在自然之世界中，名生于

---

① 参见朱正：《慎译名词》，《南方周末》2016 年 5 月 26 日第 32 版。

实，而在吾人概念之世界中，实反依名而存故也。事物之无名者，实不便于吾人之思索，故我国学术而欲进步乎，则虽在闭关独立之时代，犹不得不造新名，况西洋之学术骎骎而入中国，则言语之不足用，固自然之势也。"（《论新学语之输入》）①王国维主张，中西语言、学术迥异，加之我国学术远未达到自觉境地，所以，当西方大量术语传入中国之时，言语不足用就是自然而然的了。

西学东传，极大地改变了中国学人固有的文化习惯和思维定式。其中有一些关键词可谓标识，如"科学"一词，就是这样的具有标识意义的关键词。

雷蒙·威廉斯专门梳理过这个词在西方的演化史。Science（科学）来源于法文 science、拉丁文 scientia——知识（knowledge），14 世纪时成为英文词，早期运用广泛，直到 19 世纪初还是专门指某些学科。到 19 世纪中叶，Science 的意涵指向"对自然做有方法的理论研究"，与形而上学、宗教、政治、社会，特别是与 Art 有关的内在情感生活区别开来，一个学科是否为科学，关键的要看其研究对象是否具有客观性（objective character）。到 19 世纪末，这个词"也可以用来批判把物理学的研究方法不当地应用在人文学科中"②。可见，Science（科学）一词在西方有一段从"知识"到"具体学科"再到"理念方法"的演进过程。但近代传入中国后，这种过程性被抹去了，几个义项同时并存。今天，学人们已经认识到社会科学和自然科学虽然都是人类的知识，但它们在研究对象、方法上有显著差异，因此，两者之间的研究方法不能生搬硬套，有一个"适用性"的问题。"一般而言，社会科学和自然科学是人类知识整体的一部分，但它们又在研究对象、方法和模式上存在显著差

① 傅杰编校：《王国维论学集》，云南人民出版社 2007 年版，第 467—468 页。

② ［英］雷蒙·威廉斯：《关键词：文化与社会的词汇》，刘建基译，生活·读书·新知三联书店 2016 年版，第 473 页。

异。为了正确对待二者之间的差异和融合，人们有必要重新审视诸如复杂系统范式等自然科学范式之于社会科学研究的适用性。"①近代西方科学观念刚刚传入中国时，学人显然没有来得及作这种"适用性"的分析，而是直接把自然科学的方法和理念直接移植来研究社会科学。从近代社会到现代社会的转型中，中国人文化品格的一个显著特征，就是科学意识的萌生和觉醒，科学方法和手段的不断运用，科学精神的不断探寻和最终确立。从《天演论》的翻译到五四时期对"赛先生"的呼唤，中国人的这一精神历程是很显著的。这一显著的文化品格渗透到中国人精神领域的方方面面，在文学研究中，科学精神也是由萌生到不断发展再到被人们广泛接受的。我们下面以王国维文学研究中的科学精神来谈这个问题。

作为一个站在从近代到现代门槛上的人物，王国维在文学研究中的科学精神是较为突出的。20世纪初年，也是中国历史的启蒙时代，王国维文学研究的科学精神从观念到方法都具有除旧布新的意义，从而具有学术启蒙的价值，影响了一代人，开启了一代学风。

（一）学术观念的科学性

王国维文学研究之所以富有科学性，与其学术观念的科学性是分不开的。这里谈几点：

1. 学科谱系的准确定位。中国传统的知识谱系是经、史、子、集，并没有现代意义的学科谱系，文学在这个知识谱系中也并没有独立的位置。王国维则不同，他有现代意义的学科谱系观念，并且在这个科学的学科谱系中，他给出了文学的准确定位。王国维作于1906年的《奏定

---

① 殷杰、王亚男：《社会科学中复杂系统范式的适用性问题》，《中国社会科学》2016年第3期。

经学科大学文学科大学章程书后》，划定文学科大学学科有五个，其中有"中国文学科"，下面又细分为 11 个科目。可见在王国维心目中，学科有严格的边界和细密的分类，而这恰恰是现代学科观念的重要特征。这一现代学科谱系观念，是西学东渐的结果，经由王国维等人的介绍和推广，在现代学科建设和学术研究中已深入人心。今天我们大学的学科分类，也大致继承了这一学科传统。

2."学术三无"说。近代以来，学界"新旧之争""中西之争""有用无用之争"颇为热闹。在这方面，王国维保持冷静清醒的头脑，高瞻远瞩地提出"学术三无"说："学之义，不明于天下久矣！今之言学者，有新旧之争，有中西之争，有有用之学与无用之学之争。余正告天下曰：学无新旧也，无中西也，无有用无用也。凡立此名者均不学之徒，即学焉而未尝知学者也。"（《国学丛刊序》）在王国维看来，学术无新旧中西有用无用之分，只有是非、真伪之别。摆脱新旧之争，使王国维既能继承优良学术传统，又能接纳新鲜学术思维和方法，只要正确，即可为我所用。摆脱有用无用之争，使王国维能摆脱政治的功利的干扰，不为政治而学术，而为学术而学术。学术不是达成其他任何目的的手段，学术的目的就是学术本身，对于这一点，王国维多有申述。如撰于 1905 年的《论近年之学术界》，王国维说："欲学术之发达，必视学术为目的，而不视为手段而后可。"①摆脱中西之争，使王国维海纳百川，把中西文化统一起来，中西互补，有极大的学术包融性。"余谓中西二学，盛则俱盛，衰则俱衰，风气既开，互相推助。且居今日之世，讲今日之学，未有西学不兴，而中学能兴者；亦未有中学不兴，而西学能兴者。""二者之不能并立者真不知世间有学问矣。"（《国学丛刊序》）如今，学术百花齐放，中西交流日益频繁，我们再回顾王国维的"学术

---

① 傅杰编校：《王国维论学集》，云南人民出版社 2007 年版，第 257 页。

三无"说，不能不叹服其学术的科学性和眼光的前瞻性。

（二）求真意识

学术之真义，在于不断探求，发现真理。不断地揭开宇宙自然、社会人生的真谛，这是一切科学研究的根本出发点和最终落脚点。文学作为人文科学之一支，也应以求真为根本目的。王国维对此有深刻认识："夫哲学与美学之所志者，真理也。"（《论哲学家与美术家之天职》）"余谓一切学问皆能以利禄劝，独哲学与文学不能。何则？科学之事业皆直接间接以厚生利用为首，故未有与政治及社会上之兴味相刺谬者也。……文学亦然，餔餟的文学决非真正之文学也。"（《文学小言》）在王国维看来，学术研究旨在探求天地万物之真理，真理是客观的存在，是不以任何外物其中包括利禄的劝诱而转移的。在这一点上，他自己就是一个最好的表率。王国维认为文学研究志在探寻真理，但他同时也认识到真理要战胜谬论不是一时间的事，"真理之战胜必待后世"（《叔本华之哲学及其教育学说》）。正因为这样，要付出艰辛的劳动和心灵孤寂的坚守。探寻真理，要付出艰辛的劳动，其中甘苦也只有亲历者才知。而当有所收获时，幸福之情也溢于言表："今夫人积年月之研究，而一旦豁然悟宇宙人生之真理，或以胸中惝恍不可捉摸之意境，一旦表诸文字、绘画、雕刻之上，此固彼天赋之能力之发展，而此时之快乐非南面王之所能者也。"（《论哲学家与美术家之天职》）历尽甘苦始知味，这种幸福的体验，只有亲身经历过的人才能体味得如此真切。王国维正是在探求真理的过程中获得精神快慰。崇尚真理的意识促使王国维敢于怀疑圣贤，怀疑学术权威："虽圣贤言之，有所不信焉；虽圣贤行之，有所不慊焉。何则？圣贤所以别真伪也，真伪非由圣贤出也；所以明是非也，是非非由圣贤立也。"（《国学丛刊序》）真理面前人人平等，学术研究讲实事求是，不是由所谓的权威说了算。这也足以看出王国维勇于探求真理的胆识，学术研究要的就是这种胆识。由近代至现代，是一个需要先打破传统再重建秩序的时代，打破已有久远历史的传统本身要相当的学术勇气。

（三）开拓创新的学术眼光

创新是科学的生命，一切有活力的科学都是在生生不息的创新活动中不断充实和完善自己。在今天，这已经成为科学研究的基本常识了。但在 20 世纪初年，这还是一个有诸多争议的问题。传统的学术观念，要求学人饱读诗书，圣人经义才是源，后人的一切都是流，所以学人的本职在于宗经征圣，继承而不是创新才是学人安身立命的根本。这一根深蒂固的学术观念在近代社会受到了挑战。一大批受过欧风美雨熏陶的人，带回了全新的学术观念。特别是生物学上的进化论被广泛地移植到社会人文研究领域，在学界掀起了一场学术创新的启蒙运动。王国维的有关思想也可以在这一时代背景下来认识。王国维在《论近年之学术界》一文中，对生物学的进化论思想在学界的启蒙意义有深刻认识："唯近七八年前，侯官严氏（复）所译之赫胥黎《天演论》（赫氏原书名《进化论与伦理学》，译义不全）出，一新世人之耳目。比之佛典，其殆摄摩腾之《四十二章经》乎？嗣是以后，达尔文、斯宾塞之名，腾于众人之口；物竞天择之语，见于通俗之文。"① 对于国内学术的新进展，王国维也很关心。他在《最近二三十年中中国新发现之学问》说："古来新学问大都由于新发现。'他将近二三十年新发现的学问分为五项：一、殷墟甲骨文字；二、敦煌塞上及西域各地之简牍；三、敦煌千佛洞之六朝唐人所书卷轴；四、内阁大库之书籍档案；五、中国境内之古族遗书。如今，王国维所说的几大学问大多已成显学，我们不得不叹服其当

---

① 傅杰编校：《王国维论学集》，云南人民出版社 2007 年版，第 255—256 页。

年的学术远见。

　　19 世纪末 20 世纪初，中华大地上新与旧、中与西、光明与黑暗并存互见，各种新思潮新观念风起云涌。文化关键词在这个古今对话、中西碰撞的思想大潮中，或传承延续，或浴火重生，或焕然一新，齐啦啦一起上阵。这是何等壮丽的文化景观。

第三章　元典关键词研究的学术路径

有鉴于部分关键词研究受到"学科术语汇编""知识古董"式的批评，中国文化元典关键词研究尤需彰显其跨学科性、反辞书性和当下适用性。故此，中国文化元典关键词研究的学术路径可概括为跨越学科区囿的"重返道术"、破解辞典模式的"还原现场"和激活关键词效力的"锻铸金匙"。

第一节　重返道术：跨越学科区囿

1975 年，英国学者雷蒙·威廉斯在《关键词：文化与社会的词汇》的导言中谈道："这本书在标题上被归类到各种不同的范畴：如文化历史、历史语意学、思想史、社会批评、文学历史以及社会学。这种归类有时候可能会令人不安甚至极度困惑——学术主题的归类并非永恒。"① 通过对词汇的质疑探询，雷蒙·威廉斯敏锐地觉察到，正是现代学科体制下的所谓专门知识，割裂了部分词汇本应具有的普遍性意涵。由此，

① ［英］雷蒙·威廉斯：《关键词：文化与社会的词汇》，刘建基译，生活·读书·新知三联书店 2016 年版，第 27 页。

他特意拈出"日常用法中激烈的、难懂的、具说服力的语词"与"从专门的、特别的情境衍生出的极普遍语词"① 作为探讨的焦点汇集成《关键词》一书。此后关键词研究呈现的种种特色与创新之举，如注重质疑探询的过程而非词典定义的结果，如强调释义的复数形态与未完成性，并为之设置开放的文本入口与彼此关联的索引路标，等等，皆继承了雷蒙·威廉斯突破"归类"的自觉。自文化关键词的开山之作始，这项研究便已祭出跨越学科区囿的大旗，并与批判理论和后结构主义共同开启了跨科学、学科交叉与学科互涉的"后学科时代"。这种对分科治学的突破，除了可以表述为西学话语的"后学科"，还可置入"重返道术"的中国学术传统以观之。

一、天下之治方术者多矣

"道"与"术"是先秦两汉学术批评的中轴线。先秦时期的学术批评主要以诸子百家相互征引而又彼此辩难的形式呈现。在百家争鸣的时代语境中，儒、道、墨、法、兵诸家以谈"道"论"术"的形式评骘天下学术。从《庄子·天下》高扬庄周与关尹、老聃的旗帜，《荀子·非十二子》自居正统而斥责诸子，一直到司马谈《论六家要旨》和班固《汉书·艺文志·诸子略》的"九流十家"，作为关键词的"道"与"术"频现于《庄子·天下》《荀子·非十二子》《墨子·非儒》《韩非子·显学》《尸子·广泽》《吕氏春秋·不二》《淮南子·要略》《论六家要旨》《汉书·艺文志·诸子略》等具有学术史意义的早期文献之中。它们不仅直观显现为"道术"与"方术"（《庄子·天下》）、"天下无二道"与"倚

---

① ［英］雷蒙·威廉斯：《关键词：文化与社会的词汇》，刘建基译，生活·读书·新知三联书店 2016 年版，第 27 页。

其所私，以观异术"（《荀子·解蔽》）、圣人"言道"与今学者"宿乎昭明之术"（《淮南子·要略》）式的对举，还内化为先秦两汉学人对道术裂而方术兴的隐忧以及重返"古之道术"的企盼。

（一）"一"与"多"："道术"裂变的叙事线索

作为"行"的两种形式，"道"与"术"同中有异。《说文解字·辵部》释"道"为："所行道也。从辵首，一达谓之道。"段玉裁注："道者人所行，故亦谓之行。道之引申为道理，亦为引道。"① 如段注所言，借助于"行"，可串联起"道路"之"道"与"道理"或"引道"之"道"。当然，许慎所见"道"之小篆已不再含有"行"符，而此前的金文"道"字则由"行"与"首"会意而成（或另加"止"强调行走）。"术"（繁体作"術"）字亦与"行"相关，《说文解字·行部》云："术，邑中道也。从行术声。"②

作为构字符号的"行"，在甲骨文中写作 **，罗振玉称其为"象四达之衢"③。罗振玉语本《尔雅·释宫》："一达谓之道路，二达谓之歧旁，三达谓之剧旁，四达谓之衢，……九达谓之逵。"结合"百家众术"与"术业专攻"等通常说法来看，"一达"意味着"道"的方向，不管是始终如一，还是有所选择，在人（"首"）行于路（"行"）的字形叙事之外，它还构成字义中的潜在约束。如果说作为道理、法则乃至形而上学之本原的"道"，皆遵循"一达"的纯粹与专注；那么引申为技术的"术"，便更倾向于"邑中道"与"四达之衢"的多样与分散。由此出发，"道"与"术"还对应着理论与方法，形成本末、源流、大小之别。

析言之，"道"不同于"术"。《庄子·大宗师》有言："鱼相忘乎江湖，人相忘乎道术。"宋人孙奕在《履斋示儿编》中辨析其异："途之大

---

① （清）段玉裁：《说文解字注》，上海古籍出版社1981年版，第75页。

② （清）段玉裁：《说文解字注》，上海古籍出版社1981年版，第78页。

③ 罗振玉：《殷虚书契考释三种》，中华书局2006年版，第140页。

者谓之道，小者谓之术。……庄周以江湖对道术而言，则直指为道路无疑矣。"①汉儒贾谊《新书·道术》亦有论说："道者所道接物也。其本者谓之虚，其末者谓之术。虚者，言其精微也，平素而无设诸也；术也者，所从制物也，动静之数也。凡此皆道也。"

统言之，"道"与"术"又可合并而皆表学说，故《庄子·天下》终篇还有"道术将为天下裂"与"天下之治方术者多矣，皆以其有为不可加矣"的喟叹：

> 天下大乱，贤圣不明，道德不一，天下多得一察焉以自好。譬如耳目鼻口，皆有所明，不能相通。犹百家众技也，皆有所长，时有所用。虽然，不该不遍，一曲士也。判天地之美，析万物之理，察古人之全。寡能备于天地之美，称神明之容。是故内圣外王之道，暗而不明，郁而不发，天下之人各为其所欲焉以自为方。悲夫，百家往而不反，必不合矣。后世之学者，不幸不见天地之纯，古人之大体，道术将为天下裂。

《庄子·天下》在"道""术""道术"用法之外，重新设立"方术"一词以示区别。对于"方术"，成玄英的"方，道也。……治道艺术，方法甚多"②，似将"方"与"道"等同，但近代以来学者多主张"方""道"有异。如高晋生以"一方之术"释"方术"："'方术'对下文'道术'言，'道术'者，全体；'方术'者，一部也。方，一方也；方术者，一方之术。"③陈鼓应亦云"方术"乃"特定的学问，为道术的一部分"，而后者方为"洞

---

① （宋）孙奕：《履斋示儿编》，中华书局1985年版，第112页。

② （清）郭庆藩：《庄子集释》，中华书局2012年版，第1060页。

③ 单演义：《庄子天下篇荟释》，西北大学出版社2009年版，第14页。

悉宇宙人生本原的学问"。① 于此，借由"方"义的参与强化，"道"与"术"原本的分歧转化为"道术"与"方术"的对举。

作为本原、规律与准则的"道"，具有独立、无形、弥漫等多种特征，此即《天下》篇所谓的"无乎不在"而"皆源于一"。《老子》二十五章曰："有物混成，先天地生，寂兮寥兮，独立不改，周行而不殆，可以为天下母。吾不知其名，字之曰道。"《庄子·大宗师》亦有言："夫道，有情有信，无为无形。可传而不可受，可得而不可见。"《淮南子·原道训》更是详细描述了这一状态："夫道者，覆天载地，廓四方，柝八极；高不可际，深不可测；包裹天地，禀授无形；原流泉浡，冲而徐盈；混混滑滑，浊而徐清。"

作为"道术"离析后"散于天下而设于中国"的"方术"，相对应的特征便是"多"或曰"不一"，包括学说"以自为方"陷入"一察"之蔽，学者"不该不遍"沦为"一曲之士"。此即《庄子·天下》所谓"天下大乱，贤圣不明，道德不一，天下多得一察焉以自好。譬如耳目鼻口，皆有所明，不能相通。犹百家众技也，皆有所长，时有所用。虽然，不该不遍，一曲士也"。

在先秦两汉诸子看来，"一"与"多"不但是"道术"裂变的表征，而且关乎治乱安危。在《吕氏春秋·不二》的作者看来，"老聃贵柔，孔子贵仁，墨翟贵廉，关尹贵清，子列子贵虚，陈骈贵齐，阳生贵己，孙膑贵势，王廖贵先，兒良贵后"，诸子学说独具特色，乃至针锋相对的背后还暗藏着动乱危机，此即是篇所谓"一则治，异则乱；一则安，异则危"。

既然"方术"之"多"是由"道术"之"一"裂变而来，那么，"多"的纷争表象下也就隐含着复归于"一"的可能。比如，《尸子·广泽》

---

① 陈鼓应：《庄子今注今译》，中华书局 1983 年版，第 856 页。

就寄希望于诸子学说归于"一实"而"无相非":"墨子贵兼,孔子贵公,皇子贵衷,田子贵均,列子贵虚,料子贵别囿。其学之相非也,数世矣而(不)已,皆弇于私也。天、帝、皇、后、辟、公、弘、廓、宏、溥、介、纯、夏、幠、冢、晊、昄,皆大也,十有余名,而实一也。若使兼、公、虚、衷、平易、别囿一实也,则无相非也。"

由"一"至"多",《庄子·天下》篇中的"古之道术"不断裂变:"初裂于墨子对传统礼乐制度之攻击;再裂于彭蒙、田骈、尹文以法理、法术说道;三裂于惠施治术而穷物理,'逐万物而不反'。而田骈与名家、辩者滔滔雄辩'不可穷其口',论述形式的改变亦加速道术的崩解。"① 这是"道术"之"一"(用《庄子·天下》话讲便是"全""备""纯")向"方术"之"多"("散""寡""舛驳")的退化。现代学者王宁曾言:"古人把未分的'一'称'元气'。'元'表示最大、最早。……这种以'一'为大,分而多之,多而小的观念,和以'一'为小,加而多,多而大的累积观念是反向的,这里面包含着中国古代的世界发生的观念。"② 由"一"至"多"是学术发展的必然趋势,但其中"分而多之,多而小"的问题也不容忽视。

(二)"明"与"暗":诸子笔下的"方术"互评

"道术"之"一"裂变为"方术"之"多",最直观地表现为诸子互评时"一言以蔽之"式的"大判断"③。譬如《论衡·佚文》记载的王充自述:"《诗》三百,一言以蔽之,曰:思无邪;《论衡》篇以十数,亦一言也,曰:

---

① 林志鹏:《战国诸子评述辑证——以〈庄子·天下〉为主要线索》,复旦大学出版社 2014 年版,第 28 页。

② 王宁:《训诂学原理》,中国国际广播出版社 1996 年版,第 157 页。

③ 参见欧明俊:《跨界会通——论"新子学"的创新途径》,《暨南学报》(哲学社会科学版) 2018 年第 4 期。

疾虚妄。"这种言简意赅、具有高度概括能力的"大判断"，可以是学派内部的提炼，如曾子称"夫子之道，忠恕而已矣"（《论语·里仁》）和《孟子·告子下》所谓"尧舜之道，孝弟而已矣"；也可以是不同学派之间的评点，典型者如《吕氏春秋·不二》的"老聃贵柔，孔子贵仁，墨翟贵廉，关尹贵清，子列子贵虚，陈骈贵齐，阳生贵己，孙膑贵势，王廖贵先，兒良贵后"。

按照《庄子·天下》篇的分析，"道术"之"一"裂变为"方术"之"多"会带来"明"与"暗"的问题。这是因为，由每一"方术"而论，各家所持之"一"实乃"道德不一"的产物，因而"方术"之"一"的后面还要补上"察"或"曲"的限定——"天下多得一察焉以自好"，"不该不遍，一曲士也"。由此，墨翟、禽滑厘，宋钘、尹文，彭蒙、田骈、慎到，关尹、老聃，庄周，惠施、桓团、公孙龙等六家以"方术"论之有所得，于"道术"而言又有所失。

诸子所得"一察"即为"明"。除去"其道舛驳，其言也不中"的惠施与辩者一派，在每段评述前，诸如墨学"以绳墨自矫而备世之急"、宋尹"人我之养毕足而止"、老子"澹然独与神明居"等"古之道术有在于是者"的论说，皆表明诸子确乎同尊"古之道术"为立论原点，只是"闻其风而悦之"后的取向有所差异。

诸子"不该不遍"即为"暗"。比如，墨翟、禽滑厘之学奉行勤俭，而"为之大过，已之大循"，以致"反天下之心，天下不堪"；宋钘、尹文倡导"别宥"而立意"天下安宁以活民命"，又失之于"其为人太多，其自为太少"；慎到于稷下讲授"齐万物"之学，却受到豪杰"非生人之行而至死人之理"的致命一击。

与《庄子·天下》相似，《荀子·非十二子》以"使天下混然不知是非治乱之所存者"批评它嚣、魏牟，陈仲、史鰌，墨翟、宋钘，慎到、田骈，惠施、邓析，子思、孟轲等六说十二子。在是书《天论》与《解蔽》两篇中，荀子还将这一认识凝炼为"有见/无见"与"蔽于……而不知……"模式：

> 慎子有见于后，无见于先；老子有见于诎，无见于信；墨子有见于齐，无见于畸；宋子有见于少，无见于多。（《荀子·天论》）

> 墨子蔽于用而不知文，宋子蔽于欲而不知德，慎子蔽于法而不知贤，申子蔽于势而不知知，惠子蔽于辞而不知实，庄子蔽于天而不知人。（《荀子·解蔽》）

如果借用《庄子·天下》中"暗而不明，郁而不发"之说，这里的"见"即为"明"，"不见""不知"之"蔽"便是"暗"。

无独有偶，《韩非子·显学》聚焦于先秦儒、墨两家显学，兼及儒家后学雕漆与墨学近亲宋钘①。通过"孔子之孝"与"墨子之俭"、"雕漆之廉"与"宋荣之宽"的逻辑分析，韩非子揭示出诸子的"明"与"暗"属于相对而言：

> 墨者之葬也，冬日冬服，夏日夏服，桐棺三寸，服丧三月，世主以为俭而礼之。儒者破家而葬，服丧三年，大毁扶杖，世主以为孝而礼之。夫是墨子之俭，将非孔子之侈也；是孔子之孝，将非墨子之戾也。

> 雕漆之议，不色挠，不目逃，行曲则违于臧获，行直则怒于诸侯，世主以为廉而礼之。宋荣子之议，设不斗争，取不随

---

① 依王先慎之见，"宋荣"即宋钘，见王氏《韩非子集解》，中华书局2013年版，第500页。

仇，不羞囹圄，见侮不辱，世主以为宽而礼之。夫是雕漆之廉，将非宋荣之恕也；是宋荣之宽，将非雕漆之暴也。

这两段引文的语境是，韩非子依据"杂反之学不两立而治"来劝诫君主不可"兼听"。"孔子、墨子俱道尧、舜，而取舍不同"，如韩非子所言，"孝 / 侈"与"俭 / 戾"本就是一体之两面，取"孝"之方向反观"俭"，则"俭"即成"戾"；以"俭"之标准衡量"孝"，"孝"亦转向"侈"。

不唯如此，《韩非子·显学》开篇还以孔、墨为例，提到同一学说内部的分歧：

> 自孔子之死也，有子张之儒，有子思之儒，有颜氏之儒，有孟氏之儒，有雕漆氏之儒，有仲良氏之儒，有孙氏之儒，有乐正氏之儒。自墨子之死也，有相里氏之墨，有相夫氏之墨，有邓陵氏之墨。故孔、墨之后，儒分为八，墨分为三，取舍相反不同，而皆自谓真孔、墨；孔、墨不可复生，将谁使定后世之学乎？

孔、墨之徒因"取舍相反不同"而"儒分为八、墨分为三"。考虑到《庄子·天下》所言"古之道术"的"天地之纯"，孔、墨后学的"自谓真"其实只是自设疆界后的假象。而自设疆界，甚至画地为牢的源头又可追溯到儒、墨两家的开山祖师："孔子、墨子俱道尧、舜，而取舍不同，皆自谓真尧、舜；尧、舜不复生，将谁使定儒、墨之诚乎？"

据此而言，先秦诸子由"大道"而至"方术"，其术业专攻之"明"自不容忽视；然而，从"道术"之"纯一"散为"方术"之"一察"，也必将带来后者的"无见"与"不知"（荀子语）、"是非"与"自谓"（韩非子语）。依《庄子·天下》篇，可一言以蔽之，曰："以自为方"则古之道术"暗而不明"。

（三）"诊"与"疗"：司马谈论"道"及其现代启思

如果说"一"与"多"是"道术"裂变为"方术"的叙事线索，"明"与"暗"是诸子互评的认知框架，那么，"诊"与"疗"便是司马谈、班固等人反思诸子学术的着眼点。

在《论六家要旨》一文中，司马谈面对阴阳、儒、墨、法、名诸家学说，同样开出"明"与"暗"并存的诊断意见：

> 尝窃观阴阳之术，大祥而众忌讳，使人拘而多所畏；然其序四时之大顺，不可失也。儒者博而寡要，劳而少功，是以其事难尽从；然其序君臣父子之礼，列夫妇长幼之别，不可易也。墨者俭而难遵，是以其事不可遍循；然其强本节用，不可废也。法家严而少恩；然其正君臣上下之分，不可改矣。名家使人俭而善失真；然其正名实，不可不察也。道家使人精神专一，动合无形，赡足万物。其为术也，因阴阳之大顺，采儒墨之善，撮名法之要，与时迁移，应物变化，立俗施事，无所不宜，指约而易操，事少而功多。

本着"天下一致而百虑，同归而殊涂"①的认识，司马谈认为，阴阳、儒、墨、名、法、道德六家实为"百虑""殊涂"以及"从言之异路"。因而，作为"术"的诸子之学既有"不可失""不可易""不可废""不可改"和"不可不察"之"明"，亦不无"多所畏""难尽从""不可遍循""少

---

① 《周易·系辞下》原文为"天下同归而殊途，一致而百虑"，与司马谈所引前后次序有异。

恩"和"善失真"之"暗"。

相较于此前《庄子·天下》《荀子·解蔽》《韩非子·显学》诸篇，司马谈的独特贡献在于，以道家为例提出兼采众长的解决之策。具体说来，道家虽是"术"却并未局限于一家之"术"，它"因阴阳之大顺，采儒墨之善，撮名法之要"，可谓博取诸家精华。如阴阳家之时序、儒家之礼、墨家之"强本节用"、法家之"明职分"以及名家之"控名责实"，皆为道家所取。由此，司马谈开出的疗救药方是由"多"而复返（确切地说是逼近）于"一"。"道术"之"一"裂变为"方术"之"多"，如若"一方之术"能够广泛吸纳众多的"一察"，虽不能重返混沌圆满的"道术"，却至少可以汇聚众"多"来接近裂变后的初始状态。这一思路，正如钟泰在辨析"道术"与"方术"差异时所言："所得者一偏，而执偏以为全，是以自满，以为无所复加也。此一语已道尽各家之病。若学虽一偏，而知止于其分，不自满溢，即方术亦何尝与道术相背哉！"①

在《汉书·艺文志·诸子略》中，班固将司马谈的"六家"拓展为"九流十家"之说。与司马谈推许道家不同，班固提出以六经为框架通观九家舍短取长的建议，并相信循此"可以通万方之略"：

> 今异家者各推所长，穷知究虑，以明其指，虽有蔽短，合其要归，亦《六经》之支与流裔。使其人遭明王圣主，得其所折中，皆股肱之材已。仲尼有言："礼失而求诸野。"方今去圣久远，道术缺废，无所更索，彼九家者，不犹愈于野乎？若能修六艺之术，而观此九家之言，舍短取长，则可以通万方之略矣。

---

① 钟泰：《庄子发微》，上海古籍出版社 1988 年版，第 756 页。

从《庄子·天下》篇，到《论六家要旨》和《汉书·艺文志》，先秦"道术裂变"的学术谱系在学派划分与学说评点上存有不少差异。其中，从《庄子·天下》篇中那纯一全备的"道"流变为"六家"或"九流"之一的"道家"，尤其值得关注。胡适认为"道家本有包罗一切道术的意义"，"凡折衷调和于古代各派思想的，便用这个广泛的道术愿意，称为'道家'"。① 若说在司马谈笔下，"能究万物之情"的道家还继承了《庄子·天下》篇中"无乎不在"的优越性，那么班固所理解的"道家者流，盖出于史官"，便已然下降为"王官"之一种，并且打上了老庄学派的鲜明烙印。此外，一度为司马谈所称许的"因阴阳之大顺，采儒墨之善，撮名法之要"的优长，也被班固从道家移入杂家②："杂家者流，盖出于议官。兼儒、墨，合名、法，知国体之有此，见王治之无不贯，此其所长也。及荡者为之，则漫羡而无所归心。"在思想史脉络中，这种转变既是由汉初重视黄老之学到汉武帝"罢黜百家，独尊儒术"的意识形态文本化，也是时至东汉，"道术裂变"至"漫羡而无所归心"的一帧缩影。在《庄子·天下》篇所谓"不幸不见天地之纯，古人之大体"的"后世"，司马谈推许道家而班固高扬六经，虽说是旗帜鲜明立场有异，却都诊断出诸家"方术"的"不省"与"蔽短"。在他们看来，博采诸家、扬长避短方可减轻偏执一端的痼疾。司马谈与班固的"诊"与"疗"亦可谓"同归而殊途"。

司马谈与班固的现代启示在于，面对"道术"裂变为"方术"，以及"方术"日益演化为学科的时代趋势，更应警惕《庄子·天下》的"以自为方"和"不该不遍"而引以为戒。"全者谓之'道术'，分者谓之'方术'，

---

① 胡适：《中国中古思想史长编》，上海古籍出版社 2013 年版，第 27 页。

② 在胡适看来，"司马谈所谓道家，即是《汉书》所谓杂家"（《中国中古思想史长编》，上海古籍出版社 2013 年版，第 26 页）。

故'道术'无乎不在，乃至瓦甓屎溺皆不在道外。"① 如钟泰所言，《天下》篇中关于"道恶乎在"的设问，亦现于《知北游》所载东郭子问道一节：

> 东郭子问于庄子曰："所谓道，恶乎在？"庄子曰："无所不在。"东郭子曰："期而后可。"庄子曰："在蝼蚁。"曰："何其下邪？"曰："在稊稗。"曰："何其愈下邪？"曰："在瓦甓。"曰："何其愈甚邪？"曰："在屎溺。"东郭子不应。

考虑到破除东郭子的执迷后，庄子还向其发出"游乎无何有之宫"与"合同而论"的邀约，亦不妨将此理解为一则关乎求道或曰为学的隐喻："问道"本无不可，但如若东郭子一般"期而后可"，定要将"无所不在"的"道"落实于一处，便只会因执着于"每下愈况"的皮毛之见而"不及质"。《天下》篇所论诸子，以及当下学者"多得一察焉以自好"，亦可如是观。

所谓"不该不遍，一曲士也"（《庄子·天下》），又所谓"曲知之士，观乎道之一隅"（《荀子·解蔽》），倘若按照轴心期诸子的定义，现代分科治学体系下的学人亦将难免沦为"一曲之士"。如果把庄子向东郭子讲解的"道"看作关键词，那么不妨说，这种看似极端的言说正是为了破除东郭子所追求的终极所指。"道"者何谓？仅按照韦政通《中国哲学辞典》的梳理，便可发现"道这个名词，在先秦典籍中，应用的极其泛滥，它的涵意包括合理、正当、恰平、道路、理想、方法、通达、公等，此外天有天道，地有地道，人有人道，师有师道，君有君道，臣有臣道，即连智、仁、勇和五伦，也都是道"②。既然"道"的指涉如此广

---

① 钟泰：《庄子发微》，上海古籍出版社 1988 年版，第 756 页。

② 韦政通：《中国哲学辞典》，吉林出版集团有限责任公司 2009 年版，第 571 页。

泛，相较于东郭子的"期而后可"，庄子着眼于边缘义项的"在蝼蚁""在稊稗""在瓦甓"乃至"在屎溺"便更像是对"道"之现实论域、抽象本质以及终极所指的突破与解构。

二、解构逻各斯中心主义

"学"与"术"、"通"与"专"是考察近代分科治学及其影响的两组关键词。从《庄子·天下》到《汉书·艺文志》，频繁出现的"道术"批评寄托了先秦两汉学人的深层省思。按照"道术"裂变的叙事线索，无法复归的"古之道术"才是最理想的学术形态，而春秋以降的"方术"勃兴只不过是"大道"的退化。时至近代，从"道术裂变"到"学术分途"，一度为先秦两汉学人所哀叹的分科治学却成了转轨西学的新方向。历经古今与中西双重维度的考量，近代学人在传统学术思想与制度层面进行了一系列革新，开启了以接轨西学为目标的现代化与科学化进程。与此同时，治学重心由"通"至"专"的转换也引起学者热议。在救亡图存的时代主题与社会进化论思潮影响下，借由分科治学来顺应潮流渐成共识。不过，也有不少学者意识到移用西方学科范畴来给中国传统学术归类和命名时的粗失，以及更深层次上学科区囿与知识完整性之间的内在矛盾。学科是与知识相联系的观念，分科治学固然有利于知识的体系化与专业化，但它所造成的知识破碎与隔膜同样是不争的事实。于此病灶，从先秦两汉的诸子会诊，到当下方兴未艾的学科交叉与跨学科研究，皆有明确的认识并力行疗救。对于面向"文化与社会"的中国文化元典关键词研究而言，更应警惕引入分科治学体制后，在学科"逻各斯中心主义"笼罩下的归类龃龉和知识破碎问题。

（一）从"道术裂变"到"学术分途"

如果说，"道"与"术"是贯穿先秦两汉以来传统学术演变的内在线索，那么清末民初学人对"学"与"术"的辨析则昭示了中国近代学术的转型。自先秦子学，经两汉经学、魏晋玄学、隋唐佛学、宋明理学、清代朴学而至近代新学，中国学术史历经多次新旧范式的转换。就其激烈程度而言，轴心期的"道术裂变"与近代的"学术分途"这首尾两端尤其值得关注。钱穆曾指出，先秦诸子学说中寄托了救世的诉求：诸子百家"遭直世变，本其所学，以求其病原，拟立方剂"①。此论亦可移用在清末民初学人身上，他们中的多数人也把采纳西方分科治学理念当成了应对"数千年未有之变局"的速效良药。正如"道术裂变"之于先秦子学一样，"学术分途"亦可作为考察近代新学的切入点。从"道术将为天下裂"到"开眼看世界"，在近代中国学人的眼中，本来的轴心期"道—术"传统已再次瓦解，并被外来的近代"学—术"范式所取代。

所谓中国近代的"学术分途"有两层含义：从整体上看，这是一个采用西方分科理念全面改造传统学术，通过分科设学、学务专门等制度使其系统化和专业化的过程；具体来看，发生在接触西学初始阶段的"学""术"辨析，还一度按照"求真"与"功利"二元框架重新清理传统学术，从而为接下来的分科治学奠定了基础。就第一层含义而言，这一学术范式的古今中西转换，内含从"以人为中心"到"以学为中心"的焦点转移②，从"通人之学"到"专家之学"的理念区分③，还有更为

① 钱穆：《先秦学术概论》，岳麓书社 2010 年版，第 15 页。
② 参见刘梦溪：《中国现代学术要略》，生活·读书·新知三联书店 2008 年版，第 34—35 页。
③ 参见刘梦溪：《中国现代学术要略》，生活·读书·新知三联书店 2008 年版，第 103—104 页。

直观的"学术研究主体的转换，学术研究对象的扩展，学术研究共同体的形成，学术中心的转移，专业学术机构的设立，以及新的学术交流、学术评议、学术奖惩机制的建立等问题"①。无论是教育改革中推行的分科设学，还是研究理念上推崇的学务专门，种种转换皆围绕着"分科治学"这一核心命题展开。通过借鉴西方的"学科"分类标准，中国近代学人开始重新审视"孔门四科""四部之学""经世六学"等固有的学术分类，最终实现了从传统"四部之学"到近代"七科之学"的转换。再看"学术分途"的第二层含义，它更具体地涉及"道""学""术"三者关系的重新厘定。有学者曾将传统思想中以"学"为中介的"道—学—术"体系概括如下："道的发展刺激了术提升其理论品位。这样，在术积累了足够的经验的基础上，道与术的交融必然导致学的产生。学就是道与术双向交融中凝聚而成的静态知识体系。"②时至清末民初，梁启超、严复、蔡元培等学者都对"学"与"术"进行了一番更为细致的区分，这也成为一个值得关注的新现象。虽然在今天看来其标准与论证还有失恰切，但正是这场有关学术研究主体与对象的辨析，由近代意义上的学术独立推动了学科的独立。

"道术裂变"后，"学"成为上达于"道"的途径。中国传统思想中的"道"与"学"是一组时常对举的关键词，古人对其关系的认识主要有儒家的贯通说与道家的矛盾论。《老子》一书否认了由"学"上达于"道"的可能，反而强调"为学日益，为道日损"（四十八章）的异质性，由此反对"为学"而倡导"学不学"（六十四章）。《老子》开篇即言"道可道，非常道"，白居易曾指出其中的知行悖论："言者不知知者默，此语吾闻于老君。若道老君是知者，缘何自著五千言。"其

---

① 左玉河：《中国近代学术体制之创建》，四川人民出版社 2008 年版，第 13 页。

② 孔令宏：《道教新探》，中华书局 2011 年版，第 10 页。

实这看似矛盾的论述背后，正暗含老子对"道"之超越性与语言有限性的思索。"道"是先于万物存在的本原，"先天地生"而"为天下母"，它"视之不见""听之不闻""搏之不得"（十四章），是抽象而难以体认的"无状之状，无物之象"（十四章）。既然圆融周备的"道"不在正常的感知范围内，也就很难用常规的语言和概念来界定，只好勉强为其命名，并事先声明以言传意的有限性。这种认识或可借魏源的解释以明之："道固未可以言语显而名迹求者也。及迫关尹之请，不得已著书，故郑重于发言之首，曰道至难言也。使可拟议而指名，则有一定之义，而非无往不在之真常矣。"①

　　"道"之难以言传，源于"真常"的不可离析；既然"道"不可言，自然也就无法以"学"得之。不过，在持贯通说者看来，"道"与"学"的关系却是"虽有至道，弗学不知其善也"（《礼记·学记》）。不同于"道不可道"的决绝，《论语》开篇谈的是由"学"切近于"道"的"学而时习之，不亦乐乎"。《说文解字·教部》释"斅"（古同"学"）为"觉悟"，此即《白虎通义·辟雍》所言"学之为言觉也，以觉悟所不知也"。《广雅·释诂》释"学"为"效"，朱熹注解"学而时习之"时亦称"学之为言效也"。于"学"而言，"觉悟"说强调过程与效果，"效仿"说着眼于方式，两种解释中未曾现身的目的与对象正是"道"。"子曰：君子食无求饱，居无求安，敏于事而慎于言，就有道而正焉，可谓好学也已。"（《论语·学而》）"子夏曰：贤贤易色，事父母能竭其力，事君能致其身，与朋友交，言而有信，虽曰未学，吾必谓之学矣。"（《论语·学而》）孔门师徒不厌其烦地称许"好学"，正因"学"提供了沟通"道"与人的可能——在"道"与"学"的关系中，"学以致其道"（《论语·子张》）构成了知识承传的通路，也为历代学者指明了努力的方向。当然，道家

---

　　① （清）魏源：《老子本义》，华东师范大学出版社 2010 年版，第 1 页。

关注的"为道"与"为学"之异也不无道理，"道"之圆融完备确实难以"学"穷尽。所以，分科治学成为一种可行的弥合之策："学者……学于道也。道混沌而难分，故须义理以析之；道恍惚而难凭，故须名数以质之；道隐晦而难宣，故须文辞以达之"①；"后儒途径所由寄，则或于义理，或于制数，或于文辞，三者其大较矣。三者致其一，不能不缓其二，理势然也。知其所致为道之一端，而不以所缓之二为可忽，则于斯道不远矣"②。章学诚所言义理、考据、辞章三者与孔门四科、四部之学等传统学术分类皆为通"道"之"学"。一言蔽之，"道"无往不在，而"学"各有专攻。

在"学术分途"中，'学"又凸显了有别于"术"的专一性。刘梦溪、陈平原等学者已注意到晚清以来知识界对"学"与"术"的重审③，在此基础上，我们不妨将"学""术"辨析视作近代意义上分科治学的思想预备。毕竟在引入西学的逻辑层级上，学术的独立要先于学科的独立，而理念的对接与消化也是分科实践得以展开的前提。先看"学""术"辨析与"学术"的独立。"吾国向以学术二字相连属为一名辞，……近世泰西，学问大盛，学者始将学与术之分野，厘然画出，各勤厥职以前民用。"④ 据梁启超所言，近代中国学人对于"学"与"术"的辨析明显受到了西方科学观念的影响。按照他的界定，"学也者，观察事物而发

---

① （清）章学诚：《与朱少白论文》，载《章学诚遗书》，文物出版社 1985 年版，第 335 页。

② （清）章学诚：《文史通义》，上海古籍出版社 2015 年版，第 52 页。

③ 分别见刘梦溪：《中国现代学术要略》，生活·读书·新知三联书店 2008 年版；陈平原：《中国现代学术之建立——以章太炎、胡适之为中心》，北京大学出版社 1998 年版。

④ 梁启超：《学与术》，载洪治纲主编：《梁启超经典文存》，上海大学出版社 2003 年版，第 297 页。

明其真理者也；术也者，取所发明之真理而致诸用者也"①，"学"与"术"构成了体用关系，前者主要指研求原理，后者则施于应用。无独有偶，较早接触西学的严复也觉察到"学"与"术"异。他在《原富》中下一按语："盖学与术异。学者考自然之理，立必然之例；术者据既知之理，求可成之功。学主知，术主行。"② 又在为《涵芬楼古今文钞》作序时申明："盖学之事万途，而大异存乎术鹄。鹄者何？以得之为至娱，而无暇外慕，是为己者也，相欣无穷者也。术者何？假其途以有求，求得则辄弃，是为人者也，本非所贵者也。为帖括，为院体书，浸假而为汉人学，为诗歌，为韩欧苏氏之文，樊然不同，而其弋声称、网利禄也一。凡皆吾所谓术，而非所谓鹄者。苟术而非鹄，适皆亡吾学。"③ 梁启超与严复分别借用"体—用""知—行""为己—为人"三对传统范畴来重新界定"学"与"术"。这种浸染西潮后的划分为本土的"术学之辨"增添了新质。

据考证，"学术"一词最早现于南朝。④ 不过，"学"注重独立探索而"术"谋求功利实用的区别实可追溯至先秦两汉。《论语》中屡言"学"而不提"术"，加上孔子对"樊迟请学稼"的呵斥，可视作时人崇"学"抑"术"的例证。西汉以来，《史记》《汉书》中"（文／经）学"与"（儒／经）术"的对立，又折射出儒、法、黄老等学说依附于政治的"重术轻学"化。⑤ 可以说，与西学相参照，独立与纯粹是中国传统学术欠缺之处，也正是这个原因使得梁启超和严复对"真理""自然之理""无暇

---

① 梁启超：《学与术》，载洪治纲主编：《梁启超经典文存》，上海大学出版社2003年版，第297页。

② 王栻主编：《严复集》第四册，中华书局1986年版，第885页。

③ 王栻主编：《严复集》第二册，中华书局1986年版，第275页。

④ 参见刘绪义：《天人视界：先秦诸子发生学研究》，人民出版社2009年版，第449页。

⑤ 参见朱维铮：《中国经学史十讲》，复旦大学出版社2002年版，第10—13页。

外慕""相欣无穷"等品质格外瞩目。有独立之学术，方有独立之学科。从这种意义讲，"学""术"辨析的历史意义倒不是为探索之"学"和应用之"术"强分优劣，而是重塑了"学术"一词独立与专业的近代意义。毕竟梁启超反对"离术言学"或"离学言术"，章太炎强调"求是"与"应用""各有短长，是在求学者自择而已"①，蔡元培也一直坚持"学必借术以应用，术必以学为基本，两者并进始可"②。清末民初学人对"学"与"术"的重审，使得这组关键词一度成为接引西方学科体系时的过渡话语：

学校书院之设，当令士子日夜肄习其中，必学立艺成而后可出也。其一曰文学，即经史、掌故、词章之学也。经学俾知古圣绪言，先儒训诂，以立其基；史学俾明于百代之存亡得失，以充其识；掌故则知古今之繁变，政事之纷更，制度之沿革；词章以纪事华国而已。此四者，总不外乎文也。其二曰艺学，即舆图、格致、天算、律例也。舆图能识地理之险易，山川之厄塞；格致能知造物制器之微奥，光学、化学悉所包涵；天算为机器之权舆；律例为服官出使之必需，小之定案决狱，大之应对四方，折冲樽俎。此四者，总不外乎艺也。③

学与术虽关系至为密切，而习之者旨趣不同。文、理，学也。虽亦有间接之应用，而治此者以研究真理为的，终身以

---

① 章太炎：《说求学》，载秦燕春考释：《历史的重要》，山东文艺出版社 2006 年版，第 59 页。

② 蔡元培：《在爱丁堡中国学生会及学术研究会欢迎会演说词》，载张汝伦编：《蔡元培文选》，上海远东出版社 2012 年版，第 345 页。

③ （清）王韬：《变法自强》，载《弢园文录外编》，上海书店出版社 2002 年版，第 31—32 页。

之。所兼营者，不过教授著述之业，不出学理范围。法、商、医、工，术也。直接应用，治此者虽亦可有永久研究之兴趣。而及一程度，不可不服务于社会；转以服务时之所经验，促其术之进步。与治学者之极深研几，不相侔也。鄙人初意以学为基本，术为支干，不可不求其相应。故民国元年，修改学制时，主张设法商等科者，不可不兼设文科。设医农工各科者，不可不兼设理科。①

上述两段引文分别出自较早介绍西方分科体系的王韬和领导制定《大学规程》的蔡元培。1883 年，王韬建议新立课程分为"文学"与"艺学"，这两大类可视作"学"与"术"的变体。时至 1917 年，蔡元培在解释通常大学专设文理二科时，仍在"学"与"术"的框架内立论。考虑到 1913 年颁布的民国《大学规程》标志着文、理、法、商、医、农、工等近代"七科之学"的最终确立，"学"与"术"的辨析可谓贯穿了中国近代学术分科的整个过程。

（二）在"通"与"专"之间

若说中国近代分科治学的引入，伴随着认识论上"学"与"术"的明晰，那么，确立分科后的近代学人却在价值论上陷入了"通"与"专"的分歧。在"道术"裂为"方术"的时代，如何不局限于"一方之术"是问题的关键。于此道理，古今皆然。古有《论语》所载德行、言语、政事、文学之孔门四科，它与图书分类孕育出的经史子集四部之学以及清代中期戴震等人提出的义理、考据、词章之学，可视作中国传统学术

---

① 蔡元培：《读周春岳君〈大学改制之商榷〉》，载《蔡孑民先生言行录》，岳麓书社 2010 年版，第 104 页。

的分类观念与实践。对于占据学术主流的儒家而言，虽然所划分的科目不同，但在分类之外始终存有一个贯通的理想，故"通儒"往往被视作治学的最高境界和历代学者的人格典范，它也构成了抗拒"一曲之士"的正向力量。晚清以降，受西学冲击而经世之学一度勃兴，其后清廷又借助译介西学、派遣大臣出外考察、变革科举、开办新式学校、选派留学生等举措引入西方学术体制。1901 年，接触西学后的梁启超按《长兴学记》构想了一套学科体系，包括学纲（志于道、据于德、依于仁、游于艺）、学科（义理之学、考据之学、经世之学、文字之学）与课外学科（校中之演说、札记与校外之体操、游历）。此体系虽沿用传统分类名称，但内含项目如义理之学下的泰西哲学，考据之学下的地理学、数学，经世之学下的政治原理学等已开始接轨西学。① 此后，历经《钦定京师大学堂章程》（1902）、《奏定京师大学堂章程》（1903）、《大学令》（1912）和《大学规程》（1913）的反复修正，以大学为代表的知识和教育体系摒弃了传统的"经史之学"，开始全面采用西方"七科分学"之法，现代意义上的学科划分遂在古老的中国确立。

"生也有涯，而知也无涯"，就现实层面而言，分科治学之因或许能用庄子的这句感慨以明之。它的无奈与危险在于："人的智力体力有限而知识无涯，不得已退而求其次，分门别类，缩短战线，使人力足以负担。可是如此一来，本来浑然一体的学问被肢解为彼此独立的系统，久而久之，不仅各个学科之间相互隔绝，每个学科内部也日益细分化。"② 在整个西方哲学史脉络中，分科治学萌芽可以追溯至亚里士多德的《形而上学》。该书于哲学之下的理论科学、实践科学和诗的科学等二级划

----

① 参见梁启超：《康南海先生传》，载夏晓红编：《梁启超文选》上册，中国广播电视出版社 1992 年版，第 298 页。

② 桑兵：《盲人摸象与成竹在胸：分科治学下学术的细碎化与整体性》，《文史哲》2008 年第 1 期。

分正是今日数学、物理学、政治学、伦理学等学科体系的原型。在认识论转向期，经验主义与理性主义的竞争很大程度上推进了分科治学的进程。"经验主义强调客观化的感觉经验的知识学功能，自然现象的多样性要求这种认识按照'物以群聚'的自然原则分解为类型学意义上的知识，知识的学科化便逐步形成。"① 此后，借助大学教育体制的巩固，分科治学已成为学术研究与教学活动所遵循的基本原则。在以现代大学为主的学术场域中，"科学已进入一个先前所不知道的专业化阶段，并且这种情形将永远保持下去"②。当"通儒"的传统观念逐渐为西学"专家"风尚所取代，钱穆曾有如下感慨："文化异，斯学术亦异。中国重和合，西方重分别。民国以来，中国学术界分门别类，务为专家，与中国传统通人通儒之学大相违异。循至返读古籍，格不相入。此其影响将来学术之发展实大，不可不加以讨论。"③ 浸淫传统学术而又接触西学的这一辈学者已认识到，面对畛域自囿与专家自命的现代学科阈限，"通儒"的传统理想已变得像西方小说中的浮士德那般遥不可及。

"惟历史事迹，视人之心理为衡。叹为道术分裂，则有退化之观；诩为百家竞兴，则有进化之象。故事实不异，而论断可以迥殊。"④ 晚清民初之际，在如何看待"学术分途"上，存有"退化"与"进化"两种截然相反的观点，而这种论争又多围绕着"通"与"专"展开。试比较傅斯年《中国学术思想界之基本谬误》与前述钱穆《现代中国学术论衡》观点之异：

---

① 冯黎明：《学科互涉与文学研究方法论革命》，秀威资讯科技股份有限公司2014年版，第18页。

② ［德］马克思·韦伯：《社会科学方法论》，杨富斌译，华夏出版社1999年版，第7页。

③ 钱穆：《现代中国学术论衡·序》，生活·读书·新知三联书店2001年版，第1页。

④ 柳诒徵：《中国文化史》，东方出版社2008年版，第213页。

中国学人，不认时间之存在，不察形势之转移。每立一说，必谓行于百世，通于古今。……中国学者，专以"被之四海""放之古今"为贵，殊不知世上不能有此类广被久延之学说，更不知为此学说之人，导人浮浅，贻害无穷也。

中国学人，每不解计学上分工原理（Division of labour），"各思以其道易天下。"……分工之理不明、流毒无有纪涯。举其荦著者言之：则学人心境，造成褊浅之量，不容殊己，贱视异学。庄子谓之"各恳以其道易天下"。究之，天下终不可易，而学术从此支离。此一端也。其才气大者，不如生有涯而知无涯，以为举天下之学术，皆吾分内所应知，"一事不知，以为深耻"。所学之范围愈广，所肆之程度愈薄，求与日月合其明，其结果乃不能与爝火争光。清代学者，每有此妄作。惠栋钱大昕诸人，造诣所及，诚不能泯灭；独其无书不读，无学不肆，真无意识之尤。倘缩其范围，所发明者，必远倍于当日。此又一端也。凡此两者，一褊狭而一庞大，要皆归于无当；不知分工之理，误之诚不浅已。①

同样着眼于中西学术之差异，钱穆认为重"共通"而非"专门"是中国哲学的特色，傅斯年则视中国学人求"通"而不晓"分工"为有悖于科学精神的"基本谬误"。在"通"与"专"之间，钱穆秉承了崇尚通博的传统观念，傅斯年则呼应了救亡图存的时代主题和社会进化论思潮。陈平原曾指出，"现代中国学者的'走向专门家'，有几道重要的关卡，值得认真评说：首先是学术与政治，其次是学科与方法，再次是授

---

① 傅斯年：《中国学术思想界之基本谬误》，载岳玉玺、李泉、马亮宽编选：《傅斯年选集》，天津人民出版社1996年版，第50—51页。

业与传道，最后是为学与为人"①。诚如斯论，近代学人在"通"与"专"之间的困惑与论争，掺杂了时代背景、情感取向与治学方法诸因素。现在看来，傅斯年的痛声疾呼与矫枉过正自有其合理性，但随着分科治学的最终确立，钱穆一派的观点更值得深思。如前所述，中国古代也有分科传统，但"通"与"专"绝非不可调和。张之洞"读书贵博贵精尤贵通"一说可为证："该贯六艺，斟酌百家，既不少见而多怪，亦不非今而泥古，从善弃瑕，是之谓通。若夫偏祖一家，得此失彼，所谓是丹非素，一孔之论者也。必先求博，则不至以臆说俗见为通。先须求精，则不至以捆乱无主为通。不博不精，通字难言。"②中国传统学术对于通博的心心念念，积淀为代不乏人的一长串言说："通天地人曰儒"（扬雄《法言·君子》），"君子既学之，患其不博也"（《大戴礼记·曾子立事》），"学不际天人，不足以谓之学"（邵雍《观物·外篇》），"有通儒之学，有俗儒之学"（潘耒《日知录序》），"同是学人也，博学则胜于陋学矣；同是博学，通于宙合，则胜于一方矣；通于百业，则胜于一隅矣"（康有为《长兴学记》），等等。这里需要追问的是，为何中国传统学术不忘于"通"而西学却情定于"专"？ 19 世纪以来的西方学术逐渐专业化，是"由于现实被合理地分成了一些不同的知识群，因此系统化研究便要求研究者掌握专门的技能，并借助于这些技能去集中应对多种多样、各自独立的现实领域"③。然而，以儒家为主流的中国传统学术面向的却是人格成

139

---

① 陈平原：《中国现代学术之建立——以章太炎、胡适之为中心》，北京大学出版社 1998 年版，第 13—14 页。

② （清）张之洞：《语学》，载司马朝军：《輶轩语详注》，华东师范大学出版社 2010 年版，第 144 页。

③ ［美］华勒斯坦等：《开放社会科学：重建社会科学报告书》，刘锋译，生活·读书·新知三联书店 1997 年版，第 9 页。

长和终极关怀。① 在这种遵循"成人"而非"认知"的分类体系中，人生体验贯通于生活的方方面面，也就不能像知识研究那样条分缕析。中国传统学术圆融贯通的一个明显标志是，处于核心地位的"六艺"各有面向却又不可分割。由先秦两汉典籍（表 1）可知，近代学人视"六艺"为"赅摄一切学术"（马一浮）与"古代道术之总汇，非儒家所得而私之"（蒋伯潜）等论说实乃持之有故：

表1　先秦两汉典籍所论"六艺"

	《诗》	《书》	《礼》	《乐》	《易》	《春秋》
《礼记·经解》	温柔敦厚而不愚	疏通知远而不诬	恭俭庄敬而不烦	广博易良而不奢	絜静精微而不贼	属辞比事而不乱
《庄子·天下》	道志	道事	道行	道和	道阴阳	道名分
《荀子·劝学》	博	博	敬文	中和	——	微
《春秋繁露·玉杯》	道志，故长于质	著功，故长于事	制节，故长于文	咏德，故长于风	本天地，故长于数	正是非，故长于治人
《史记·滑稽列传》	达意	道事	节人	发和	神化	义
《汉书·艺文志》	正言，义之用	广听，知之术	明体，明者著见	和神，仁之表	为之原	断事，信之符

上述分类中，"六艺"在各有侧重的基础上，又共同服务于人格成长这一整体目标。《庄子·天下》把"六艺"当作古之道术未裂时的遗存，《荀子·劝学》称《礼》《乐》《诗》《书》《春秋》五者"在天地之间者毕矣"，这种认识可借《礼记·经解》中的"六艺于治一也"与《淮南

---

① 参见方朝晖：《"中学"与"西学"——重新解读现代中国学术史》，河北大学出版社 2002 年版，第 3 页。

子·泰族训》所谓"六艺异科而同道"来概括。作为中国传统学术核心的"六艺"地位非凡，以致在近代"七科之学"确立的前夕，仍有张之洞以经学统领"八学"和王国维坚持"群经不可分科"之类的建议。在接引近代分科治学理念时，"六艺"也率先成为取法西学后的试验田。刘师培云："《易》为哲学讲义，《诗》《书》为唱歌、国文课本，《春秋》为本国近世史课本，《礼》为伦理、心理讲义，《乐》为唱歌、体操课本。"[1] 蔡元培亦曰："《书》为历史学，《春秋》为政治学，《礼》为伦理学，《乐》为美术学，《诗》亦美术学。而兴观群怨，事父事君，以至多识鸟兽草木之名，则赅心理、伦理及理学，皆道学专科也。《易》如今之纯正哲学，则通科也。"[2] 诸如此类的比附有失准确，却也从侧面印证了六经的圆融性。以《周易》为例，除了蔡元培所谓"纯正哲学"外，《四库全书总目提要·易类序》还提及："《易》道广大，无所不包，旁及天文、地理、乐律、兵法、韵学、算术，以逮方外之炉火，皆可援《易》以为说。"[3] 将《周易》归入哲学已成为今日的普遍做法，这也确实遮蔽了其中丰富的文学、美学、地理学等思想。显然，按照近代分科理念检视以"六艺"为核心的传统学术，将不可避免地造成归类的龃龉和知识的破碎。

中国近代意义上的学术分类，主要是通过"移植"与"转化"两大途径创立：前者面向传统学术中所缺乏的门类，如数、理、化、政治、经济等；至于文学、历史、哲学等传统人文学科并非完全照搬，而是从

---

[1]　刘师培：《论孔教与中国政治无涉》，载李妙根编：《刘师培文选》，上海远东出版社 2011 年版，第 121 页。

[2]　蔡元培：《学堂教科论》，载张汝伦编：《蔡元培文选》，上海远东出版社 2012 年版，第 11 页。

[3]　（清）永瑢等：《四库全书总目》，中华书局 1965 年版，第 1 页。

固有的学术传统中演化而来。① 即便如此，这类由西方引入的学科范畴还是与中国传统的经学、理学、道学、心学、文章学等分类标准有所隔阂。梁启超在谈及研究儒家思想时早已指出："单用西方治哲学的方法研究儒家，研究不到儒家的博大精深处。最好的名义，仍以'道学'二字为宜。"② 当代学者也意识到："需要区别两个东西：一是在'哲学'被引入中国前的那些后来被纳入'哲学'类别的学术和思想，二是在'哲学'被引入中国后人们明确地在'哲学'名号下对那些思想和学术所做的阐释和发挥。"③ 若说取法西学归类时产生的龃龉是病征，那么"中学"与"西学"的异质性才是症结之所在。于"西学"而言，"学科的制度化进程的一个基本方面就是，每一个学科都试图对它与其他学科之间的差异进行界定，尤其是要说明它与那些在社会现实研究方面内容最相近的学科之间究竟有何分别"④。在中国传统学者看来，显然是过于"专"而忽视了"通"："西方学术则惟见其相异，不见其大同。天文学、地质学、生物学，界域各异。自然学如此，人文学亦然。政治学、社会学、经济学、法律学，分门别类，莫不皆然。学以致用，而所用之途则各异。学以求真，而无一大同之真理。故西方之为学，可以互不相通，乃无一共尊之对象。"⑤

通过学科研究对象与方法独特性的建构，确立学科的中心与边界从

---

① 参见左玉河：《从四部之学到七科之学——学术分科与近代中国知识系统之创建》，上海书店出版社 2004 年版，第 201 页。

② 梁启超：《儒家哲学》，载葛懋春、蒋俊编选：《梁启超哲学思想论文选》，北京大学出版社 1984 年版，第 490 页。

③ 赵景来：《中国哲学的合法性问题研究述要》，《中国社会科学》2003 年第 6 期。

④ ［美］华勒斯坦等：《开放社会科学：重建社会科学报告书》，刘锋译，生活·读书·新知三联书店 1997 年版，第 32 页。

⑤ 钱穆：《再论中国文化传统中之士》，载《国史新论》，生活·读书·新知三联书店 2001 年版，第 203 页。

而拒斥他者，分科治学的内在逻辑可视作德里达概括的"逻各斯中心主义"。在审视西方文化时，德里达将哲学传统对本质、上帝和终极目的的追寻，及其语言观中语音优于文字的偏见命名为"逻各斯中心主义"，并将其视作长久以来形而上学理念与思维的概括。他认为这项"主义"（-ism）是"逻各斯"（logos）与"中心"（centre）的结合，存有中心与边缘、主体与他者的界分，其突出表征便是言说/文字的二元对立，以及前者对于后者的支配与遮蔽。需要指出的是，"逻各斯中心主义"的影响并未局限于德里达所说的"语音中心主义"（phonocentrism），而是演化为一种强调中心、追求终极真理与绝对意义的文化无意识现象之统称。它表现在具体的学科知识上，便会呈现诸如政治学之正义与邪恶、哲学之真与假、伦理学之善与恶、心理学之心灵与身体等二元对立的判断，以及伴随而来的聚焦与忽视。这种研究对象与方法论上的区隔显然有悖于"通"的中国学术传统。由是之故，取西方学科意义上的哲学概念反观中国传统思想，便会带来"知"对"做"的遮蔽；用"审美"为中心的"纯文学"观念检视古典文献，同样会导致"文学"传统的萎缩和范围的窄化。正如陈平原所言："近百年来以西方'纯文学'观念为尺度，剪裁而成的'中国文学史'，或许是一种削足适履？具体论述可以商榷，但谈中国古代文学，不能完全脱离史著、语录、道学、制艺等'杂文学'（借用'五四'新文化人的术语）。"[1] 在西方学科分类中研究传统学术，应警惕中西知识体系间的龃龉，此其一。学科是对知识的分门别类，它保证了知识生产与研究的合法高效，也将知识束缚在学科的区囿内。以清末民初学人对"文学"的论争观之，如果在"纯文学"的学科限阈内看待"文""气""情""理"，确实能够彰显王国维倡导的超

---

　　① 陈平原：《不该被遗忘的"文学史"——关于法兰西学院汉学研究所藏吴梅〈中国文学史〉》，载陈平原辑：《早期北大文学史讲义三种》，北京大学出版社 2005 年版，第 617 页。

功利"审美性"，可诸如梁启超的"文以致用"论和章太炎的广义"文学"说被边缘化也将是不争的事实。"通"的视角启示我们，知识的辐射面多会超出学科的论域，所以对"文""气""情""理"一类研究对象的阐释常会因专业而有失广博。在分科中治学，还应警惕知识破碎的问题，此其二。

跨越学科区囿是学术研究的题中应有之义，而着眼于整体生活方式的文化关键词研究，正体现了解构学科"逻各斯中心主义"的优长。不同学科的阐释会因聚焦点的不同而各有取舍，由此呈现出同一对象意义多样乃至相反的状况。如雷蒙·威廉斯在《关键词：文化与社会的词汇》导论部分所举的representative与realism，前者的政治意涵（representative government）与艺术指称（representative art）很难在学科论域中统一，而后者的商业、政治意涵也绝非文学中的一个"写实主义"所能涵盖。[①]他的做法在很大程度上源自对"文化"这个词的看法："在专门的研究领域里，它有专门特别的意涵。然而，将这些特别意涵做简单的分类似乎是一项妥适的工作。它的用法普遍，然而意义往往不同（并不是出现在个别的学科领域里，而是出现在一般的讨论中），是最初吸引我的地方。"[②]具体而言，这种策略又包括以一种近似词典体的字母排序消除学科局限，挖掘词语的边缘意涵以呈现其断裂与争议，在梳理词义历史源头与演变脉络时不忘强调现在的意义、暗示与关系，尤其是明确文本的未完成性而为继续探讨留下讨论空间。《关尹子·一字》有言："方术之在天下多矣，或尚晦，或尚明，或尚强，或尚弱，执之皆事，不执之皆道。"对理论预设与一元论保持警惕，文化关键词研究的要义可概括为

---

① 参见［英］雷蒙·威廉斯：《关键词：文化与社会的词汇》，刘建基译，生活·读书·新知三联书店2016年版，第41页。

② ［英］雷蒙·威廉斯《关键词：文化与社会的词汇》，刘建基译，生活·读书·新知三联书店2016年版，第27页。

解构知识生产与词义呈现的"逻各斯中心主义"秩序。

三、家族相似与话语隐喻

据今道友信概括："逻各斯在希腊文中主要有以下七种意思：一，理性；二，语言；三，逻辑；四，命题；五，推理；六，理法；七，真理。……因此，哲学家的思维也就成了'逻各斯'环绕那各个相位的内在运动。也就是说，哲学家的理性，通过语言，按照逻辑来进行推理，阐明宇宙的理法；在确立命题时获得真理。"[①] 在解构逻各斯中心主义的语境中，又该如何言说关键词？不妨回顾《庄子·知北游》的启示。东郭子问"道"绝不是无事生非，毕竟老庄均未界说这一道家学派的核心关键词。在《庄子》内七篇中，作为最高本体的"道"仅出现"夫道有情有信，无为无形"（《大宗师》）一处——庄子似乎有意逃避"道"的"一言以蔽之"，以此保留其"恍惚不一"的散漫状态。面对"无所不在"而无法"期而后可"的"道"，《知北游》中的庄子在指出东郭子思维局限，发出"相与游乎无何有之宫"的邀约后，对其有过一番描述。所谓"同合而论，无所终穷"，又所谓"无往焉而不知其所至，去而来不知其所止"，以言说之"道"而论，固然是"道不可道"；以方法之"道"观之，却是"体道有道"。一方面，接过"道不可道"的传统，此后两则寓言中的弇堈吊与无始异口同声表明了态度："所以论道，而非道也"，"道不可言，言而非也"。另一方面，庄子又拒绝为"道"下定义，而是诉诸"道在蝼蚁"式的隐喻与"不际之际，际之不际"的种种描述。在解构逻各斯中心主义的语境中，《知北游》的启示是："共相"与"定义"

[①] ［日］今道友信：《东西方哲学美学比较》，李心峰、牛枝惠等译，中国人民大学出版社1991年版，第106页。

皆为假象。随着学科"逻各斯中心主义"的解构，从"共相"到"家族相似"的认知区分与从"定义"到"话语隐喻"的阐释转型，可一并作为中国文化元典关键词研究跨越学科区囿的学术路径。

（一）从"共相"到"家族相似"

学科划分与知识归类中所追寻的"共相"，可视作逻各斯中心主义的化身。西方文化语境中的"逻各斯"与"道"一样古老而张力弥漫。钱锺书《管锥编·老子王弼注》指出"古希腊文'道'（logos）兼'理'（ratio）与'言'（oratio）两义，可以相参。"① 这一"逻各斯"歧义出自斯蒂芬·乌尔曼的《语义学》（Semantics：An Introduction to the Science of Meaning），其中"ratio"意为"理性"，是内在的思想；"oratio"意为"言说"，可作为内在思想的外在表达。此后，张隆溪的《道与逻各斯》一文还为此说找到西塞罗、伽达默尔等人的佐证。《新约·约翰福音》有言，"In the beginning was the Logos"（汉译本通常将此句连及后面的内容翻译为"太初有道，道与神同在，道就是神"）。对此，海德格尔的引述一语中的："随着真理以耶稣神人的形态现实显现出来，希腊思想家关于逻各斯支配一切在者的哲学认识就被确认了。此一证实与确认就指明了希腊哲学的经典性。"② 如其所论，在这张种种"逻各斯"化身的名单中，除了基督教神学的"上帝"，还包括赫拉克利特的"活火"、巴门尼德的"存在"、柏拉图的"理念"、普罗提诺的"太一"、康德的"物自体"、黑格尔的"绝对理念"以及尼采的"强力意志"，等等，它们几乎贯穿了西方古典与现代哲学。亦如海德格尔的总结："λόγος（Logos，逻各斯——引者注）的基本含义是话语，……λόγος这个词的含义的

---

① 钱锺书：《管锥编》，生活·读书·新知三联书店 2007 年版，第 639 页。

② ［德］海德格尔：《形而上学导论》，熊伟、王庆节译，商务印书馆 1996 年版，第 127—128 页。

历史，特别是后世哲学的形形色色随心所欲的阐释，不断掩蔽着话语的本真含义。这含义其实是够显而易见的。λόγος 被'翻译'为，也就是说，一向被解释为：理性、判断、概念、定义、根据、关系。"①

"家族相似"概念的提出乃为纠正"逻各斯"的偏执。在"逻各斯"论题上，如果说海德格尔与伽达默尔主要解决了"何谓"的问题，亦即完成了"语言"作为"逻各斯"基本含义的澄清；那么德里达的新贡献便是揭示"逻各斯中心主义"，以及由此而来的"为何"与"如何"解构"逻各斯中心主义"的行动方案。在"思想—言语—文字"的链条上，围绕"逻各斯"的溯源，海德格尔和伽达默尔促成了言语的出场，使其不再作为思想的附庸；德里达则更进一步，指出言语对于文字的压迫，并将其命名为"逻各斯中心主义"。仍是围绕"道"与"逻各斯"的话题，维特根斯坦还经历了一个"自省"的转变。在早期的《逻辑哲学论》中，维特根斯坦将世界划分为"可说的"和"不可说"的两部分，并认为前者可凭借语言描述清楚，因为构成语言的命题及其名称都是思想的表征而由此形成逻辑对应关系。十年后，重返剑桥的他改弦更张，又在《哲学研究》中指出那只不过是一场"语言游戏"，并毅然投入反本质主义者的队伍。旧阵营中的觉醒者必有切身体会，而"家族相似"的发现正是维特根斯坦向抵抗形而上学运动献出的"悔过书"与"投名状"。

在引入"家族相似性"概念前，维特根斯坦的《哲学研究》用较多篇幅谈论了"语言游戏"。他将"语言和行动（指与语言交织在一起的那些行动）所组成的整体叫做'语言游戏'"②，并列举如下例证以说明"语言的述说乃是一种活动，或是一种生活形式的一个部分"：

①　[德] 海德格尔：《存在与时间》，陈嘉映、王庆节译，生活·读书·新知三联书店 1999 年版，第 38 页。

②　[英] 维特根斯坦：《哲学研究》，李步楼译，商务印书馆 1996 年版，第 7 页。

下命令，服从命令——

描述一个对象的外观，或给出对它的度量——

从一种描述（一张绘画）构造一个对象——

报告一个事件——

就一个事件进行推测——

形成并且检验一个假说——

用图表来表示某个实验的结果——

编故事，讲故事——

演戏——

唱一段歌——

猜谜——

编笑话，讲笑话——

解应用算术题——

把一种语言翻译戓另一种语言——

提问、致谢、诅咒、问候、祈祷。①

    语言的多样性呈现为一种错综复杂的状态，既然诸种事例中并没有一以贯之的固定本质，也就无法一劳永逸地给出确切的定义。面对语言游戏本质为何的质疑，维特斯根坦曾解释："我没有提出某种对于所有我们称之为语言的东西为共同的东西，我说的是，这些现象中没有一种共同的东西能够使我把同一个词用于全体，——但这些现象以许多不同的方式彼此关联。而正是由于这种或这些关系，我们才能把它们全称之为'语言'。"② 前半句可视作本质主义同一之梦的破灭，后半句则是

---

    ① ［英］维特根斯坦：《哲学研究》，李步楼译，商务印书馆 1996 年版，第 17—18 页。

    ② ［英］维特根斯坦：《哲学研究》，李步楼译，商务印书馆 1996 年版，第 46 页。

维特根斯坦立论的依据。由"语言"而至"游戏",通过对棋类、纸牌、球类和奥林匹克游戏的举例读解,维特根斯坦指出所有的游戏之间同样是"看不到什么全体所共同的东西,而只看到相似之处,看到亲缘关系,甚至一整套相似之处和亲缘关系",这种"相似"而非"共同"的特性更像是"一种错综复杂的相互重叠、交叉的相似关系的网络:有时是总体上的相似,有时是细节上的相似"①。由"游戏"而至"家族",维特根斯坦还发现了游戏、数、树叶、颜色、阅读、引导等概念普遍只有"相似之处、亲缘关系",而没有涵盖所有成员的"共同之处"。就用词而言,维特根斯坦以"相似"取代"相同",说的既是"游戏"也是语言。那么,什么是"家族相似"?它的提出又会对语言认知产生怎样的影响?不妨先看下维特根斯坦在《哲学语法》和《哲学研究》中的两处描述:

> 两个相邻的环节可能有共同的特征,而且互相类似,而属于同一家族相距很远的两个环节不再有任何共性。事实上,尽管一种特征是家族所有成员所共有的,它不一定就是规定概念的那种特征。②

> 我想不出比"家族相似性"更好的表达式来刻画这种相似关系;因为一个家族的成员之间的各种各样的相似之处:体形、相貌、眼睛的颜色、步姿、性情等等,也以同样方式互相重叠和交叉。——所以我要说:"游戏"形成一个家族。③

---

① [英] 维特根斯坦:《哲学研究》,李步楼译,商务印书馆1996年版,第47—48页。

② [英] 维特根斯坦:《哲学语法》,载涂纪亮主编:《维特根斯坦全集》第四卷,河北教育出版社2003年版,第66页。

③ [英]维特根斯坦:《哲学研究》,李步楼译,商务印书馆1996年版,第48页。

不难看出，所谓"家族相似"强调的是一种无中心的相似和无界线的关联，它旨在说明"一个概念词（不是个体词）能够运用于它所辖的诸个体，并不是由于这些个体有一个可以让概念词如此使用的共同的东西，因为它们之间以多种不同的方式相互关联"①。为了更好地描述这一特征，维特根斯坦还给出了数字家族的例证和纺绳的譬喻。"绳的强度并非在于有一根贯穿绳的全长的纤维，而是在于许多纤维互相重叠。"②将"纺绳"与"家族"的隐喻合而论之，可发现在"家族"抑或是"纺绳"中，并不存在一个"贯穿"所有成员的特征，总体相似性的维系其实依托于身材、相貌、眼睛的颜色或者是不同纤维的"互相重叠"。上述对于"共有"重要性的降格处理乃至彻底排除，说明"家族相似"概念的提出针对的正是"共相""本质""定义""界线"等等形而上学的执着。考虑到维特根斯坦声称要把语词从形而上学中重回日常用法，也就不难理解他对"下定义"的质疑与追问："现在我们必须对它们做出说明。——因而，用别的词来说明它们！在这一说明之链中，最后的说明是什么呢？"③在词义追寻中，"家族相似"的启示表现为以一种新的视角洞悉多义的生成与变迁。《哲学研究》第 77 节提出了一种设想中的困境：面对一个内含红色长方形却又界线模糊的图画，将很难用另一张清晰的图画来对应。维特根斯坦提示，美学或伦理学中定义与概念的关系亦复如是，这是因为表达概念的词也"一定有一个意义的家族"④。在第 79 节末尾，维特斯根坦还不忘补充"今天被当作现象 A 的某种经验

---

① 苏德超：《哲学、语言与生活——论维特根施坦的语言哲学》，湖南教育出版社 2010 年版，第 128—129 页。

② ［英］维特根斯坦：《哲学研究》，李步楼译，商务印书馆 1996 年版，第 48 页。

③ ［英］维特根斯坦：《哲学研究》，李步楼译，商务印书馆 1996 年版，第 21—22 页。

④ ［英］维特根斯坦：《哲学研究》，李步楼译，商务印书馆 1996 年版，第 54 页。

上的伴生现象，明天就会被用来定义‘A'"①，这固然是"科学定义的摇摆性"，却也不妨用来解释词义的变动。

从"共相"到"家族相似"的认知区分，对于"词汇质疑探询"（雷蒙·威廉斯语）意味着什么？这首先是对固有秩序的冲击。福柯在《词与物》前言中提及"中国某部百科全书"中动物的分类："①属皇帝所有，②有芬芳的香味，③驯顺的，④乳猪，⑤鳗螈，⑥传说中的，⑦自由走动的狗，⑧包括在目前分类中的，⑨发疯似地烦躁不安的，⑩数不清的，⑪浑身有十分精致的骆驼毛刷的毛，⑫等等，⑬刚刚打破水罐的，⑭远看像苍蝇的。"②百科全书是人类知识分门别类的典范，不过，这部博尔赫斯杜撰的"百科全书"却以归类的混乱与模糊冲击了常识中的有序与精确，也正是这种极端的例证触发了福柯对"词与物"关系的反思。当然，在日常生活中，更可行的是"家族相似"视角对"中心—边缘"义项的重审。不妨以本目开篇提及的"道"粗略观之。如前所述，"道"是一个指涉广泛的多义词，它固然存有发生学意义上的本义，但这种本义与诸多后续义项往往会经历多重引申，以至于很难呈现相互之间的关联。比如"几道数学题"与"不足为外人道也"的两个"道"，已非释义链的上下级逻辑引申所能厘清。在经典与日常之间，它们呈现的是"适当意义"以外的"家族相似"：

　　道①名词：道路——→方法，道理，本体，学说，技艺，规

　　律，正义……

　　　　——→像道路的细长形，水流，门墙，门类，层级，题

　　目，遍数（以上亦可用作量词单位）……

————

① [英]维特根斯坦：《哲学研究》，李步楼译，商务印书馆1996年版，第56页。

② [法]米歇尔·福柯：《词与物——人文科学考古学·前言》，莫伟民译，上海三联书店2001年版，第1页。

②动词：言说—→表达情意，以为，料想……

以上只是对"道"诸多意涵的大致勾勒，其中的省略号表示将不可避免地遗漏诸如"出行时祭祀路神"①等偏僻义项；而彼此之间仅用逗号隔开，则意在强调除了"道路"与"言说"的核心义项外，其他释义之间将很难区分出一条清晰的引申脉络。由此可见，词义的生成与变迁并非理想中环链或线型一般秩序井然，而是呈现为本雅明和阿多诺笔下的"星座"（constellation）形态——它们无序而散乱，其意义蕴藏于词汇内部如不同亮点的汇聚，"相安无事是彼此不存在支配关系但又存在各自介入的区别状态"②。以"家族相似"代替"共相"，是对后者的超越，同时也还原了背后复杂思想认知与时代语境。当这种视角运用于社会与文化的广阔场域时，将呈现出种种具体学科"门户之见"与"明确的意义"所不具备的优势，其效果如同雷蒙·威廉斯所言："当我们超越这些意义，更进一步去查询历史辞典，或是阅读历史随笔、当代小品文时，我们实际上已跨越'适当意义'（proper meaning）的范围。"③

（二）从"定义"到"话语隐喻"

从"定义"到"话语隐喻"的阐释转型，亦可作为克服学科区围的有效举措。对于"定义"的局限，雷蒙·威廉斯在《关键词：文化与社会的词汇》导论部分即有如下两段反省：

---

① 如《礼记·曾子问》或："乃命国家五官而后行，道而出。"又，《汉书·公孙刘田王杨蔡陈郑传》载："贰师将军李广利将兵出击匈奴，丞相为祖道，送至渭桥。"

② ［德］阿多诺：《主体与客体》，张明译，载上海社会科学院哲学研究所外国哲学研究室编：《法兰克福学派论著选辑》，商务印书馆 1998 年版，第 210 页。

③ ［英］雷蒙·威廉斯：《关键词：文化与社会的词汇》，刘建基译，生活·读书·新知三联书店 2016 年版，第 31 页。

　　我发现这些议题有许多是无法真正地被完全了解，而且我
深信其中有一部分甚至是不可能找出焦点，除非我们能够明了
这些词本身就是问题的要素。①

　　我认为在许多例子中都可发现，意义的变异性不论在过去
或现在其实就是语言的本质。事实上我们应该对于意义的变异
性有所认知，因为意义的变异性呈现出不用的经验以及对经验
的解读，且以相互关联却又相互冲突的形态持续下去，超越学
者或教育委员会对词义所下的定义。我们所能做的贡献并非解
决词义演变的问题，而是希望从词义的主流定义之外，还可能
找出其他边缘的意涵。②

　　如前文所言，文化关键词所论及的文化与社会或曰习俗与制度并
未局限于某项专门的学科领域。倘若将视线聚焦于某一具体学科，注
定得不到全面的认识。那么，方法何在？秉承"文化是一种整体的生
活方式"的基本看法，雷蒙·威廉斯通过呈现"词义的延续、断裂，
及价值、信仰方面的激烈冲突"来解除宏大、统一、整体对于异质、
另类、边缘的遮蔽。"话语隐喻"正是一种有效的解构策略与阐释技术，
它聚焦语言与社会的关系，分析话语背后的权力关系和意识形态，呈
现话语秩序中社会性规约。前述"家族相似"与"星座表征"极为贴
切地揭示了无中心非本质的状态，而这一切还要归功于隐喻的辅助认
知。"事实上，任何一种哲学理论、科学假设和技术模型，就认识对象
而言都是认知性的隐喻，甚至逻辑（如归纳法）也离不开隐喻的启动

---

　　① ［英］雷蒙·威廉斯：《关键词：文化与社会的词汇》，刘建基译，生活·读
书·新知三联书店 2016 年版，第 29 页。

　　② ［英］雷蒙·威廉斯：《关键词：文化与社会的词汇》，刘建基译，生活·读
书·新知三联书店 2016 年版，第 40 页。

和支持。"① 此论对于解构三义者来说尤为恰切,因为他们不仅推动了隐喻由修辞到认知的适用,而且还以隐喻为解构形而上学和反本质主义的利器。

比如德里达。他说:"被我们视为原义表达的东西仍然是一种隐喻,而在经验中或语言中不存在先于隐喻的东西。"② 本着哲学语言与普通语言都具有隐喻性这一基点,德里达指出形而上学正是借助对隐喻的磨损与消解来达成理想型的精确与严谨。所以他强调"形而上学的历史就如西方历史一样,大概就是这些隐喻及换喻的历史"③,进而尝试通过破译哲学语言中原有的隐喻来重写形而上学的历史④。倘若以修辞隐喻、文本隐喻和思维隐喻而论,德里达生造的"踪迹""磨损""白色神话"与维特根斯坦笔下的"语言游戏""家族相似"等等,都是一种哲学层面的认知隐喻,它们"载体"各异,却共同指向一个"主旨",亦即词语的非定义性。德里达认为隐喻是被"磨损"的,因为它的本初状态会有损于逻辑的确切;如果借用维特根斯坦"家族类似"的隐喻来看,隐喻的多种可能正在于"本身是某种不断转换生成的生命机体"而"在总体上缺乏作为恒定本质的共同点"⑤。

正本清源,隐喻最早隶属于修辞学范畴。亚里士多德《诗学》即指出:"尤其重要的是善于使用隐喻字,惟独此中奥妙无法向别人请教;善

① 张沛:《隐喻》,载赵一凡、张中载、李德恩主编:《西方文论关键词》,外语教学与研究出版社 2006 年版,第 783 页。

② [法]德里达:《论文字学》,汪堂家译,上海译文出版社 1999 年版,第 401 页。

③ [法]德里达:《书写与差异》,张宁译,生活·读书·新知三联书店 2001 年版,第 504 页。

④ 参见胡亚敏主编:《西方文论关键词与当代中国》,中国社会科学出版社 2015 年版,第 302—303 页。

⑤ 张沛:《隐喻》,载赵一凡、张中载、李德恩主编:《西方文论关键词》,外语教学与研究出版社 2006 年版,第 777 页。

于使用隐喻字表示有天才，因为要想出一个好的隐喻字，须能看出事物的相似之点。"① 在他看来，所谓的隐喻无非是"种"与"类"等相似词语的互换："隐喻字是属于别的事物的字，借来作隐喻，或借'属'作'种'，或借'种'作'属'，或借'种'作'种'，或借用类同字。"② 思维层面的隐喻是一种"近取诸身，远取诸物"的原始诗性，引入这一维度将有助于追踪词汇在词源学意义上的开端与语用学意义上的展开，其作用便不仅仅是明晰相似之处。仍以"道"的释义为例。在"道"之义的"家族"或"星座"中，"道路"与"道理""言说"堪称三个较为突出的相似特征，或曰三颗最亮的星星，而它们之间的彼此引申正与隐喻密切相关。本节第一部分已对"道"的本义有较为详细的梳理，这里需要补充的是隐喻视角下"道理"与"言说"义项的引申。《释名·释道》有言："道，蹈也；路，露也。言人所践蹈而露见也。"这是由名词性的道路引申出行于道路的动词意涵。其实"道"的词性引申并未局限于此。《诗经·小雅·小旻》载："发言盈庭，谁敢执其咎？如匪行迈谋，是用不得于道。"此句中的"道"单独看上去是道路，但其整体语境为一则譬喻言说。孔颖达疏："其君臣之谋事如此，似欲行之人，非于道上，而但坐谋远近，是用不得于道里，何以异乎？谋而不行，则于道不进；言而无决，则于事不成之。"③ 在这里，"不得于道"既是字面义的道路，还喻指得不到正确的方法。考虑到孔疏将"道"与"事"对举，且"道里"在毛本中作"道理"④，亦可佐证由"道路"到"道理"与"方法"

① ［古希腊］亚里士多德：《诗学》，罗念生译，上海人民出版社 2006 年版，第80 页。

② ［古希腊］亚里士多德：《诗学》，罗念生译，上海人民出版社 2006 年版，第74 页。

③ （清）阮元校刻：《十三经注疏》，上海古籍出版社 1997 年版，第 449 页。

④ （清）阮元校刻：《十三经注疏·毛诗正义校勘记》，上海古籍出版社 1997 年版，第 451 页。

的义项过渡。至于"言说"（讲解、说明）的生成，或与段玉裁《说文解字注》中"引道"①的说法有关。《楚辞·离骚》所谓"乘骐骥以驰骋兮，来吾道夫先路"是为行动上的"引道"，而《论语·季氏》"益者三乐"中的"乐道人之善"除了"好称人之美"②，亦可视作语言上的"引道"向善，正如前一"乐"所说的"节礼乐"。由此，隐喻是考察"家族相似"中彼此关系的有效视角。

沿着德里达开启的解构主义路线，福柯通过对西方"监狱""疯癫""性"等话语的知识考古还揭示出无处不在的"话语权力"。"不同的话语系统（譬如医学、心理学、法学、政治学、经济学、文学、文学理论）按照各自的'话语构型'进行话语生产，确定各自的话语纪律；谁能说什么、不能说什么，以及怎样说什么、何时何地才能或只能说什么，等等。"③ 这种"话语构型"其实也是对中心与整体性的追求和维护，在观念与语义演变的表象下暗含着对"他者"的分离和摒弃。正如福柯在另一部专著《规训与惩罚》中揭示的那样，"各自的话语纪律"还会借由"考试／审查"等制度性的"规训与惩罚"不断强化。这也正是雷蒙·威廉斯注意到的词语"形塑"："在社会史中，许多重要的词义都是由优势阶级所形塑，在很大的程度上是由某些行业所操纵，因此有些词义被边缘化。"④ 一般而言，隐喻由"主旨""载体"与"依据"构成，可区分为字面义与隐喻义两层，后者又被视作内含的"深层观念"。对于关键词而言，其研究侧重探寻的并非单纯的表层术语，而是深层的社

---

① （清）段玉裁：《说文解字注》，上海古籍出版社 1981 年版，第 75 页。

② （清）阮元校刻：《十三经注疏·毛诗正义校勘记》，上海古籍出版社 1997 年版，第 2522 页。

③ 马海良：《后结构主义》，载赵一凡、张中载、李德恩主编：《西方文论关键词》，外语教学与研究出版社 2006 年版，第 173 页。

④ ［英］雷蒙·威廉斯：《关键词：文化与社会的词汇》，刘建基译，生活·读书·新知三联书店 2016 年版，第 40 页。

会历史文化机制，或者说"它要研究的是深层机制怎样通过各种元素的相互关联性运动生产出来了表层话语"①。譬如，雷蒙·威廉斯在考察英国维多利亚时期"失业"（unemployment）与"懒散、怠惰"（idleness）意义交叉时，便发现了将本应是描述社会情况的"失业"与评价个人道德的"懒散"混同，实乃意识形态为工业化和资本积累所带来问题的开脱。② 又如，作为本体的"道"会引申出"道家"与"道教"，而佛教与基督教等也会有"正道"与"证道"之说，但某些被认定为邪教的用例便会被剔除。通行的《现代汉语词典》中，会专门列出"指某些封建迷信组织：一贯道"③的义项，这其实是常规语义对"异质"的清除或曰合法性的认定。

"话语隐喻"而非"定义"的视角有助于考察中国文化元典关键词背后丰富而复杂的观念建构史，由词义的演变窥探信念、伦理、道德所蕴藏的意识形态与历史文化意涵。以"孝"观念为例，倘若不局限于《现代汉语词典》中"孝顺""守孝"和"丧服"三个义项④，便会发现"孝"表层话语之下贯穿了不同时代的意识形态。由《说文解字·老部》"子承老"的造字理据可见，"孝"的原始义为顺从并尽心奉养老人，这里的老人首先指的是父母，亦即《尔雅·释训》所谓"善父母为孝"。父母生时"服其劳"，死后则要为之"服丧"，且要"葬之以礼，祭之以礼"，故又有"守孝""孝子""孝祀"之说。《论语·学而》称："父在，观其志；父没，观其行；三年无改于父之道，可谓孝

---

① 冯黎明：《关键词研究之"关键技术"》，《粤海风》2014 年第 3 期。

② 参见 [英] 雷蒙·威廉斯：《关键词：文化与社会的词汇》，刘建基译，生活·读书·新知三联书店 2016 年版，第 549—552 页。

③ 中国社会科学院语言研究所词典编辑室编：《现代汉语词典》，商务印书馆 2012 年版，第 268 页。

④ 参见中国社会科学院语言研究所词典编辑室编：《现代汉语词典》，商务印书馆 2012 年版，第 1437 页。

矣。"《礼记·中庸》引孔子曰:"夫孝者,善继人之志,善述人之事者也。"此时的"孝"已由生时的奉养延伸到继承先人之志。家庭伦理中,父子关系通常会推及兄弟情谊,故"孝"字也多与"友""悌"连用。如《诗经·小雅·六月》云:"侯谁在矣,张仲孝友。"正是赞颂张仲孝顺父母和友爱兄弟的美德。由家庭伦理意义上的"孝道"到政治意义上的"孝治",是"孝"观念的进一步拓展。这一转变在《孝经》中体现为移"孝"入"忠":"君子之事亲孝,故忠可移于君;事兄悌,故顺可移于长;居家理,故治可移于官。"从"孝道"到"孝治"也使得"忠"的义项融入"孝",如《礼记·大学》就出现了"孝者,所以事君也"的说法。忠孝合流适应了家国同构的社会秩序,但是近代以来,传统意义上的"孝"又被视作封建等级制度的遗存,并因此受到激烈的抨击。新文化运动时期,借助西方民主思想,国内学者对"孝"的释义更像是一种还原。如吴虞在《说孝》中指出:"孝字最初的意义,是属于感恩。"以子女的感恩报答取代阶级尊卑的约束,强调的是现代社会所提倡的情感关系和平等精神。时至今日,作为普遍认可的伦理规范,"孝"逐渐涤除了祭祀、居丧等义项,更多着眼于情感上的尊敬与行为上的奉养。在今天的主流与民间话语中,不仅"孝"已内化为社会道德伦理的基本要求,而且还以法律形式规定了"子女对父母有赡养扶助的义务"(《中华人民共和国婚姻法》)。

显然,以上涉及权力关系和意识形态的深层机制绝非三个乃至三十个义项的简单罗列所能涵盖,也无法借助哲学、文学、政治学、法学等单一学科驾驭。这不禁再度让我们想起《庄子·知北游》中"道在蝼蚁"的那则隐喻,它以"主旨"(道)与"载体"(蝼蚁)之间的巨大张力,消解了"期而后可"的预设,也昭示着一种"无乎不在"的本然,这就不仅仅是东郭子询问的"道",更是庄子及其后继者的"论道"之"道"。

所谓"发其关键，直睹堂奥"①，选用"道"与"术"、"学"与"术"、"通"与"专"这三组关键词能够超越先秦两汉直至清末民初学术批评中的门户之见，展现学术史脉络背后更为丰富的思想世界。"道"与"术"、"学"与"术"以及"通"与"专"的对立或纠缠，很大程度上源于历代学人在"道""术"离析的现实评判中，又竖起前学科时代"古之道术"的理想，试图由破裂遮蔽而复返浑圆与澄明。从这种意义讲，作为关键词的"道"与"术"既是切入分析的角度，还内含解决问题的途径。如何走出道术裂变或曰知识破碎的困境？于我们而言，由"道"与"术"这组关键词进入先秦两汉学术史，将有助于从"道术"传统的激活与复归中寻获"前学科"时代学术批评与学科跨界的本土经验。而从"共相"到"家族相似"的认知区分与从"定义"到"话语隐喻"的阐释转型，则构成了借鉴西学反观传统的跨学科路径。作为考察视角与阐释技术的"家族相似"与"话语隐喻"，不惟凝聚后现代有关知识反思以及跨界、越界、破界的有益尝试，亦将有助于彰显中国文化元典关键词的魅力与效力。

第二节　还原现场：破解辞典模式

辞典外形下的反辞典性可谓文化关键词研究最为鲜明的文体特色。在先行者雷蒙·威廉斯看来，关键词研究的方法要义"不只是收集例子、查阅或订正特殊的用法，而且是竭尽所能去分析存在于词汇内部——不管是单一的词或是一组习惯用语——的争议问题。……对一连串的词汇下注解，并且分析某些词汇形塑的过程，这些是构成生动、活泼的语汇

---

① 系《河南程氏遗书附录》引范祖禹评程颢语。见（宋）程颢、程颐：《二程集》第一册，中华书局 1981 年版，第 334 页。

之基本要素。在文化、社会意涵形成的领域里，这是一种记录、质询、探讨与呈现词义问题的方法"①。对于关键词研究的"反辞书性"，后继研究者将其总结为"突破了辞书以话语权威的姿态为词条进行'一锤定音'式的界说，表现出了研究的开放性与延展性"②，并认为对话语流动性与变异性而非规定性含义的关注，才是关键词研究区别于辞典的关键③。考虑到《牛津大辞典》在《关键词：文化与社会的词汇》撰写过程中所发挥的基础作用，不妨说关键词研究在借鉴辞典模式的同时也破解了后者非现场化释义的弊端。作为方法的关键词研究，既借助辞典模式来"收集例子、查阅或订正特殊的用法"，又通过关注变异性与边缘意涵摆脱辞典释义的权威化；既发挥了辞典体例"非线性路径"（Non-linear route）的优势呈现词与词之间的"关联性"（connection），又努力发掘"适当意义"（proper meaning）以外的语料与语用；既关注形塑后书面语言的经典性，又不忘强调口头语言中的日常用法。

就中国文化元典关键词研究而言，所要破解的辞典模式，除了提供"标准答案"和"一锤定音"式界定的语文或专科辞典以外，还包括更宽泛意义上"语料汇抄、词义类聚"的类书，以及"范式归纳、体系构建"的范畴著述。以辞典体释义为中心，无论是类书的语料筛选，还是范畴著述的理论升华，都存在割裂语言环境，脱离语义现场的弊端。以此为症结之所在，破解辞典模式的学术路径可归纳为词源学意义上的追寻、语用学层面上的拓展和文化学方法上的落实。我们可借由记录释义现场的三训与六训、重塑语境化的语料与语用、保留原生态的经典与日

---

① ［英］雷蒙·威廉斯：《关键词：文化与社会的词汇》，刘建基译，生活·读书·新知三联书店 2016 年版，第 28—29 页。

② 黄擎：《雷蒙·威廉斯与"关键词批评"的生成》，《外国文学研究》2011 年第 4 期。

③ 冯黎明：《关键词研究之"关键技术"》，《粤海风》2014 年第 3 期。

常等三个维度还原现场。

一、三训与六训

辞典的特色是用语言解释语言，但这种解释是对不同情境中词语用例的高度凝练，属于归纳而非演绎。从这种意义讲，将辞典释义模式形容为"一锤定音"也不无道理。辞典释义通常采用"属＋种差"式的定义法，通过"属"的大致归类和"种差"的细致区分来界定所释词义的外延与内涵。如《现代汉语词典》第5版中对"词典"的释义："收集词汇加以解释供人检查参考的工具书。也作辞典。"① 其中，"工具书"是属，意味着"辞典"属于书籍中"收辞备查"的工具类别而非传记、科普、教材等；"收集词汇加以解释供人检查参考"的"种差"又进一步强调了辞典着眼于词汇释义的特有属性，从而与同属工具书类别中的索引、年鉴、历史年表、百科全书等区别开来。相较而言，"属"的归类不算困难，确定特有的"种差"才是精确释义的关键。有学者曾言："定义就是揭示事物的特有属性（固有属性或本质属性）的逻辑方法。"② 在筛选与描述特有属性的过程中，辞典释义最终呈现的只能是筛选与凝练后高度集约化的知识，也就难免会取其显著区别而忽视了边缘义项的缠绕与交叉。

可为辞典释义高度集约化纠偏的是中国传统训诂学。传统训诂学的解释对象是古典文献中难理解的词汇，这并不妨碍其思想与方法在现代常用语中的适用，无论是立足于词语个体的"三训"（形训、音训、义训），还是着眼彼此关联的"六训"（正训、反训、通训、借训、互训、

---

① 中国社会科学院语言研究所词典编辑室编：《现代汉语词典》，商务印书馆2005年版，第221页。

② 金岳霖主编：《形式逻辑》，人民出版社1979年版，第42页。

转训）强调的都是辞典所忽视的具体语言环境中的多样语义。如果说现代辞典释义是借助"属＋种差"模式的"一锤定音"，那么引入传统训诂学方法中的"三训"与"六训"则有助于从内外纵横多个维度还原定义之"锤"落下的过程，从而保留了辞典"定音"以外的"复调"乃至最初的"喧哗"形态。

（一）形、音、义：关键词的立体诠释

辞典释义侧重于上下级范畴的区别与定位，故语义学有"抽象阶梯"（abstraction ladder）之喻，将借助上下位词汇释义的方法比作爬上爬下。① 与之相映成趣，传统训诂学中的"三训"也通过对形、音、义的全面考察搭设起关键词立体诠释的框架。"爬上爬下"是为了最终的定位与规范，亦即发现词语的区别定义和权威解释；"立体诠释"则关注词义生成的不同路径，强调动态且多元的过程而非单一的静态结果。

"三训"之法古已有之，"三训"之说却源自现代学者的概括。朱宗莱在《文字学形义篇》中较早提出"七类训诂之法"："一形训，二音训，三义训，四以共名释别名，五以雅言释方言，六以今释古，七以此况彼。"② 前三者自文字符号言，后四者则以释词与被释词关系论之，故有学者指出"四至七似可包括在义训中，实际上是三大类"③。当然，也有学者对形训、音训和义训的归类持不同看法，如齐佩瑢便认同音训和义训而排除形训："至解说形体，求其造字之本，虽与训诂有关，然终非训释古语，应属于文字学的范围。"④ 周大璞主编的《训诂学初稿》亦指出："如果按性质严格区分，义训只是一种陈述语义的方式，而不是推

① 参见马清华：《文化语义学》，江西人民出版社 2000 年版，第 26 页。
② 朱宗莱：《文字学形义篇》，台湾学生书局 1969 年版，第 143—150 页。
③ 许威汉：《训诂学教程》，北京大学出版社 2013 年版，第 46 页。
④ 齐佩瑢：《训诂学概论》，中华书局 1984 年版，第 97 页。

求语义的方法，跟声训、形训不能并列。"① 可见，除了"因声求义"渊源有自，现代学者对形训、义训的归类与命名还存有争议。从形、音、义三要素关系来看，以意义为鹄的，有且只有直接的"陈述语义"与间接的"以形索义"或"因声求义"三条途径。

"以形索义"即由字形追寻造字时的本义。在许慎归纳的汉字"六书"中，"视而可识，察而见意"的指事字、"画成其物，随体诘诎"的象形字、"比类合谊，以见指㧑"的会意字，乃至"以事为名，取譬相成"的形声字，都保留了形体与意义关联的线索。形训法就是要通过直观（指事、象形）与通观（会意、形声）文字中的视觉元素，或是寻绎抽象符号与简化形象所指的表意对象，抑或是勾连形符与形符或形符与声符之间的意义关系。形训法由来已久，"夫文，止戈为武"（《左传·宣公十二年》）、"古者苍颉之作书也，自环者谓之厶，背厶谓之公"（《韩非子·五蠹》）、"中心为忠，人言为信"（《诗经·小雅·皇皇者华》孔颖达疏）等皆可为证。许慎《说文解字·叙》有言："字者，言孳乳而寖多也。"又，《子部》："字，乳也。从子在宀下，子亦声。"《乚部》："乳，人及鸟生子曰乳，兽曰产。从孚从乚。"形训法根据已知形体索解独体之文与合体之字，由母及子，从独体到会合，化未知为已知，是溯源文字"孳乳而浸多"演化趋势的有效方法。

形与音是追溯文字意义生成与演变的两条取径，许慎"六书"定义中，"以事为名，取譬相成"的形声字和"本无其字，依声托事"的假借字皆有赖于声音这条线索。段玉裁为"字者，言孳乳而寖多也"一句做注时，便留意到声音之"名"有别于形体之"文"的独特性："名者自其有音言之，文者自其有形言之，字者自其滋生言之。"换言之，"因声求义"找寻的正是文字中所蕴藏的声音线索，如《周易·说卦》便以

---

① 周大璞主编：《训诂学初稿》，武汉大学出版社 2015 年版，第 191 页。

"乾，健也""坤，顺也"式的音同（近）法来解释八卦。许慎在《说文解字》中较早揭示了"亦声"现象，北宋王圣美则在理论层面提出了"右文说"："古之字书皆从'左文'。凡字，其类在左，其义在右，如'木'类，其左皆从'木'。所谓'右文'者，如'戋'，小也。水之小者曰浅，金之小者曰钱，歹而小者曰残，贝之小者曰贱，如此之类皆以'戋'为义也。"[①]"右文说"突破了《说文解字》以来"左文"为类的解字传统，发现了形声字中声旁暗含的表义功能。时至清代，"义以音生，字从音造"（阮元《揅经室集》），"故训声音，相为表里"（戴震《六书音韵表序》），"就古音以求古义，引申触类，不限形体"（王念孙《广雅疏证·自叙》）等认识一步突破了形体限制。从"右文说"的同一声符到"因声求义"的不限形体，音训法揭示发音清浊高下之间的通转关联，从而开辟出笔画纵横曲折以外的另一维度。循此，可更好地理解"政者，正也"（《论语·颜渊》）、"诚者，自成也"（《礼记·中庸》）、"德者，得也"（《管子·心术》）、"刑者型也，型者成也，一成而不可变"（《礼记·王制》）等经典释义。

"以形索义"和"因声求义"分别经由形体与声音切近意义，前者着眼词的书写形式，后者强调词的口头表达，虽然取径有异，却同属借助已知来推求未知。不借助形体与声音线索，义训法"仅从现有意义的角度来选择训释词或作出义界，而不考虑词义来源与形义关系"[②]。这一训释方法直接用已知词语对释、描写或定义被释词，侧重于揭示词义本身的内在规律，包括本义与引申视角下的"本有之训诂与后起之训诂"，以及概括与具体关系中的"独立之训诂与隶属之训诂"。[③]

形、音、义三者各有优长。然而，过分信赖形义关系便容易走向

---

① （宋）沈括：《梦溪笔谈》，岳麓书社 2002 年版，第 107 页。
② 陆宗达、王宁：《训诂方法论》，中国社会科学出版社 1983 年版，第 187 页。
③ 参见陆宗达、王宁：《训诂方法论》，中国社会科学出版社 1983 年版，第 4 页。

"波为水之皮"式的望文生义；盲目推广本限于同源关系的因声求义，也会造成"路"与"road"相通的强为之解；考虑到完全对释和精确界定的难度，直陈其义亦难免有失偏差。"大凡惑并音者，多谓形体可废，废则言语道窒，而越乡如异国矣。滞形体者，又以声音可遗，遗则形为糟粕，而书契与口语益离矣。"① 如章太炎所言，形音义三者本来彼此呼应而内外一体，如若割裂开来便会影响释义的完整。综合"三训"的关键词立体诠释，可避免一隅之见而还原其释义现场的多元形态。《说文解字》部首始于"一"而终于"亥"，以一部第三个字"天"为例。许慎解释"天"为"颠也，至高无上，从一大"。"从一大"的形体，"天，颠也"的音韵，加之"至高无上"的义界，不惟揭示"天"在上的自然特征，还勾勒出自然形象（青天在上）、人体感知（人首为颠）与社会文化（至高无上）的之间丰富意涵。这显然是辞典体分项罗列与知识集约所不具备的优势。

（二）正、反、通、借、互、转：词与词的相互关联

《墨子·经说上》有言："所以谓，名也；所谓，实也。"如果说立足于形、音、义的三训法较为立体地考察了关键词的名实关系，那么，"六训"（正训、反训、通训、借训、互训、转训）便不再局限于关键词个体本身，而是将视线投向词与词之间的关联性。大致说来，六训法所揭示的关联性包括同义与反义、通用与假借，以及义项的互通与转移。

所谓"六训"，本是清代刘淇在虚词训诂中的经验总结，其书《助字辨略·自序》称助字（即虚词）训释之例有六：

> 正训如"仁者人也""义者宜也"是也。反训如"故"训

---

① 章太炎：《国故论衡》，上海古籍出版社 2006 年版，第 4 页。

"今""方"训"向"是也。通训，如"本犹根也""命犹令也"是也。借训，如"学之为言效也""斋之为言齐也"是也。互训，如"安"训"何"，"何"亦训"安"是也。转训，如"容"有"许"义，故训"可"，"犹"有"尚"义，故训"庶几"是也。①

正训和反训揭示了词语之间的同义或反义关系，前者基于语义的相似性，后者则凸显了词语内在意涵的丰富性。正训即直训，多用"甲，乙也"的形式。互训可以说是正训的一种特殊情况，构成互训关系的两个词互为训释词和被训释词，即"甲，乙也；乙，甲也"。按照钱锺书所言，反训为"背出或歧出分训"，如"故"训"今"，"方"训"向"，"乱"训"治"，"废"训"置"，归根结底还是源于"心理事理，错综交纠"②。于文化关键词研究而言，正训（包括互训）视线向外，横向勾连不同词语之间相同或相似的历史文化语义；反训则向内聚焦，深入发掘词语自身的张力乃至悖论，由此呈现词语背后"心理事理"的复杂形态。

全然相同和截然相反是事物比较时的两种极端情况，多数情况下还是部分相似与相异的交织。六训法中的通训、借训和转训所揭示的正是部分义项的相似性。构成通训关系的两个词，如刘淇列举的"本犹根""命犹令"，只在某一义项上（多为本义）相通。我们可以说"命"和"令"都有上级向下级发布指示的义项，却不能说"性命"之"命"犹"令尊"之"令"。我们可以说"本犹根"，但同根而生者也会分化出不同的语义脉络。通训的意义就在于，遵循脉络返回根本。与之类似，转训更注重义项之间的展转相通。该法常常通过"甲，乙也；乙，丙也"推出"甲，丙也"。刘淇举例所言"父在无容称庙，父殁何容辄呼"（《颜

---

① （清）刘淇：《助字辨略》，中华书局 2004 年版，自序第 2—3 页。

② 钱锺书：《管锥编》，生活·读书·新知三联书店 2007 年版，第 4 页。

氏家训·风操》）中的"'容'有'许'义，故训'可'"，其实是利用"许"的中介实现了"容许"与"许可"的展转相通。不过，利用转训时需要注意，展转相通只是多个词语间语义相通的特殊情况，有适用的限度而不可盲目推广。否则，很可能出现《吕氏春秋·察传》所言"数传而白为黑，黑为白。故狗似玃，玃似母猴，母猴似人，人之与狗则远矣"式的偏转。"六训"之中比较特殊的是借训，若以"三训"与"六训"相参照，正、反、通、互、转明显属于义训，而诸如"学之为言效也"一般借助于同音或双声叠韵的借训法，走的则是音训一脉。运用借训时需要严格区分"音近义通"和"音同义异"，择取前者而不可牵强附会。

　　与"三训"相较，"六训"更强调无论是本义还是引申义，常用义还是边缘义，音近义通还是名开义合，关键词的语义都不是孤立现象。正训（含互训）与反训一则向外勾连，一则向内发掘，实现了训释方向上的纵横交织；通训与转训既聚焦本义相通，又不忘展转引申，可谓标本兼顾；至于借训，更是强调音义关系的类聚性。段玉裁《广雅疏证序》有言："小学有形有音有义，三者互相求，举一可得其二。有古形、有今形、有古音、有今音、有古义、有今义，六者互相求，举一可得其五。古今者，不一定之名也。三代为古，则汉为今，汉魏为古，则唐宋以下为今。圣人之制字，有义而后有音，有音而后有形；学者之考字，因形以得其音，因音以得其义。治经莫重于得义，得义莫切于得音。"此说概括了语言符号所具有的古今维度和形、音、义三重属性，《尔雅》《释名》《说文解字》等经典小学著述的思路与此相同。严格地讲，虽然"六训"也围绕着音义关系展开，但是在传统"三训"基础上引入"六训"的理论视角，将有助于实现关键词个体诠释向关键词群关联互动的转变。

　　"六训"如何揭示词与词之间的相互关联？以关键词"天"为例。通过"六训"，可借由"天"勾连"阴阳""时""气""地""人""王""高""远"，等等，更为完整地呈现"天"所具有的自然气象、社会喻象及审美意象等多重内涵。《孙子·计》有"天者，阴阳、寒暑、时制也"之说，《鹖冠子·泰录》曰："天者，气之所总出也。"《广雅·释天》称："轻清者上为天，重浊者下为地。"此为正训，释义自然之"天"，涉及"阴阳""时""地"等文化关键词。《尔雅·释诂》称："林，烝，天，帝，皇，王，后，辟，公，侯，君也。"《易·暌》有"其人天且劓"之说，《集韵·先韵》谓："天，刑名。剠凿其额曰天。"《说文解字·一部》段玉裁注曰："天亦可为凡颠之称，臣于君、子于父、妻于夫、民于食皆曰天，是也。""天"字形象人，突出头部以表示顶颠之义，故"天"可借助顶颠之义展转释"王"释"君"，从而由自然之"天"进入社会之"天"的范畴。《白虎通义·天地》谓："天之为言镇也，居高理下，为人镇也。"《释名·释天》亦从语音出发："天，豫司兖冀以舌腹言之，天，显也，在上高显也；青徐以舌头言之，天，坦也，坦然高而远也。""天"之为言"镇""显""坦"之类的借训，又将自然、社会之"天"进一步抽象化。与辞典释义相比，"六训"通过纵横交织、标本兼顾以及音义聚合等方式，不仅更为全面地展现本义与引申、常用与边缘的语义脉络，还凸显了关键词之间的关联性——在很大程度上，关联性正是词语关键性之所在。

需要说明的是，我们在利用"三训"与"六训"解诠关键词时，一方面要借鉴"用语言解释语言"的训诂学思维，另一方面也应走出经学中心主义的束缚，进入历史语义的新视野。这就需要摒弃传统训诂学"古是今非的教训意味"，使之成为"纯粹观察、比较和解释的一种学问"。①

---

① 王力：《新训诂学》，载《汉语史论文集》，科学出版社1958年版，第289页。

二、语料与语用

作为知识工具的辞典具有以简驭繁的特性，它采用短小精悍、分门别类的词条形式来汇集并诠释世间万象。因之，辞典模式具有很强的知识集约性，"为了浓缩知识，辞典略去了任何论证过程和不属于核心知识的部分，只提供结论和最必要限度的论据"①。最终呈现在辞典中的字形或词形、注音、词类、释义以及例证，是编纂者在大量语料和语用基础上进行筛选、整理和归纳后的结果。这种集约性、有序化也决定了大量的历史语料和丰富的语用情况将无法进入容量有限的词条，其弊端是所收录的词义只保留主干而失去了丰富的细节，更有一部分词义成为被遮蔽、被遗弃的边角料。与辞典编纂的以简驭繁相较，关键词研究立意打破知识集约模式的束缚，在历史语料和语用现场中披沙拣金。正如《关键词：文化与社会的词汇》导论所申明的那样："它不是一本词典，也不是特殊学科的术语汇编。这本书不是词典发展史的一串注脚，也不是针对许多语词所下的一串定义之组合。它应该算是对于一种词汇质疑探询的记录；这类词汇包含了英文里对习俗制度广为讨论的一些语汇及意义——这种习俗、制度，现在我们通常将其归类为文化与社会。"②惟其如此，才能将关键词还归文化与社会的广阔语境，才能从词义的丰富与变异中寻获词语背后的历史文化内涵。

（一）语料的发掘与印证

语料是词义演变的忠实记录者，是词义在初创、延伸、转移、萎缩、过时等不同阶段的静态沉淀，也是质疑与探询关键词"原生—衍

---

① 李尔钢：《现代辞典学导论》，汉语大词典出版社 2002 年版，第 7—8 页。

② ［英］雷蒙·威廉斯：《关键词：文化与社会的词汇》，刘建基译，生活·读书·新知三联书店 2016 年版，第 28 页。

生—再生"生命历程的依据。关键词研究应以语言事实为根据，这就需要全面发掘历史语料，在尽可能详尽掌握不同时段、各种类型语料的基础上，实现关键词解诠与语料印证的有机结合。

中国文化元典关键词研究的语料以传世文献和出土文书为主，却并不局限于此。关于语料，可以有不同的分类标准。就语料性质而言，传世文献、考古材料、异族故书、外来观念，乃至口述史料和民俗学、文化人类学史料都可纳入元典关键词研究的视野。1934 年，陈寅恪曾将王国维治学方法概括为三点："取地下之实物与纸上之遗文互相释证"，"取异族之故书与吾国之旧籍互相补正"，"取外来之观念，与固有之材料互相参证"。① 与"纸上之遗文""吾国之旧籍"抑或"故有之材料"相较，"出土实物""异族故书""外来观念"实现了传统语料的大扩容。随着 19、20 世纪殷墟甲骨文、敦煌文书、西北汉晋木简、元明清内阁档案的新发现，以及西学新知的大量涌入，五经、诸子等传世文献与出土的、异族的、外来的材料彼此参照，提供了文字学、文献学和比较语言学的全新视角。此后，长沙子弹库楚简、临沂银雀山汉简、长沙马王堆汉墓帛书、阜阳汉简等简帛文献相继出土，中外文化交流也日益频繁深入，从不同层面激活了旧文献，催生出语义研究的新视角和新方法。在"二重证据法"的基础上，参照具有异域色彩和原始风貌的民俗事象，借鉴日常语言、礼仪习俗、衣冠服饰、舟车什物乃至姓氏称谓、戏曲歌舞等非物质文化遗产，亦将有助于解读关键词背后的历史文化语义。

语料发掘是为了更好地印证历史语义，为关键词解诠提供充实且可靠的依据。按照用途划分，上述语料又可分别用于词源学追溯和词义学定位。词源学意义上的追溯是关键词研究必不可少的步骤。卡希尔曾

---

① 陈寅恪：《王静安先生遗书序》，载《金明馆丛稿二编》，古籍出版社 1981 年版，第 219 页。

言："如果我们想要发现把语词及其对象联结起来的纽带，我们就必须追溯到语词的起源。"① 这种追溯就属于词源学范畴。在索绪尔看来，词源学就是"追溯词的过去，直至找到某种可以解释词的东西"，而"所谓解释，就是找出它们跟一些已知的要素的关系"。② 毫无疑问，殷墟卜辞、商周铭刻、周秦籀篆保留了文字的早期形态，也更为接近关键词的原生语义。举一例以明之，如果没有甲骨文的佐证，文化关键词"凤"与"风"的词源关系或许不会如今天这般明晰。甲骨文卜辞用"凤"为"风"，如"辛亥卜，内贞：禘于北，方曰夗，凤曰，年？"（《合集》14295）。以飞翔之"凤"表示流动之"风"，还带有先民原始思维的特征。其后，篆文取"风动虫生"（《说文解字·风部》）之意，另造从"虫"之"风（風）"，实现了"风"与从"鸟"之"凤（鳳）"的分化。明乎此，才能更好理解诸如张华《禽经》中"凤翔则风，风禽，鸢类，越人谓之风伯，飞翔则天大风"一类的民俗遗存。

除了词源学的追溯，在关键词的生命历程中，语料可用来标识特定语义的生成，实现语义学意义上的定位。远古凤翔而成风，两汉风行教化，魏晋风流，可谓"风"之义与时代风尚的融合。其中，"风"之"风教"义的确立便与先秦两汉以来《论语·颜渊》《文子·下德》《说苑·君道》《诗大序》等经典语料密切相关。在古人的知识体系中，风乃天地之气。《庄子·齐物论》有"大块噫气，其名为风"的描述，宋玉《风赋》亦有"夫风者，天地之气，溥畅而至，不择贵贱高下而加焉"之说。宋玉从形态上区分了"大王之雄风"和"庶人之风"，而按照孔子的说法，"君子之德风，小人之德草。草上风，必偃"（《论语·颜渊》）。大抵是因为风吹

---

① [德] 恩斯特·卡希尔：《人论》，甘阳译，上海译文出版社1985年版，第145页。

② [瑞士] 索绪尔：《普通语言学教程》，高名凯译，商务印书馆1980年版，第264—265页。

草动、风动虫生等现象易恒人联想到君主与臣民的关系，故《文子·下德》曰："发号施令，天下从风，则四时者，春生夏长，秋收冬藏，取与有节，出入有量。"《说苑·君道》还在"草上风"的基础上，明确教化之义："夫上之化下，犹风靡草，东风则草靡而西，西风则草靡而东，在风所由而草为之靡，是故人君之动不可不慎也。"以上种种，已将自然之风投射到社会领域。这种"风教"思想在《诗大序》中有更为系统的表述："风，风也，教也，风以动之，教以化之。……上以风化下，下以风刺上，主文而谲谏，言之者无罪，闻之者足以戒，故曰风。"另外，标识语义的语料还要尽可能地全面。这是因为某些语义集中于特定类型的语料中，一旦遗漏了该类语料，便会与相应语义失之交臂。《素问·风论》称："故风者百病之长也，至其变化，乃为他病也，无常方，然致有风气也。"若要明晰"风气"（包括风寒、风热、风湿等）义项，很难离开中医文献的支撑与印证。

（二）语义的贮存与使用

词语在语言中以两种状态存在："一种是贮存状态，即，它作为语言建筑材料中的某个个体，被存放在词汇中；另一种是使用状态，即，它作为句子的具体组成成分，活动在具体人的口中或笔下。"[1] 借用"语言"和"言语"这组概念来看，处于贮存状态的完整语义属于"语言"，而具体的使用状态则属于"言语"。辞典编纂者本着准确释义与集中呈现的宗旨，在概括义项时会对语料进行筛选与归类，将个人化的不规范用例、受上下文影响的具体释义以及使用者的临时用法排除出去。[2] 因之，辞典模式注重语义的储存，力图呈现全民语言的共同经验，而文

---

① 陆宗达、王宁：《训诂方法论》，中国社会科学出版社 1983 年版，第 135 页。

② 参见李尔钢：《现代辞典学导论》，汉语大词典出版社 2002 年版，第 99—102 页。

化关键词研究则强调语境还原，不忘具体言语中的个性化。前者是静态的，被提纯后的语义贮存；后者则是动态的，扎根于话语实践的鲜活语用。

如果说语义研究符号与所指对象的组合，那么语用则更关注符号与使用者之间的关系。关键词研究在语料发掘与印证的基础上引入语用视角，主要关注词语使用者和语言环境两大要素。先看使用者的创造，它包含两个阶段：一是使用者常常会超越约定俗成的辞典义，在著书立说和日常交流中发明新义，实现词义的陌生化；二是使用者的创造或是自上而下，伴随作品的经典化而历时性地传衍，或是自下而上，依靠民众的认可传播开来，促使新用法为语义系统所接纳。在魏晋以来的语用中，"风"用来指称人，取褒义有风流、风度之说，取贬义则轻者为嬉戏，重者已成颠狂。在《世说新语》记载的魏晋人物品藻语录中，如李元礼"风格秀整"（《德行》）、王恭"风流秀出"（《方正》）、嵇康"风姿特秀"（《容止》），王舒"风概简正"（《赏誉》）等大量涌现。以"风"为美誉也成为"魏晋风流"的一大标志。"风流"由风的自然流动引申出风雅洒脱新义，并密集地出现在魏晋士人群体话语中，离不开是时崇尚自然与酷好品鉴的语用背景。此后流风所及，亦使"风流""风度"的审美标准由人物品鉴而进入诗文书画等更为广阔的空间。在"风"的语用中，取其流动不拘是为"风流"，而将飘忽不定的特性类比于人，又有"风汉""风子""风和尚"之说。如陆游《自述》诗云："未恨名风汉，惟求拜醉侯。"元乔吉《杜牧之诗酒扬州梦》第一折有"这风子在豫章时，张尚之家曾见来"的对话。《西游记》第三十二回亦载樵子称行者为"风和尚"，而行者辩解"我不风啊，这是老实话"。关于"风"的这一特殊用法，在民间广为流传，一直到现在口语中也还有"人来风（疯）"之说。

再看语言环境。同一个词，或同一个概念，在大多数情况下，由不同情境中的人来使用时，所表示的往往是完全不同的东西。① 细细辨析，语境又有具体文本和历史文化两个层次。以从孔子到钟嵘的"兴观群怨"说为例。宏观层面的历史文化语境是先秦子学经两汉经学到魏晋玄学的时代变迁，其语用场景由师门教学一变为经学教化，再变为缘情诗学。具体的文本语境则是《论语·阳货》篇以"小子何莫学夫诗"统摄的一段"子曰"、汉儒的经典注疏，以及钟嵘的《诗品序》。同样的"兴观群怨"，在《论语》中直接通向"迩之事父，远之事君，多识于鸟兽草木之名"，落脚于家国天下语境内的事父事君与讽刺专对，又间接与"子谓伯鱼"章的"人而不为《周南》《召南》，其犹正墙面而立也与"构成互文关系，面向的是立德修身以成人。孔安国的"引譬连类""群居相切磋"与"刺上政"，郑玄的"观风俗之盛衰"，从不同侧面强化诗的教化色彩。而《诗品序》的"嘉会寄诗以亲，离群托诗以怨"，又在功能论的基础上将"群"与"怨"的探讨引向创作论。至于明代徐渭提出"果能如冷水浇背，陡然一惊，便是兴观群怨之品；如其不然，便不是矣"（《答徐口北》），禅僧觉浪道盛新解"不怨则不能归根复命于绝后重苏，亦不能使贞下起元为可兴可观"（《论怨》），一反旧说，或将震惊作为衡量"兴观群怨"的标准，或注重"怨下起兴"的生命动力，更是个人色彩鲜明的语用实例。

不惟如此，即便同一个词在同一个作者的笔下，也会安置顿异，为义则殊。有学者提及明代王世贞对关键词"境"的使用便是典型一例：

山川、风日、物候、民俗，偶得其境以接吾意，而不为意于其境。（《皇甫百泉三州集序》）

---

① 参见［德］卡尔·曼海姆：《意识形态与乌托邦》，黎鸣、李书崇译，商务印书馆2000年版，第278页。

　　　　《诗》旨有极含蓄者、隐恻者、紧切者，法有极婉曲者、
清畅者、峻洁者、奇诡者、玄妙者，骚赋、古选、乐府、歌
行，千变万化不能出其境界。(《艺苑卮言》)

　　　　乐府之所贵者，事与情而已。张籍善言情，王建善征事，
而境皆不佳。(《艺苑卮言》)

　　三段引文中的"境"分别指"外在环境""诗的风格"和"言情、
征事以外的深微、高超的美"。①"境"的使用，随文而变，各不相同。
辞典中的"境"主要有疆界、处所和境界三重含义。两相参照，王世贞
谈"境"（尤其是后两例）之所以能超出辞典义，其实离不开诗话以及
诗话所论主题的具体语境。

　　汉语词义的构成包括指称义、概念义、文化义和色彩义四个层面，
前两者分别为词所指称的事物和所表达的概念，后两者"反映所指事物
的文化特征"，并"传递人们对于所指事物的评价态度或审美体验"。②
在语言使用过程中，关键词的指称义和概念义比较固定，能够以辞典作
为储存备查的载体，但是文化义和色彩义则具有使用者的鲜明个性，其
生动鲜活的丰富内涵很难为知识集约型的辞典所囊括。这时就显现出语
用视角对于文化关键词解诠的重要作用。伽达默尔曾言："每一个语词
作为当下发生的事件都在自身中带有未说出的成分，语词则同这种未
说出的成分具有答复和暗示的关系。"③所以，我们一面要尽可能发掘语

---

　　① 　参见成复旺:《中国美学范畴辞典·引言》，中国人民大学出版社 1995 年版，
第 7—8 页。
　　② 　周光庆:《通往中国语言哲学的小路——周光庆自选集》，华中师范大学出版
社 2011 年版，第 8 页。
　　③ 　[德] 伽达默尔:《真理与方法》，洪汉鼎译，上海译文出版社 1999 年版，第
585 页。

料，与主流抑或边缘的历史语义互相印证，一面又要关注词语使用过程中的时空差异、指示与预设、情感色彩以及言外之意等因素，从语料遗存中还原鲜活灵动、现场感分明的语用形态。

三、经典与日常

如果说前文谈及的三训与六训、语料与语用分别对应元典关键词研究的方法与对象，那么，经典与日常便关乎选择方法与对象时的视角。经典是中国文化关键词原生、衍生、再生以及生生不息的语义土壤。关键词形、音、义之语根溯源和正、反、通、借、互、转之词群勾连，以及与之相关的语料发掘和语用实践皆以五经、诸子等经典为主体。这不只是因为经典作为民族精神载体和文化传承媒介，具有权威性、典范价值和深远的影响力，更源自经典自身独特的思想魅力和丰富的文化意涵。无论是《周易》里"易有三义"式的精妙语用，还是《老子》中诸如"反者道之动"一般的通达之言，都是关键词解诠时需要浓墨重彩书写的部分。少了它们，关键词便在很大程度上丧失了关键性。当然，除了经典的记载和精英的言说，一般性的文献与普通民众的话语也是关键词研究不容忽视的部分。经典的博大精深和日常的鲜活灵动，可有效弥补辞典知识集约模式的两大盲点。因之，关键词研究需要把握好经典与日常之关系，既要注重经典及其注疏，又不应忽视一般文献和日常话语。

（一）详其本源，莫非经典

所谓经典，有广义与狭义之分。《说文解字·系部》云："经，织也。从系，巠声。"段玉裁注曰："织之纵丝谓之经。必先有经，而后有纬，是故三纲、五常、六艺谓之天地之常经。"①狭义上的经典专指作为典范的儒家载籍，甚至特指六经，如皮锡瑞所言："惟《诗》《书》《礼》《乐》《易》《春秋》六艺乃孔子所手定，得称为经。"②与之对应，广义上的经典还包括道释典籍、西学著作以及一切具有典范性、传世性和权威性的文献。就中国文化关键词而言，经典取其广义，主体部分为先秦两汉的五经与诸子，连带与之相关的训诂章句，并旁涉译介而来的释典与近现代西学著述。它们从不同层面标识关键词原生、衍生、再生的不同时段，并合力彰显生生不息的文化魅力。

经典与关键词形式有异，却又彼此关联。《文心雕龙·章句》云："夫人之立言，因字而生句，积句而成章，积章而成篇。"以篇章为单位的经典可谓关键词的文本依据和语用基础，而核心的、重要的术语、概念、范畴和命题亦是经典的思想精华和意义锁钥。在卷帙浩繁的中国文化经典里，具有本元意义的五经与诸子对于关键词研究来说尤其重要。作为中国文化元典的五经与诸子是经典中的经典，相对于一般经典，"只是那些具有深刻而广阔的原创性意蕴，又在某一文明民族的历史上长期发挥精神支柱作用的书籍方可称之'元典'"③。"振叶以寻根，观澜而索源"（《文心雕龙·序志》），若要明晰关键词的原生义，还需从元典入手。《庄子·天下》谈六经有"《诗》以道志，《书》以道事，《礼》以道行，《乐》以道和，《易》以道阴阳，《春秋》以道名分"的概括。其中，阴阳变化消长即为"易"，亦即《易·系辞上》总结出的"生生之谓易"。古文字学家认为"易"字取倾注酒水之象，会赐予之义。此义仍存于《商君书·错法》："夫离朱见秋毫百步之外，而不能以明目易人；乌获举千钧之重，而不能以多力易人。"从赐予到更易，"易"的词根性可在元典

---

①　（清）段玉裁：《说文解字注》，上海古籍出版社1981年版，第644页。

②　（清）皮锡瑞：《经学历史》，中华书局2004年版，第39页。

③　冯天瑜：《中华元典精神》，上海人民出版社1994年版，第2页。

中寻获。

依托于经典，历代以诂训、章句、疏证等形式展开的注疏可谓经典的副文本。《四库全书总目·经部总叙》特意拈出汉学和宋学作为汉至明清经典诠释的主线："汉学具有根柢，讲学者以浅陋轻之，不足服汉儒也；宋学具有精微，读书者以空疏薄之，亦不足服宋儒也。"①汉学长于字词训诂而宋学尤重章句义理，两者皆由经典出发，将个人理解与时代精神熔铸于关键词解诠之中。追踪关键词的语义衍生不可忽视附属于经典的训诂章句。比如，"易有三义"的经典概括就保留在孔颖达的《周易正义》之中："既义总变化，而独以'易'为名者，《易纬乾凿度》云：'易一名而含三义，所谓易也，变易也，不易也。'"②"易"之"赅众理而约为一字，并行或歧出分训得以同时合训"③有赖于注疏的发明与总结。

在中国历史上，汉魏六朝以来的汉译佛典和近现代的西学新知，与本土知识、思想和信仰相互碰撞、交流、融合，最终形成新的语义。佛教称"真如"为"不变易性"，有"易行""易往"和"变易生死"诸说，为传统的更易与不易注入佛学内涵。更值得关注的是，《易·系辞下》"易穷则变，变则通，通则久"的"变易"之理，还一度成为近代以来洋务派与维新派都奉行的"变通—自强"观念。④随着严复翻译赫胥黎《天演论》的刊行，"物竞天择，适者生存"的新理念风行一时。张之洞口中的"变通趣时，损益之道，与时偕行，《易》义也"（《劝学篇·变法》）和王韬笔下的"《易》曰：'穷则变，变则通。'知天下事未有久而不变者也"（《弢园文录外编·变法》），

①　（清）永瑢等：《四库全书总目》，中华书局1965年版，第1页。
②　（清）阮元校刻：《十三经注疏》，中华书局1980年版，第7页。
③　钱锺书：《管锥编》，生活·读书·新知三联书店2007年版，第4页。
④　参见冯天瑜：《中华元典精神》，上海人民出版社1994年版，第441—460页。

皆通过反思传统思想资源，借变易之说而行社会变革之实。诸如此类的关键词再生与重铸，恰恰彰显了中国文化蓬勃的生机与强大的应对、转化能力。

（二）道恶乎在，无所不在

无论是元典之于原生词根义，经典注疏之于衍生坐标义，还是外译经典之于再生现代转义，经典为关键词解诠提供了一个很好的维度。从遥远的语义根柢到当下的话语激活，中国文化关键词离不开经典这一语料和语用的主体。不过，主要却并不意味着惟一。因为除了经典，还有名曰日常的另一维度。与经典相对应，日常有两层含义：一是经典以外，即历史上未进入经典序列的大量文献，它们同样保留了丰富的文化语义；二是生活之中，也就是活跃在民间的日常话语，它们与官方、主流、典范同生共长而又并行不悖。

先说"经典以外"。经典化是一个不断筛选、确认与淘汰的动态过程，入选者凭借思想的丰富性、情感的普遍性、抑或审美的典范性登堂入室，但这并不代表尚在门外的文献不具有较高的思想文化价值。所谓经典，除了文献自身的价值，还离不开政统、道统、文统的接受与认可。这也决定了经典生成的多样形态，"有的落地开花声誉不断；有的波澜起伏时高时低；有的名噪一时热后骤冷；有的知音在后由隐而显"①。一时代有一时代之经典，历史上大量的类书、选本、文集、经藏或已不在今天的经典序列，但它们作为曾经的经典，仍不失历史文化价值。此乃"经典以外"的第一层含义。

经典又毕竟是有限的，不可能囊括所有的历史文化语义。即便是多数情况下处于边缘地带的非经典文献，比如出土的甲骨、金石、简

---

① 陈文忠：《中国古典诗歌接受史研究》，安徽大学出版社1998年版，第16页。

帛、敦煌卷子，传世的日记、书信、家训、族规、公文、方志，以及那些数量众多却又并不怎么出名的诗、词、文、赋、小说、戏曲作品，等等，亦能从不同方面弥补经典记载的不足。由于典籍大量亡佚，存世残卷中保留的只言片语虽难称经典，却同样不容忽视。比如东汉五斗米教的传教文献《老子想尔注》仅有敦煌残卷。其中有一条将"道"视为太上老君的材料："一者道也。……一散形为气，聚形为太上老君，常治昆仑，或言虚无，或言自然，或言无名，皆同一耳。"① 将道家哲学意义上虚无、自然、无名之"道"与道教中的人格神相结合，《老子想尔注》残卷在《老子》与南北朝道教三清信仰之间搭设起桥梁。在学术史上，与经典化相对应的是辑佚。所谓的"经典以外"正有为经典体系辑佚的功用。

再看"生活之中"。经典为雅，日常为俗，与高雅的、精英化的著述传统相比，普通却又鲜活的民间文化，还构成了中国文化关键词的语义底色。葛兆光曾指出在精英文化、经典传统与普通社会生活之间，还存有"一般知识、思想与信仰的世界"②。在他看来，这类一般性的知识、思想与信仰包括启蒙教育、生活知识以及精英思想通俗化的宣传品。③取此分类参照，在代际间传递知识与观念的家训、族规、童蒙课本，诉诸视觉的画像石、雕塑、小说绣像、戏剧演出，诉诸听觉的讲经、说书、唱词，等等，都是历史上日常生活的遗迹。时至今日，通俗读物、流行歌曲、新闻广告、街谈巷议的公共话题、网络空间的热点事件，等等，又成为记录民间话语的新型载体。在特定情境中，关键词的日常用法会更加灵动，呈现出经典以外的丰富语用。当我们遵循《墨子·明鬼》《楚辞·山鬼》《论衡·订鬼》的经典脉络一路向下，会发现"鬼"由"鬼

---

① 洪修平主编：《儒佛道哲学名著选编》，南京大学出版社 2006 年版，第 712 页。

② 葛兆光：《中国思想史·导论》，复旦大学出版社 2001 年版，第 13 页。

③ 参见葛兆光：《中国思想史·导论》，复旦大学出版社 2001 年版，第 23 页。

神"变为邪恶"魔鬼"的语义流变。但参照日常生活话语，还会发现表示贬低的"鬼话""搞鬼"与体现亲昵的"小鬼头""机灵鬼"之交织。

日常生活作为文化的整体体现，往往蕴藏着意义重大的社会历史信息。在关键词的语义演变中，特定时期的日常用法也会进入主流话语，凝炼为经典表达。不妨说，经典与日常的互动其实就是雅与俗的交织。历史地看，经典与日常之间能够实现雅俗转换；就现实而言，经典与日常也并非截然对立，反倒是时常消弭雅俗界限而同声相应。肇始于 2006 年的年度汉字评选即是一例，该活动从官方和民间话语中遴选出全社会共同关注的热点话题，并以关键词的形式呈现。在国内，"奋"（2018）、"享"（2017）、"规"（2016）、"廉"（2015）、"法"（2014）、"房"（2013）、"梦"（2012）、"控"（2011）、"涨"（2010、2007）、"被"（2009）、"和"（2008）、"炒"（2006），近 12 年的这 11 个字是历史文化语境下全社会的焦点所在，亦是扫描民间众生百态和记录时代风貌的风向标。而比较同属 2017 年度的中国之"享"、日本之"北"、新加坡之"恐"、马来西亚之"路"和中国台湾之"茫"，也能一览世间万象。

日常具有通往经典的潜力，而经典也会沉淀下日常的信息。经典与日常的交织还有另外一种情况——现已认定为经典的著述中引述了"世俗之言"。比如孟子与公都子讨论匡章是否不孝时，就提到"世俗所谓不孝者五"："惰其四支，不顾父母之养，一不孝也；博弈好饮酒，不顾父母之养，二不孝也；好财货，私妻子，不顾父母之养，三不孝也；从耳目之欲，以为父母戮，四不孝也；好勇斗狠，以危父母，五不孝也。"（《孟子·离娄下》）这五条标准可作为当时社会界定孝与不孝的绝好材料。孟子以"世俗之言"为论据，来证明匡章并非不孝；荀子则将"世俗之言"当成批评的靶子。《荀子·正论》收录了"主道利周"，"桀、纣有天下，汤、武篡而夺之"，"治古无肉刑而有象刑"等七条"世俗之为说"，并逐一驳斥以正其论。在经典的字里行间，这类或是被引以为据，或是用来以正视听的"世俗之言"，提供了诸多"非经典"的信息。

《庄子·知北游》载东郭子问："所谓道，恶乎在？"庄子曰："无所不在。"关键词背后的文化与社会意涵正如这"道"一般，不限经典，甚至不拘文字。它弥漫在日常生活的方方面面，活跃于使用者为一己抑或集体经验赋予意义的语言之中。惟其如此，关键词才能记录众生百态，描摹世间万象。

我们知道，辞典的出现代表了人们对知识有序化与体系化的理想诉求和积极实践。然而，无论是辞典的词义界定、类书的语料排比，还是范畴著述的理论构建，在引经据典、归范为畴的同时，还存在断章取义的风险。雷蒙·威廉斯亦曾以《牛津大辞典》为例，提到自己对辞典体的三点发现：一是无法清除编纂者的个人立场与偏好；二是长于词义和语境探询，却短于呈现词语之间的关联、互动；三是依赖或局限于书面记录，相应地忽视了口头语言。① 取此参照，三训与六训对关键词自身及其关联性的多维呈现，语料与语用围绕着历史语义的全面记录，以及在经典、书面语言之外给予口头、日常的同等关注，可以说既汲取了辞典释义的优长，又在很大程度上破解了辞典模式的痼疾。

第三节　锻铸金匙：解读文化密码

中国文化元典关键词研究遵循回归与开启相结合的学术路径。所谓回归，是就现代分科理念与历史原生状态、分条诠释形式与高度语境化特质之背离而言。为弥合历史与现实、形式与特质的裂隙，既需跨越学

---

① 参见［英］雷蒙·威廉斯：《关键词：文化与社会的词汇》，刘建基译，生活·读书·新知三联书店2016年版，第32—34页。

科区囿，契合文化元典在"轴心期"或"前学科"时代的原生状态；又要破解辞典模式，还原关键词所扎根的文本和历史文化语境。所谓开启，是指利用关键词之于元典和中国文化的提炼、举要功能，解读词语背后的文化意蕴。大致说来，其开启路径有三。先要更新对关键词自身的理解，明确其作为对象与方法的双重属性，此之谓从"关键的词"（key words）到"词之关键"（words' key）。将关键词视为词之锁钥，顺此而有"通"与"用"两个方向的解读。"通"包括历时性的古今贯通和共时性的中外沟通，前者通往奠定中国文化根基的轴心期，后者通往文明互证、互鉴与互补的全球化，惟有如此，才能全面展现中华文化的原创意蕴。"用"面向关键词研究的现代价值，借由文化术语层面的发掘、筛选、整理、诠释，解读中国文化在话语表达、思维方式、人文精神、价值观念等层面的丰富内涵；通过分析关键词的吐故纳新，把握时代的核心价值。

一、从 KEY WORDS 到 WORDS' KEY

关键词喻指核心的、重要的术语、概念、范畴和命题。所谓喻指，乃因中西语境中的关键词都有钥匙意象或曰开启功能。这里的"关键"（key）既是形容词，又是名词。就一般理解而言，关键词是"关键的词"（key words），亦即词语中较为重要者；但从学术旨归来看，关键词又是"词之关键"（words' key），循此可开启词语背后广阔的意义世界。关键词身兼对象与方法双重含义，这就要求我们更新视域，知晓进而利用"发其关键，直睹堂奥"①式的诠释效力。惟有透过 key words 的形式

---

① 此语系《河南程氏遗书附录》引范祖禹对程颢的评价。见（宋）程颢、程颐：《二程集》第一册，中华书局 1981 年版，第 334 页。

表象，抓住 words'key 的方法精髓，方能从单纯作为对象的关键词走向自觉成为方法的关键词研究。

（一）作为对象的关键词

进行元典关键词研究，首先需要明确何者为"关键词"。然而，在今天想要说清楚"关键词"是什么，似乎并不是一件容易的事。主流舆论有《社会主义核心价值观·关键词》的系列宣讲与《十八大的 18 个关键词》式的政策解读；日常生活中，无论是柴米油盐，还是琴棋书画，也总能在备有《爱情的 22 个关键词》《营销的 16 个关键词》《摄影关键词使用手册》式的关键词武库中，寻得直入论域所需的趁手工具；就连到虚拟的网上冲浪一把，也多半要寻求搜索关键词的导航，以便在众多采用关键词写法（"标题党"便是典型一例）的网络信息中穿行；当然，更不用象牙塔内须臾不可离弃的 key words（作为论文格式要素）与日益流行开来的关键词研究法——难怪陈平原会以"关键词了没有"作为 21 世纪的流行语①。那么，又该如何追踪"这幽灵一般的'关键词'"呢？陈平原的先行勾勒，使得学术史视野中的"关键词热"呈现出较为清晰的脉络；可作为一般词汇的"关键词"在全社会的弥漫，却更像是春风袭人——"忽如一夜"且"吹面不寒"。对于身边突然涌现的关键词及其前世今生与来龙去脉，不光普通百姓，就连多数学者也同样是日用不知习焉不察。

当然，问题并非表面上语义的多元或者含混这么简单，如若对"关键词"进行一番质疑和探询，还将发现症结在于中西"关键词"的语义脉络并不能完全吻合，遂使"关键词"成为一个"嫁接"后的产物。且不说宋代《古文关键》之选文定篇、《声律关键》（又名《场律关键》）

---

① 参见陈平原：《学术史视野中的"关键词"（上）》，《读书》2008 年第 4 期。

围绕着"认题""命意""择事"等写法的条分缕析，与今日关键词称号名同实异；即便是形神绝类关键词研究的《北溪字义》与《孟子字义疏证》，也同样存有论域限定与研究取向上的分殊。潜意识中的理解传统不可能不影响当下，所以今日中国的关键词研究虽借助西学镀亮，却无法斩断传统基因而彻底提纯。

凭借关键词解诠元典的原创意蕴和当下价值，是一种现代意义上的研究。严格地讲，在古代汉语词汇体系中，并不存在"关键词"一说。所谓"善闭，无关键而不可开"（《老子》二十七章）、"关键将塞，则神有遁心"（《文心雕龙·神思》）等耳熟能详的用法，其实只涉"关键"语义而不及"词"。据笔者查阅文献所见，"关键"与"词"的义项搭配和普遍运用，实发轫于20世纪中期图书馆学对西方文献"索引关键词"技术的引入。作为一种有效的知识分类与检索方法，关键词标注在现代学术场域中的功用随着一系列规范的施行而不断强化。1987年国家标准委员会颁布《科学技术报告、学位论文和学术论文的编写格式》首次规定："关键词是为了文献标引工作，从报告、论文中选取出来用以表示全文主题内容信息款目的单词或术语。"此后，《科学技术期刊编排格式》（国家标准委员会，1992）和《中国高等学校社会科学学报编排规范》（中华人民共和国教育部办公厅，2000）等文件进一步凸显了关键词的作用。到了2002年，中国科协学会学术部颁布的《关于在学术论文中规范关键词选择的决定（试行）》甚至直接规定"从技术角度考虑，没有关键词的论文应列入非学术论文类"。经过上述学术论文要素的规范化以及互联网搜索引擎的大众化，"关键词"开始由文献编目的"专术"一变为学术论文中的"必选项"，再变为信息化时代的"常识"。20世纪末，社会上渐趋流行的"关键词"又融入了文化研究法的义项，最终成为一个涉及文本要素、文体形态以及研究方法的复合概念。

由上述勾勒可知，"关键词"这一说法虽具有本土基因，却并非原

185

生概念。在对译 key words 的过程中，古代汉语中"关键"与"词"的组合更像是一次精妙的嫁娶。《说文解字·门部》释"关"为"以木横持门户也。从门，关声。"又，《金部》："键，铉也。从金，建声。一曰车辖。"段玉裁在注解中揭示了"关键"的语义理据："谓鼎扃也。以木横关鼎耳而举之，非是则既炊之鼎不可举也，故谓之关键。引申之为门户之键闭。《门部》曰：关，以木横持门户也。门之关犹鼎之铉也。"① 不难看出，古汉语释义"关键"，以门户关闭喻指紧要处，个中理据与"枢机""锁钥"等词相似。西汉扬雄《太玄》有"关无键，盗入门"之说，汉语词汇中的"关键"本指门闩，因其特殊地位与重要作用又引申为事物的要害，如"上以周孔为关键，毕志一诚。下以嗜欲为鞭策，欲罢不能"（嵇康《答向子期难养生论》），"顾盼为杀生之神器，唇吻为兴亡之关键"（葛洪《抱朴子·畅玄》）。因近似于门闩在整个门户结构中的位置，地形险要之处也常被称作"关键"，晋人殷仲堪曾言"剑阁之隘，实蜀之关键"（《奏请巴西等三郡不戍汉中》），《清史稿·胡林翼传》亦称"自古用武之地，荆襄为南北关键，武汉为荆襄咽喉"。同样着眼于结构，由地形而至篇章便有"文章关键"之说。明胡应麟《少室山房笔丛·九流绪论》曰："古今文章之关键，亦间有相通者。"清仇兆鳌《杜诗详注》所录诸家评点中亦不乏"每段各有关键"（《渼陂西南台》）与"通篇关键"（《闻官军收河南河北》）式的用例。明清以降，比喻诗文结构或论学要点的"关键"已成常用词汇，如"此数句是前后关键绾结处"（何焯《义门读书记·碑志杂文》），"今古文，为治《尚书》一大关键"（徐世昌《清儒学案·鹿门学案》）等皆可为证。

聚焦"关键词"的"关键"，尤其是中国传统语境中的"关键"及其与现代学术的对接，可发现不同词源背景下"关键词"的混用肇始于

---

① （清）段玉裁：《说文解字注》，上海古籍出版社 1981 年版，第 704 页。

中西"母体"与嫁接"新株"三者间的缠绕。语义嫁接的时节，可追溯至图书情报领域对西方信息索引技术的引入；而成长的关键节点则包括行政力量推动的学术规范化和互联网搜索引擎的迅速普及。时至今日，很难想象耳熟能详的"关键词"在严格意义上也要被归入外来语。经过语义嫁接，"接穗"与"砧木"间的异质性还催生出"关键词"作为对象还是成为方法这两种理解的分权。古代汉语与西方信息管理体系中的"关键"多从结构紧要处立意，强调被称作"关键"者对于整体的决定性作用。这显然不能等同于雷蒙·威廉斯对"关键"的论说。

（二）作为方法的关键词研究

当我们取"关键"的形容词义时，看到的是"关键的词"（keywords）。它们或是从结构紧要处被提取出来，定型为索引关键词、检索关键词、文本关键词[①]；或是汇聚起来形成一种独特的文体形态，如《北溪字义》《孟子字义疏证》与《关键词：文化与社会的词汇》。按照雷蒙·威廉斯的揭示，社会历史变迁和思想观念兴替会沉淀在关键词之中，而词语之所以"关键"正因"在某些情境及诠释里，它们是重要且相关的词"，以及"在某些思想领域，它们是意味深长且具指示性的词"[②]。这条定义中隐含着关键词的双重属性：如果说前半部分"重要且相关"指的是结构中的紧要性，仍关注文本中的词；那么后半部分"意味深长且具指示性"则强调指涉的广泛和意义的深邃，已留意到词之于文本的反作用。作为方法的关键词研究，固然要择取"关键的词"，但更重要的是以词为通道、为锁钥，发掘背后的"意味"和"指

[①] 参见宋姝锦：《文本关键词的语篇功能研究》，博士学位论文，复旦大学，2013 年，第 24 页。

[②] ［英］雷蒙·威廉斯：《关键词：文化与社会的词汇》，刘建基译，生活·读书·新知三联书店 2016 年版，第 29 页。

示"。据此而言，"关键的词"也常常是通往文化与社会意涵的"词的关键"。

当我们取"关键"的名词义时，还可发现"词的关键"（words' key）。这里的"关键"正是锁钥和通道。梳理"关键"一词的语义演变，将不难发现其中隐藏的钥匙意象或曰开启功能，如"善闭无关键而不可开，善结无绳约而不可解"（《老子》二十七章），"经如关键，传其钥也"（《清儒学案·东甫学案》）。且看明人杨元裕的《读史关键·自序》："读之嘉其简质而惜其脱漏，且歉其名不雅驯也。……管窥蠡测，长见笑于大方之家；然而开关启钥，庶便于童蒙求我也。"① 此条语料可助我们管窥中国古人对"关键"的理解。杨元裕得观《观史捷径》后，嫌书名中"捷径"一词不够"雅驯"，改作《读史关键》刊行，以取其"开关启钥"便于教学之义。是书将历史分条概括，例如用"盘古生于大荒，首出御世。明天地之道，达阴阳之变"两句来解说"盘古氏"，确有开关启钥、以简驭繁之效。清儒戴震曾撰写《孟子字义疏证》，分条解诠《孟子》中"理""天道""性""才"等儒学关键词。关键词的这一锁钥或曰通道作用，正是戴震所言的"由字以通其词，由词以通其道"（《与是仲明论学书》）。

颇为有趣的是，"关键词"之英译 key words 中的 key 亦有"钥匙"之义。英国学者彼得·罗塞尔在谈及记忆术时曾指出关键词"能把很多信息'锁'在记忆中，同时也是打开回忆概念的'钥匙'"② 。约翰·费斯克等人在《关键概念：传播与文化研究辞典》前言中亦强调"关键"（key）一词"是用来打开事物的锁钥，从而使你能够将它们带走，然后加以利

---

① （明）杨元裕：《读史关键》，明天启六年刻本。

② ［英］彼得·罗塞尔：《大脑的功能与潜力》，付庆功、滕秋立编译，中国人民大学出版社 1988 年版，第 156—157 页。

用"①。以门参照,闩在内而锁在外,前为紧闭而后主开启,在内外开合之间共同指向门后的世界。锁钥意象与开启功能可谓"关键词"与key words嫁接时的结合点,这一则中西相通的隐喻也提供了"接穗"与"砧木"成活下去所需的"亲和力"。

作为方法的关键词研究,所看重的正是这一锁钥意象及其开启功能。从key words到words' key,不只是"关键"词性的变动以及连带而来的"关键"与"词"之主次位移,还凸显了以"关键词"叩门启钥的意义和价值。那么,如何以关键词的形式展开研究呢?大致说来,要义有二,一是明其锁定,发现历史上引发较多争议与冲突的词语;二是着手解锁,由词语的交锋透视词语的赋值,解码关键词创新、改造、延伸、转移背后的价值观和思想历史变迁。关键词充当词语的钥匙(words' key),要先找到合适的门锁,进而发现门后的价值。按照"重要且相关"和"意味深长且具指示性"的标准,雷蒙·威廉斯主要择取两类词语作为关键词:

(一) 日常用法中激烈的、难懂的、具说服力的语词;

(二) 从专门的、特别的情境衍生出的极普遍语词——用来描述范围较大的思想领域及经验领域。②

概括之,关键词的张力正在于指涉的普遍和内涵的复杂。因其普遍,方可超出专科局限,具备文化与社会层面上的广度;惟其复杂,才能透过词语表象,凸显历史文化语义的纵深。"关键词语和概念的发明,

① [美] 约翰·费斯克等编撰:《关键概念:传播与文化研究辞典》,李彬译注,新华出版社2004年版,第4页。

② [英] 雷蒙·威廉斯:《关键词:文化与社会的词汇》,刘建基译,生活·读书·新知三联书店2016年版,第27页。

是理论对世界进行表述的权宜之计。晦涩的世界，必须借助词语通道隐约地现身。"① 如果说 key words 是对生存经验和意义世界的提炼与编码，那么，words' key 便提供了还原、解码的锁钥和通道。

二、从轴心期到全球化

将关键词视为钥匙，能读解出哪些文化密码？又能发现怎样的意义世界？对于这一追问，依据不同的标准，可以有不同的回答。关键词背后的文化密码和意义世界，是词语交锋背后的情感倾向、权力关系和意识形态，也是词语形成、改变、重释、混淆乃至污名化、边缘化所折射出的历史、文化和社会语境；可以是一个词元亨利贞的生命传记，也可以是一组词彼此交织、相互竞逐的文化景观，还可以是从现实问题经学术话题再到理论命题逐层进阶的思想谱系；既指向中国特有的传统知识、思想与信仰，又包括文化交流过程中的译介、误读和融合……不管怎么说，关键词研究始终拒绝平面化的定义，而是力求通往形音义和上下文以外的文化与社会空间。持关键词而叩门启钥，大致有纵向贯通与横向沟通两个方向：前者通往轴心期，回溯中华文化以及中国人赖以存在的精神根柢；后者通向全球化，铺就沟通中华文化与异域文明的观念桥梁。

（一）关键词与轴心期

词之重要者谓之关键，时期之重要者谓之轴心——"关键词"与"轴心期"的命名具有相似性。不唯如此，引入上一节所论"元典"作为中介，还可发现三者构成一条"关键词—元典—轴心期"的阐释序列。其中，

---

① 汪民安：《词语的深渊》，载《文化研究关键词》，江苏人民出版社 2011 年版，前言第 2 页。

元典是轴心期思想精华的载体，关键词又是对元典的进一步提炼和概括。可以说，根植于轴心期的关键词，正是中华文化原创意蕴的高度凝炼。轴心期思想之原生原创与元典之原汁原味都能以关键词的形式传承下去。

"轴心期"（Axial Period）是德国哲学家雅斯贝尔斯提出的比喻性说法。在他看来，如果历史有轴心，便应是以公元前500年为中心，前后延伸至公元前800年和前200年的人类精神奠基期。在此期间，中国、印度、波斯、巴基斯坦和希腊的先哲几乎不约而同地意识到整体性、自身的存在以及自身的限度。[①]所谓"轴心"，有时间、空间和文化三层含义。与之前的古代文明相较，"轴心期"的"觉醒的意识"和"精神作用力"开始凸显，不但从中国、印度、西方辐射到其他区域（这也正是埃及和巴比伦文化未进入"轴心"的原因），而且影响到后来的科学与技术时代。"直至今日，人类一直靠轴心期所产生、思考和创造的一切而生存。每一次新的飞跃都回顾这一时期，并被它重燃火焰。"[②]如雅斯贝尔斯所言，影响至今的反思精神以及由此形成的观念，才是"轴心期"之"轴心"。换言之，若要通往遥远的轴心期，多半要依据流传至今的观念或曰关键词。

就中国而论，"轴心期"大致对应春秋战国（公元前770—前221）。这一时期，孔孟老庄与墨翟、荀况、韩非、孙武等先哲，不仅各自阐发对于自然、人生和知识的思考，而且彼此攻讦辩难，促成了思想领域的大繁荣，也拓展了"礼""道""义""法""兵"等核心观念的文化内涵。时过境迁，轴心期思想家的所思所行凝练为五经、诸子等中华文化元典。而诸如《庄子·天下》所谓"《诗》以道志，《书》以道事，《礼》

191

[①]　参见［德］卡尔·雅斯贝尔斯：《智慧之路》，柯锦华、范进译，中国国际广播出版社1988年版，第69—70页。

[②]　［德］卡尔·雅斯贝斯：《历史的起源与目标》，魏楚雄、俞新天译，华夏出版社1989年版，第14页。

以道行,《乐》以道和,《易》以道阴阳,《春秋》以道名分"一类的概括,以及"礼""仁"之于《论语》,"道""德"之于《老子》,"义""兼爱"之于《墨子》式的重要且频现还表明,元典常有赖于关键词标识其核心内涵,彰显其独特魅力。

回溯轴心期,追寻中华文化的原创意蕴,需要明晰元典关键词的存在状态和生成路径。轴心期中国文化关键词的存在状态有二,一类已达成基本确定的意涵,超越学派纷争与门户之见,可谓之"共识";另一类则停留在"独见"状态,在不同思想家的理解与使用中,呈现出不同的特质。"道""气""阴阳""天""人""文""体",等等,属于轴心期的"共识"。这些极其普遍又最为根本的关键词关乎宇宙自然、人文社会和知识经验,构成轴心期思想的基石,也成为诸子百家论证各自救世主张的出发点。"在古代儒家、墨家、名家、道家、法家、阴阳家等等似乎可以分出思想流派的思想背后,确实有一种共同的知识系统作为背景,在支持他们各自的思想拥有合理性,而那些各个思想家都在使用却无需论证的关键词语的背后,就隐含着这个不言而喻的终极依据。"① 与之不同,还有一类关键词属于能够引起争鸣、辩驳乃至激烈冲突者,它们犹如"空格子",被不同学派填入不同的思想观念。② 比如同样面对"乐",儒家看重的是有教化作用的"礼乐";道家关注与自然融为一体的"天乐";墨子要"非乐",认为作乐劳民伤财;法家则持功利视角,一面提防之,警惕"好五音""沉于女乐"导致"穷身"和"亡国"(《韩非子·十过》),一面又利用之,提出"止怒莫若诗,去忧莫若乐"(《管子·内业》),并设想民众"起居饮食所歌谣者,战也"(《商君书·赏刑》)。不唯如此,同一学派内部对关键词的理解也可能有很大区别。一

---

① 葛兆光:《中国思想史·导论》,复旦大学出版社 2001 年版,第 43 页。

② 参见张岱年:《中国古典哲学概念范畴要论》,中华书局 2017 年版,第 3 页。

个明显的例子便是孔子严守"雅乐"和"俗乐"的界限,"恶郑声之乱雅乐也"(《论语·阳货》),孟子则提出"今之乐犹古之乐"(《孟子·梁惠王下》)之说,越过形式上的雅俗古今之分而倡导与民同乐。

"共识"奠定基础,"独见"则延伸出不同的面向。诸子百家一面为"共识"添砖加瓦,一面又各持"独见",或是攻讦辩难,或是支持响应。对于中国文化关键词而言,《周易·系辞上》所言"见仁见智"、墨子的"非乐非命"和韩非子的"解老喻老",代表了以关键词为载体的轴心期原创意蕴生成之三条路径。

首先,"仁者见之谓之仁,知者见之谓之知",其实是由于仁者或知者的前见与立场决定了视野。所谓"仁言不如仁声之入人深也"(《孟子·尽心上》),儒家重"礼",自然看重教化,所以才有孔子推崇"雅乐"之"成人"和痛恶"郑声"之"乱"的礼乐正名。《荀子·乐论》称:"故乐在宗庙之中,君臣上下同听之,则莫不和敬;闺门之内,父子兄弟同听之,则莫不和亲;乡里族长之中,长少同听之,则莫不和顺。"也正是着眼于"乐和同"之目的,孟子才会取消"雅乐"与"俗乐"的形式区分,认为只要能"与民同乐",辄"今之乐犹古之乐"。围绕着一个"乐"字,以"礼"注之而有"礼乐",以"天"观之则成"天乐"。道家主张绝巧弃利,本着"五音令人耳聋"(《老子》十二章)的认识,推崇"与天和"的"天乐",而以钟鼓之音、羽旄之容为"乐之末"(《庄子·天道》)。在"见仁见智"的语义扩容阶段,"乐"作为中心词,既能分化衍生出"雅乐""俗乐""今乐""古乐"等次级关键词,也能与其他关键词融合形成"礼乐""天乐",强化其特定意涵。

其次,"见仁见智"常常意味着"各照隅隙,鲜观衢路",也就会导致"各是其是""各非其非"之后的"非其所是"和"非其所非"。如果说儒道论"乐"还只是各有侧重,选取"乐"内涵中符合本方学说的部分;那么墨子持"兼爱"标准提出"非乐",便是彻底否定其合理性。《墨子·非乐》有言："使丈夫为之，废丈夫耕稼树熟之时；使妇人为之，废妇人纺绩织纴之事。……孰谓大人之听治，而废国家之从事？曰乐也。"在他看来，作乐影响了底层的衣食劳作，也妨碍了上层的治国理政。当然，这只是"乐"诸多内涵与功用中有害的一面，所以墨子极端化的"非乐"，也引起了《庄子·天下》的"非'非乐'"："今墨子独生不歌，死不服，桐棺三寸而无椁，以为法式。以此教人，恐不爱人；以此自行，固不爱己。未败墨子道，虽然，歌而非歌，哭而非哭，乐而非乐，果是类乎？"经此"非"与"非'非'"，"乐"所涉及的器与道、知与行、情感与观念等内涵得以全面显现。

再次，前贤对关键词的论说与界定，并不总是批评的靶子，还会成为后学援引、申说乃至误读的新起点。韩非子的"解老喻老"即属典型一例。本着《老子》五十三章对"大道"的论说，《韩非子·解老》在诠释中增添了诸多新元素：

> 使我介然有知，行于大道，唯施是畏。大道甚夷，而民好径。朝甚除，田甚芜，仓甚虚。服文采，带利剑，厌饮食，财货有余，是谓盗夸。非道也哉！（《老子》王弼本）

> 书之所谓大道也者，端道也。所谓貌施也者，邪道也。所谓径大也者，佳丽也。佳丽也者，邪道之分也。朝甚除也者，狱讼繁也。狱讼繁则田荒，田荒则府仓虚，府仓虚则国贫，国贫而民俗淫侈，民俗淫侈则衣食之业绝，衣食之业绝则民不得无饰巧诈，饰巧诈则知采文，知采文之谓服文采。狱讼繁，仓廪虚，而有以淫侈为俗，则国之伤也，若以利剑刺之，故曰："带利剑。"诸夫饰智故以至于伤国者，其私家必富；私家必富，故曰："资货有余。"国有若是者，则愚民不得无术而效之，效之则小盗生。由是观之，大奸作则小盗随，大奸唱则小

盗和。竽也者，五声之长者也，故竽先则钟瑟皆随，竽唱则诸乐皆和。今大奸作则俗之民唱，俗之民唱则小盗必和，故"服文采，带利剑，厌饮食，而货资有馀者，是之谓盗竽矣。"(《韩非子·解老》)

与《老子》相较，《解老》在逻辑线索中增添了"佳丽""狱讼""国贫""民俗淫侈""饰巧诈""大奸""小盗"等元素，有意凸显了法家色彩。《老子》谈的是"社会治理者的无为而治，百姓的朴实无华、自足自乐"①，亦即"唯施是畏"和"盗夸"的问题，而《韩非子》则抓住"盗竽"②一词以"竽先则钟瑟皆随，竽唱则诸乐皆和"的乐事论之，揭示"大奸"与"小盗"的唱和应随。于此，"道"的主旨已被"法"的观念所置换。魏源曾言："后世之述《老子》者，如韩非有《解老》《喻老》，则是以刑名为道德，王雱、吕惠卿诸家皆以《庄》解《老》，苏子由、焦宏、李贽诸家又动以释家之意解《老》，无一人得其真。"(《老子本义序》)韩非"解老"有失真的一面，但惟其失"道德"之真方可别出"法、术、势"之己意。

(二) 民族性与全球化

根植于轴心期的关键词，历经原生、衍生、再生而生生不息于当下，既属于先哲所思所想的观念载体，又构成普通中国人之所以为中国人的文化依据。《庄子·天下》称古之道术"其在于诗书礼乐者，邹鲁之士缙绅先生多能明之。《诗》以道志，《书》以道事，《礼》以道行，《乐》以道和，《易》以道阴阳，《春秋》以道名分。其数散于天下而设于中国者，百家

---

① 刘笑敢：《老子古今：五种对勘与析评引论》，中国社会科学出版社 2006 年版，第 523 页。
② "盗竽"一词，传世河上公本作"誇"，王弼、傅奕本皆作"夸"。

之学时或称而道之"，这是轴心期行将终结之际，庄子后学对"道术裂变"的描述，从中可见五经对诸子的沾溉。对于古之道术，百家之学如何"称而道之"？最常见的形式便是围绕着关键词来引经据典、支持已说。往昔"轴心期"的诸子百家如此，今天处在"全球化"或曰"新轴心期"的我们同样需要以关键词的形式来守持、传承、新释中国文化的精髓。

与轴心期中国、西方、印度三大文明各自独立的精神突破不同，今天已进入一个普遍联系、趋同互动的全球化时代。如果说以关键词的形式回望轴心期，有助于深入发掘中国文化的根柢与精髓；那么，全球化视域下的关键词研究则面向民族性的守护和阐扬，以及中国文化与异域文明的互补和互鉴。雅斯贝尔斯在提出"轴心期"概念的同时，还多次谈到从科技时代"或许会进入崭新的第二个轴心期，达到人类形成的最后过程"[1]。此说为杜维明、汤一介等学者援引、改造，用以概括生态意识、女性主义、宗教多元、全球伦理等新的时代特质[2]，或者揭示全球化背景下确认民族文化身份和参与跨文化对话的必要性[3]。就此而言，作为中国文化固有与特有思想文化载体的关键词，诚可谓沟通不同文化，实现和而不同之交流的重要媒介。如何在全球化视域下把握关键词的古今转化与异域对话，也就成为解读文化密码的题中之义。

关键词的古今转化，主要考察近现代社会转型过程中，传统的关键词如何被激活或赋予新义，怎样参与当代文化建设并凝炼为民族思想文化特色。"周虽旧邦，其命维新"，这一学术路径更关注传统关键词的近

---

[1] ［德］卡尔·雅斯贝斯：《历史的起源与目标》，魏楚雄、俞新天译，华夏出版社 1989 年版，第 33 页。

[2] 参见［美］杜维明：《新轴心时代的文化对话》，载《杜维明文集》第一卷，武汉出版社 2002 年版，第 9 页。

[3] 参见汤一介：《新轴心时代与中国文化定位》，载《新轴心时代与中国文化的建构》，江西人民出版社 2007 年版，第 174—188 页。

代转义与当下价值。比如"中华元典精神的近代转换",就梳理出"忧患""变易""革命""华夷""民本"等关键词之于近代救亡图存、变法革命、民族主义、民主主义等社会思潮与政治运动的内在关联。①此外,诸如"中华""义勇""共和""求是""小康""法制""和谐""生态""复兴"等关键词,也从不同侧面标识出现当代的社会主题和精神风貌。

关键词的异域对话,一方面要在交流中"求同",找寻适应全球化时代的普遍意涵;另一方面也要"存异",守护民族文化的个性,彰显其独特的魅力与价值。先看"求同"。伴随着五四新文化运动,外来的"德先生"(democracy)、"赛先生"(science)唤醒了本土"民主"与"科学"的意识。前者上承孟子"民贵君轻"之说,从"天惟时求民主,乃大降显休命于成汤"(《尚书·多方》)式的"民之主宰"义项中,逐渐清理出诸如"君主者,权偏于上;民主者,权偏于下"(郑观应《盛世危言·议院》)的新观念,以此来接引近现代政治学意义上的"民主"。作为现代科学体系的重要组成部分,"卫生"代表了一种有益健康、防止疾病的认识。其实早在《庄子·庚桑楚》中,已有"卫生之经,能抱一乎"的用法,取"防卫其生"(郭象注)、保护生命之义。近现代 hygiene 的译介,激活了"卫生"中有关"防卫其生"一脉的语义,并融入物理学、生物学、医学知识。相应地,"卫生"的谋求生存和保护生灵之义也就隐而不彰了。②"民主"由"民之主宰"到"当家作主"的翻转,"卫生"诸义项中"防卫其生"保健义的一脉独传,皆可作为本土关键词与全球化观念相接轨的例证。

---

① 参见冯天瑜:《中华元典精神》,上海人民出版社1994年版,第426—500页。

② 所"卫"之"生"取义生活、生存,如《宋书·郑鲜之传》:"至于陈平默顺避祸,以权济屈,皆是卫生免害,非为荣也。"此外,"生"还可指生灵,如李贽《兵食论》:"轩辕氏之王也,七十战而有天下,杀蚩尤于涿鹿之野,战炎帝于阪泉之原,亦深苦卫生之难,而既竭心思以维之矣。"

再说"存异"。这不是敝帚自珍，也绝非标新立异，而是坚持和而不同，倡导美美与共。在全球化进程中审视中国传统文化的思想智慧，是解诠原创意蕴和解蔽现代价值的重要途径。关于这一点，我们可以拿汉语中的"勇"和"齐"与英语相关词汇对比一番。Courage 也有勇气、无畏之义，该词源自古法语 corage，意为胆大而心细。但中国之"勇"与西方之勇敢（courage）又有所不同：前者需要"仁""义""知"等规约，后者依法限定；西方更明确地将勇敢作为鲁莽与怯懦转化的中道，其观念还包括传统中国所欠缺的商业冒险和自由竞争精神。① 人情物理具有普遍性，诸如"勇"（courage）一类词语的基本语义可以跨越民族相通。但是，基本语义以外的具体观念却往往因民族特色而有异。又如表示"整齐"的"齐"，英语或者其他民族语言中也能找到 neat、regular、ordonnée 等对应词语。然而，在汉语中，"齐"所具有的"粮食""调配"以及派生出的"药剂"的"剂"，却是其他民族语言所不具备的语义要素。② 诸如此类的互鉴与互补颇有意义，汤一介曾指出，儒家的"天人合一"和道家的"崇尚自然"可作为当今世界"和平与发展"问题的思想资源。③ 而"自强不息""厚德载物""道法自然""为政以德""民胞物与""和而不同""经世致用"等思想，既是中华民族的历史智慧，又反映了当今世界的普遍需求。

用关键词解码中国文化，民族性与全球化的双重视域并不冲突。只有深植于本土，才能发掘传统文化中最核心、最本质的思想智慧和人文精神；若无跨文化、超地域的魄力和眼界，即使是最具有民族性的思想

---

① 参见吕耀怀：《"勇"德的中西异同及其扬弃》，《上海师范大学学报》（哲学社会科学版）2010 年第 2 期。

② 参见陆宗达、王宁：《训诂方法论》，中国社会科学出版社 1983 年版，第 139 页。

③ 参见汤一介：《新轴心时代与中国文化定位》，载《新轴心时代与中国文化的建构》，江西人民出版社 2007 年版，第 179—188 页。

文化意蕴，也难以发挥文明互证、互鉴与互补的当代价值。因而，在古今转换与东西交会的十字路口，用关键词解码中国文化，既要向内发掘，又要对外沟通，将视线从轴心期一路投向全球化。

三、从文化术语到核心价值

解读文化密码，既要把握一个"通"字，在纵向上贯通古今，从横向上沟通中外，又要坚持"致用"原则，使语义层面的古今演绎与中外交融最终落脚于现代价值。就历史语义而言，关键词是古老而厚重的，因为它将中国文化在话语表达、思维方式、价值观念、人文精神等方面的丰富内涵高度凝炼为词语或短语的形式。从现实语用来看，关键词又必须是鲜活的，因为一旦丧失对当今世界的概括力和解释力，词语便不再"关键"。解读关键词的历史语义与现实语用，既需要文化术语层面的发掘、筛选、整理与诠释，又离不开核心价值的参照与衡量。惟有术语突破单纯的知识性而进入全民性话语，关键词方可谓之"文化与社会的词汇"；惟有关键词彰显其作为核心价值的精神效力，元典关键词研究才能打开中华文化的现代意义世界。从文化术语到核心价值，是进入中国思想文化和话语体系的有效路径，亦体现了元典关键词研究深挖原创意蕴、面向现代价值的学术宗旨。

（一）文化术语：知识属性与文化旨趣

术语是关键词的一种特殊构成形式。与指向本质属性的概念、具有普遍意义的范畴和表达判断的命题不同，术语是"各门学科中的专门用语"且"每一术语都有严格规定的意义"①。语言性、思维

---

① 夏征农主编：《辞海》，上海辞书出版社 1999 年版，第 1953 页。

性、知识性和文化性构成了术语的四重属性。从形式上看，术语是凝炼后的词或短语，是为了适应特定领域内交流需要而进行的语言规范与界定。从本质上看，这一过程又与思维活动相关，因而是特定群体思维语词化的结果。作为语义的载体，术语还具有很强的知识性，它与学科挂钩，充当表达专门领域内相关理论和经验的工具。当然，除了语言、思维和知识属性，"术语（主要是人文、社会科学术语）还具有文化属性，因为它是体现和传承民族思想文化的重要载体"①。

这里需要辨别的是术语的知识属性与文化属性。当术语强调知识属性时，与之相关的"专科"或"专门"便会成为确保知识准确且成体系的必要限定。前文引述《辞海》对术语的界定即着眼于此。不妨举个"气"的例子。在气象学中，"气"往往与"云"相关，指称自然界冷、暖、阴、晴、雨、雪、风、霜等现象；在中医学领域，"气"与"血"对应，描述人体内充盈流动着的精微物质；在中国哲学里，"气"又与"理""太极""道"等终极依据相关，用来表示宇宙万物的根本，谓之"元气"；而在中国文学里，"气"还被用作描述作家才性、气质以及作品风格的批评术语，形成"体气"与"文气"诸说。气象、中医、哲学与文学，分而各自为专科，合而同属文化范畴。文化的范围大过特定学科，也超出专门界限。所以，在文化术语的视角下，有关"气"，以及"道""天""人""体"等意涵的探讨才能突破专业的限制，凸显文化作为一种生活方式的整体性。体现中国文化独特风貌的术语是"由中华民族主体所创造或构建，凝聚、浓缩了中华哲学思想、人文精神、思维方式、价值观念，以词或短语形式固化的概念和文化核心词"②，相对于知

---

① 叶其松：《术语研究关键词》，黑龙江大学出版社 2016 年版，第 40 页。

② 中华思想文化术语编委会编：《中华思想文化术语》第一辑，外语教学与研究出版社 2015 年版，第 5 页。

识性术语，这才更贴近关键词研究的宗旨。

当文化关键词研究频频受到"学科术语汇编"的批评时，词语的知识属性与文化属性区分就显得极为必要。相较于"文化与社会的词汇"，局限在某一学科论域内的关键词研究往往因特定的对象和方法而很难从容展开，在收获论说针对性与集中性的同时，也付出了主动放弃开阔论域的代价。由是之故，有学者指出"文学理论关键词"和"美学理论关键词"之类的著作大多为学科术语汇编而难称真正意义上的关键词研究。① 这类批评绝非苛责，反倒是直指由"文化关键词"到"理论关键词"的"术语化"倾向及其带来的关键词研究生命力之萎缩。就其历史而言，关键词研究在文学理论与文化研究两大领域内的勃兴并非偶然。作为文化思想家的雷蒙·威廉斯的专长正是文学批评与文化研究，他的《乡村与城市》《电视：科技与文化形式》《马克思主义与文学》等著作与关键词研究构成了不容忽视的互文关系。不过，与雷蒙·威廉斯投身成人教育事业和反精英化的志向相比，专业精深的"理论关键词"研究是否已在背离日常生活而走向象牙塔的理路上渐行渐远了呢？某种意义上讲，"学科术语汇编"式的批评早已给出了评判。这一批评声音的背后，是从文化到知识与理论研究取向的偏转。后者的繁盛固然适应了新时期以来国内学界译介与规范外来术语的迫切需求，也彰显了关键词研究在具体学科的落实与推进，但不可否认的是，"术语化"对知识和理论的过分依赖也多少遮蔽了这项研究的初衷。

"术语化"是知识由学科、专业进入文化与社会，进而成为全民性常识的中间环节。面对博大精深的中国传统文化，先行发掘、筛选、整理与诠释可为关键词研究提供必要的知识基础和质疑、探询的文本依据。正如雷蒙·威廉斯致力"超越学者或教育委员会对词义所下的定

---

① 参见冯黎明：《关键词研究之"关键技术"》，《粤海风》2014 年第 3 期。

义"①却离不开《牛津大辞典》的参照那样，对关键词进行文化术语层面的考察，将有助于构建知识普及、学术对话与思想传播的平台。但更为重要的是，如何在这一过程中凸显术语的文化属性，使其保留自身的历史文化基因，保留从专业性通往全民性的能力？一方面，术语的发掘、筛选、整理与诠释需要在文化层面拓展视域。比如"气"的气象学、中医学、中国哲学和中国文学等专业性梳理，已勾勒出语义的主要脉络。而在特定学科之外，"气"还可以是更普遍意义上的呼吸（气息）、气味、精神状态（气节、气魄）乃至口语中的欺压（受气）和发怒（气恼），这些也是文化术语不可忽视的组成要素。另一方面，过于局限或专业的词语不可谓为文化术语。比如扬雄在《太玄》中模仿《周易》"元""亨""利""贞"而创制的"罔""直""蒙""酋"，影响力有限，并不具有代表性。反倒是"封锁""潜伏""腐蚀""消化"等专业术语的日常化，更能反映词语背后的思维方式和价值观念。这也是文化术语研究时所应明确的去取标准。当然，文化术语层面的发掘、筛选、整理与诠释只是手段，如何解读词语背后的思维方式、言说智慧、人文精神以及核心价值才是关键词研究目的之所在。

（二）关键词：核心价值的凝炼与表达

在中国传统文化里，文字和词语具有非凡的力量。传说仓颉造字时，天雨粟而鬼夜哭。对于这一异象，《淮南子·本经训》高诱注："苍颉始视鸟迹之文造书契则诈伪萌生，诈伪萌生则去本趋末，弃耕作之业而务锥刀之利，天知其将饿，故为雨粟；鬼恐为书文所劾，故夜哭也。"②张彦远《历代名画记》则曰："造化不能藏其密，故天雨粟；灵怪

---

① ［英］雷蒙·威廉斯：《关键词：文化与社会的词汇》，刘建基译，生活·读书·新知三联书店 2016 年版，第 40 页。

② 何宁：《淮南子集释》，中华书局 1998 年版，第 571 页。

不能遁其形，故鬼夜哭。"不管落脚于"诈伪萌生则去本趋末"的惩戒，还是"造化不能藏其密"的称扬，这则富有诗性思维的传说及其后续解说都强调了文字惊天地、泣鬼神的超常力量。

诗性思维如此，理性认知亦然。许慎《说文解字叙》称："盖文字者，经艺之本，王政之始。前人所以垂后，后人所以识古。"这一涵盖学术、政治和文化传承的说法是对轴心期思想的总结。先秦两汉诸子百家对"名"或"辞"都投入相当大的精力，论及名与言、形与名、名与实、言与意等诸多问题。儒家有"为政"先须"正名"的主张："名不正，则言不顺；言不顺，则事不成。事不成，则礼乐不兴；礼乐不兴，则刑罚不中；刑罚不中，则民无所措手足。故君子名之必可言也，言之必可行也。君子于其言，无所苟而已矣。"（《论语·子路》）在孔子看来，名正言顺关乎国泰民安；为拒斥邪说暴行，孟子不得已而"好辩"；到了荀子，又根据"正名"所需，细化出"共名"与"别名"的认识。尽管道家、墨家和法家对语言，尤其是文采持排斥态度，却并不妨碍他们的研究。《庄子》中有"名者实之宾"（《逍遥游》）的认识，还有著名的庄惠濠梁之辩；《墨子》探讨"以名举实"（《小取》）的可能，还有"名"含"达、类、私"（《墨经》）的分析；《韩非子》专论"说难"；《管子·心术上》亦称："物固有形，形固有名，名当谓之圣人。"《周易·系辞上》称"鼓天下之动者存乎辞"，善言辞者可以折冲樽俎，可以授徒讲学、著书立说，还可以一言兴邦、扬名立功。凡此种种，可见言辞"致用"之传统由来已久。对于文化术语，或者关键词来说，一个重要的"致用"便是凝聚思想而彰显核心价值。

今日所谓关键词，在轴心期称作"名"，不光有"共名""别名"之分，"达""类""私"之异，还起到"达德""常端""维"之用，被凝炼为学派乃至全社会的核心价值。儒家的"三达德""四端""五常"之说可为一证。《礼记·中庸》载鲁哀公问政，孔子答以"为政在人"，视

203

"知""仁""勇"三者为"天下之达德",又称"仁者人也,亲亲为大;义者宜也,尊贤为大。亲亲之杀,尊贤之等,礼所生也"。此乃从"人"出发,顺次提炼出"知""仁""勇""义""礼"等作为核心观念,以资修身治国。如夫子所言,"好学近乎知,力行近乎仁,知耻近乎勇。知斯三者,则知所以修身;知所以修身,则知所以治人;知所以治人,则知所以治天下国家矣",明乎"知""仁""勇"方可通往修身、治人和治天下。孟子将"三达德"扩展为"四端":"恻隐之心,仁之端也;羞恶之心,义之端也;辞让之心,礼之端也;是非之心,智之端也。人之有是四端也,犹其有四体也。"(《孟子·告子上》)孟子的策略也是本于人,只不过更关注人之为人的性善基础,故推崇"义"与"礼"而淡化"勇"。时至西汉,董仲舒又在《举贤良对策》中增添"信"而成"五常":"夫仁、义、礼、智、信,五常之道,王者所当修饬也。"此说着眼点在"为政而宜于民者,因当受禄于天",染上君权神授的色彩。随着汉武帝罢黜百家,独尊儒术,儒家"仁""义""礼""智""信"之"五常"开始超越学派限制,成为全社会立德树人与治国理政的核心价值。西汉扬雄曾在《法言·修身》中阐明"五常"之用:"或问仁、义、礼、智、信之用。曰:仁,宅也;义,路也;礼,服也;智,烛也;信,符也。处宅,由路,正服,明烛,执符,君子不动,动斯得矣。"扬雄以居处行止譬喻,已视"五常"为君子须臾不可离弃的行为准则。东汉《白虎通义·情性》有言:"仁者不忍也,施生爱人也;义者宜也,断决得中也;礼者履也,履道成文也;智者知也,独见前闻,不惑于事,见微知著也;信者诚也,专一不移也。"北宋周敦颐《通书》亦云:"德:爱曰仁,宜曰义,理曰礼,通曰智,守曰信。"诸如此类的后世解说,皆奉"仁""义""礼""智""信"为核心价值。从"三达德"到"四端"再到"五常",记录下一组关键词逐渐被认可、提炼、升华、建构的语义历程,也体现了儒家修身立德理念为全社会所接纳的思想史。

核心价值的凝炼可以是"五常"式的静水流深，也可以如"四维"一般有波折、回旋和起伏。儒家聚焦人性而有"四端""五常"的概括，法家放眼于国家亦有"四维"之说。《管子》将"廉""耻"与"礼""义"统称为治理国家而实现"王霸天下"的"四维"："国有四维，一维绝则倾，二维绝则危，三维绝则覆，四维绝则灭。倾可正也，危可安也，覆可起也，灭不可复错也。何谓四维？一曰礼，二曰义，三曰廉，四曰耻。礼不逾节，义不自进，廉不蔽恶，耻不从枉。"（《管子·牧民》）若说"礼不逾节"和"义不自进"还大致不离"礼者理也""义者宜也"的儒家解释传统，那么，"廉不蔽恶"与"耻不从枉"分别就不包庇和不参与的层面强调杜绝邪恶与错误之事，便多了些新的审视。所谓"临大利而不易其义，可谓廉矣"（《管子·八观》），"废上之法制者，必负以耻"（《管子·法禁》），"四维"之说对后世影响深远，也奠定了"廉耻"在国家治理和个人修行中的地位。《淮南子·泰族训》曰："民无廉耻，不可治也。非修礼义，廉耻不立。"这里同样将廉耻纳入"牧民"的视角，并指出修行礼仪对于培养廉耻的基础性作用。

　　与"三达德""四端""五常"的循序渐进不同，"四维"的阶段性阐扬有其特殊的背景。"四维"在汉代常被置入秦亡、天人感应的叙述框架。汉初，贾谊等人倡导重扬"四维"，他将秦亡教训归结为"灭四维而不张，故君臣乖乱，六亲殃戮，奸人并起，万民离叛，凡十三岁，而社稷为虚"（《汉书·贾谊传》）。在《治安策》中，贾谊强调"廉耻节礼以治君子"，"婴以廉耻，故人矜节行"，并且呼吁"上设廉耻、礼义以遇其臣，……故化成俗定，则为人臣者皆顾行而忘利，守节而伏义，故可以托不御之权，可以寄六尺之孤，此厉廉耻、行礼义之所致也"。贾谊推行"廉耻"的着眼点与管子近似，都是为君主治国服务，又多了以秦亡为鉴的时代新质。武帝时期，董仲舒认为"天施之在人者，使人有廉耻。有廉耻者，不生于大辱"（《春秋繁露·竹林》）。这种看法与其

"天人感应"之说相吻合。唐代经学兴隆，柳宗元撰《四维论》对"廉"与"耻"进行了降格处理。柳宗元认为："廉与耻，义之小节也，不得与义抗而为维。圣人之所以立天下，曰仁义。"这相当于只承认《管子》"四维"中的"仁"与"义"，其中又以"义"最为重要："若义之绝，则廉与耻其果存乎？廉与耻存，则义果绝乎？"在他看来，"廉耻"只是依附于"仁义"（尤其是"义"），并不能与后者并列。柳宗元但见"二维"而不见"四维"的论说，也激起后人的批驳，如南宋杨冠卿《礼义廉耻》、黄震《四维天爵论》等均维护"廉"与"耻"的地位。明末清初，顾炎武撰《廉耻》一文专论士大夫之廉耻。在他看来，士人的廉耻尤其重要，所谓"士大夫之无耻，则其害甚大，是谓国耻"。其《日知录·廉耻》有言："礼义治人之大法，廉耻立人之大节。盖不廉则无所不取，不耻则无所不为，人而如此，则祸败乱亡，亦无所不至。"其说颇有明代遗民总结亡国教训的意味。与前人不同的是，顾炎武还特意指出了"耻"的重要性："四者之中，耻尤为要，故夫子之论士曰：行己有耻。孟子曰：人不可以无耻，……又曰：耻之于人大矣，……所以然者，人之不廉，而至于悖礼犯义，其原皆生于无耻也。故士大夫之无耻，是谓国耻。"清朝康熙帝曾亲自撰写《四维解》肯定《管子》"四维"之说："故言礼义而并言廉耻，可以警动天下而兴起其为善去恶之心，是《管子》之意也。"而且认为"廉耻之名视礼义之名为尤切，无廉耻之名视无礼义之名为尤不可居"。

从古至今，核心价值都是维系民族精神的内核，而关键词又是核心价值的高度凝炼与集中表达。它可以像"仁""义""礼""智""信"那样亘古亘今，得到广泛的认可；也可以如"廉"与"耻"一般，在特定的历史时期愈发彰显凝聚人心、引领风尚的作用。早在《尚书·洪范》中，商周鼎革之际的核心价值便被总结为"五行""五事""八政""五祀""皇极""三德""稽疑""庶征""五福"与"六极"等"洪范九畴"。

其中，以"正直""刚克""柔克"解释"三德"，用"寿""富""康宁""攸好德""考终命"概括"五福"，等等，正是核心价值进一步的关键词化。时至今日，富强、民主、文明、和谐，自由、平等、公正、法治，爱国、敬业、诚信、友善，通过对中国传统文化的深度挖掘和创造性继承而锤炼为十二个关键词，可谓当代核心价值在国家、社会和个人层面的最新呈现。而"天人合一""忠恕之道""群己合一""和而不同"，又分别从人与自然、人与人、个人与社会、文明与文明等层面消解矛盾[①]，彰显了中国传统文化历久弥新的价值。一时代有一时代之核心价值，一时代亦有一时代之关键词。关键词与核心价值构成互文关系，前者的显隐常常标识后者的兴替。诸如"勇"在孟子"四端"说中的退隐，"廉耻"在南宋、明末清初的凸显，以及"革命"与"斗争"、"重义"与"轻利"、"集权"与"人治"、"身份"与"等级"、"崇高"与"信仰"等价值在新时期的被解构[②]，关键词吐故纳新的背后隐藏着核心价值的与时俱进。所谓解读文化密码，最终面向中国文化在话语表达、思维方式、人文精神、价值观念等层面的丰富内涵。

---

① 参见陈来：《如何讲清楚中华文化的当代价值》，《人民日报》2017 年 3 月 17 日 24 版。

② 参见廖小平：《价值观变迁与核心价值体系的解构和建构》，中国社会科学出版社 2013 年版，第 183—193 页。

第四章　元典关键词研究的方法论探索

中国文化中哪些是核心的、重要的术语、概念、范畴、命题，因而可以被称为"关键词"？为数众多的关键词有无潜在的体系与层级？"关键词"之中，哪些需要作重点阐释，哪些只需作一般性介绍，具体又该如何阐释？这些都是需要讨论和甄别的。相应地，关键词之遴选、关键词之类分、关键词之阐释也就成为方法论探索的重点之所在，而由此概括出的"资格审查法""形神分合法""生命历程法"，可为元典关键词研究提供选词标准、释词模型和诠词路径。

第一节　资格审查法：关键词之遴选

关键词研究的首要步骤理应是对词之关键性的认定。先行者雷蒙·威廉斯曾为后人垂范："我称这些词为关键词，有两种相关的意涵：一方面，在某些情境及诠释里，它们是重要且相关的词。另一方面，在某些思想领域，它们是意味深长且具指示性的词。"① 持此标准，

① ［英］雷蒙·威廉斯：《关键词：文化与社会的词汇》，刘建基译，生活·读书·新知三联书店 2016 年版，第 29 页。

威廉斯选取从 Aesthetic 到 Work 这 131 个词语，作为文化与社会的关键词。对于借鉴"关键词"学术路径的中国学者而言，雷蒙·威廉斯的经典性定义可谓"彰""障"并存。所谓的"彰"是从界定的角度来说，因为这一论述凸显了关键词在论域内的重要地位与多重意旨。不过，如果国内学者仅仅拿现成的标准套用，而不再细绎"何以关键"的具体情况，便难免因"彰"而生"障"。毋庸讳言，"重要且相关"与"意味深长且具指示性"毕竟只是一个相对模糊的范围，容易言人人殊而很难达成共识。于是，一种可能的情况便是，甲乙双方均引用雷蒙·威廉斯的定义论证自选关键词的合法性，却并不能说服彼此。尤其是面对中国传统文化，研究者在关键词遴选问题上的见仁见智与各是其是、各非其非更属常见现象。秦汉之前的中国文化典籍之中，有大量的术语、概念、范畴和命题，哪些是核心的、重要的因而可以被称为"关键词"；"关键词"之中，哪些需要作重点阐释，哪些只需作一般性介绍，都是需要讨论和甄别的。所以，探索元典关键词研究的方法论，有必要明确词语之所谓"关键"的遴选标准，建立起一套切实可行的关键词资格审查法。

本书以词根性、坐标性和再生性为标准，从中国文化元典中遴选关键词。顾名思义，资格审查先要筛检候选者的身份信息，以便鉴定过往、评估未来、判断其是否具备资格以及能否胜任名号。当候选者为词语时，资格审查法所参考的出生年月、籍贯所在、社会关系、健康状况、履职与成就，以及可塑性和潜力等衡量项，其实可以概括为"三大"："命大"（出生年月、履职与成就）、"幅大"（籍贯所在、社会关系）和"力大"（健康状况、可塑性和潜力）。"命大"言其历久弥新，"幅大"谓其宽广深厚，"力大"指其张力弥漫，惟有符合"三大"标准者，方可谓之中国文化元典关键词。

一、未尝有始，未尝有终

所谓"命大"，是一种比喻性的说法，视词语为历经沧桑且又历久弥新的生命体。历经沧桑从生命长度来说，自轴心期便已存在而未尝有始；历久弥新就生命质量而论，在全球化时代依旧适用且未尝有终。资格审查时，词源学意义上的"出生年月"和文化与社会语境中的"履职与成就"，可用来检验词语是否具有通变恒久的生命力。如果说前者标识了词语的年龄（"命大"之长寿义），那么，后者则代表了关键词所应具备的资历与效力（"命大"之长青义）——这也关系到它们是否构成文化与社会语境中"重要且相关"和"意味深长且具指示性"的词。概括地说，关键词之"命大"表现为"未尝有始，未尝有终"。形象地说，"根之茂者其实遂，膏之沃者其光晔"（韩愈《答李翊书》），在历史长河中，那些关键的词联通过去与未来。它们一头溯洄而上，通往奠定中国文化根基的轴心期乃至前轴心时代，因而具备思想文化层面本源与本原的双重属性；另一头又溯流而下，从元典步入日常，鲜活于当下的主流与民间话语之中，可谓"周虽旧邦，其命维新"。审查词语是否"命大"时，这"未尝有始，未尝有终"的两端缺一不可：倘无轴心期的根柢，根不深者叶多难茂；如若在全球化时代失去活力，枝叶萧条者亦不可荫庇一方。

（一）本源与本原

本源乃就词语的"出生日期"而言。今日所谓中国文化元典关键词至迟在轴心期便已奠定基本形态，其"词根"深植于先秦以五经和诸子为代表的元典之中。这些关键词的语义根柢和原始出处还可继续向前追溯至前轴心时代的甲骨文、金文，乃至符号和初文。当然，前轴心时代的文献较为零散，真正能为关键词解诠提供系统语用的还是五经和诸子。持此标准衡量，能够胜任关键词名号者，应在轴心期文化元典中有较为成熟的使用与相对完整的论说。

儒家元关键词"礼"即为典型一例。甲骨文卜辞中有"象二玉在器之形"的"豊"字，王国维认为"礼"（繁体"禮"）字源于古代以玉奉神的献祭仪式，"推之而奉神人之酒醴亦谓之醴，又推之而奉神人之事通谓之礼"①。以玉行礼的仪式传统由来已久，大量的出土玉器可为证。时至春秋战国，"仪式的主持与意义的解释"还与"历算之学与星占之术""以龟策预言吉凶"一道成为当时的一般知识与思想。② 以礼事神，进而规范家国天下秩序的思想亦开始在轴心期文化元典中大量涌现。五经之《礼》即以"礼"为书名，后分化为主谈官制的《周礼》、载录礼节的《仪礼》，以及解释《仪礼》的《礼记》。其中，《礼记·礼运》已认识到"礼"的形式与内容（或曰手段与目的）之别："陈其牺牲，备其鼎俎，列其琴、瑟、管、磬、钟、鼓，修其祝、嘏，以降上神与其先祖。以正君臣，以笃父子，以睦兄弟，以齐上下，夫妇有所，是谓承天之祜。"牺牲、乐舞、玉帛、钟鼓等只是形式、手段和"礼之仪"，其重要性逐渐让位于"礼之义"。孔子"礼云礼云，玉帛云乎哉？乐云乐云，钟鼓云乎哉"（《论语·阳货》）的反问，便抓住"仪""义"之别。公元前 537 年，女叔齐在晋侯面前批评鲁昭公看重的郊劳、馈赠"是仪也，不可谓礼"（《左传·昭公五年》）；公元前 517 年，子大叔也引子产之语称揖让周旋之礼"是仪也，非礼也"（《左传·昭公二十五年》）。经轴心期思想家的离析与廓清，以"礼"来保障社会秩序的"词根"基本确立。

"道"之于道，正如"礼"之于儒，同为学派的元关键词。金文"道"

---

① 王国维：《观堂集林》，中华书局 1959 年版，第 291 页。

② 参见葛兆光：《中国思想史》第一卷，复旦大学出版社 2001 年版，第 71—74 页。

多写作 （《貊子卣》）与 （《散盤》），乃 ""（行）""（首）会意而成，或另加 ""（止）以强调行走。《说文解字·辵部》释"道"为："所行道也。从辵首，一达谓之道。"段玉裁进而揭示从"道路"到"道理""引道"的义项演变："道者人所行，故亦谓之行。道之引伸为道理，亦为引道。"① 与"礼"之义从以玉奉神到规范人伦的过渡近似，"道"从具体的道路、引路抽象为道德、道理，也主要是在五经和诸子中完成的。《尚书·洪范》载"九畴"之"皇极"曰："无偏无陂，遵王之义。无有作好，遵王之道。无有作恶，遵王之路。无偏无党，王道荡荡。无党无偏，王道平平。无反无侧，王道正直。"又，《诗经·小雅·小旻》云："发言盈庭，谁敢执其咎？如匪行迈谋，是用不得于道。"诗意中的"道"固然可以理解为道路，但孔颖达疏："其君臣之谋事如此，似欲行之人，非于道上，而但坐谋远近，是用不得于道里，何以异乎？谋而不行，则于道不进；言而无决，则于事不成之。"② 在这里，"不得于道"既是字面义的道路，还喻指得不到正确的方法。同属以一"道"字双关"道路"与"道理"类型的还有"鲁道有荡，齐子由归"（《齐风·南山》）和"顾瞻周道，中心怛兮"（《桧风·匪风》），等等。作为道德、道义的"道"在《老子》和《庄子》中有更为集中的论述。《老子》开篇即点明"道可道，非常道"（一章），并将"道"视为万物的根本："有物混成，先天地生。寂兮寥兮，独立而不改，周行而不殆，可以为天下母。吾不知其名，字之曰道，强为之名曰大。"（二十五章）与之相似，《庄子·大宗师》亦言："夫道，有情有信，无为无形；可传而不可受，可得而不可见；自本自根，未有天地，自古以固存；神鬼神帝，生天生地。"不唯如此，《庄子》还

---

① （清）段玉裁：《说文解字注》，上海古籍出版社 1981 年版，第 75 页。

② （清）阮元校刻：《十三经注疏》，上海古籍出版社 1997 年版，第 449 页。

以"混沌凿七窍而死""黄帝失玄珠""庖丁解牛""轮扁斫轮"等寓言，揭示"道法自然"的要义。

当然，单有本源性还不足以称得上是关键，因为起源早是一种先天的禀赋，并不意味着后天的成效。那么，就有必要在"本源"之外，引入"本原"作为"命大"的另一参照。相较于"出生日期"这一历史事实，"履职与成就"还记录下词语参与文化和社会进程的踪迹，并揭示词语之所以关键的思想依据和逻辑必然。王力先生曾言："说某一个字义在先秦早已产生，而中间又隔了一二千年不出现于群书，直到现代或近代方再出现，实在是很不近情理的事。"[1] 这是从字义上讲，同样地，一个词在先秦时便早已产生，而中间一直隐而不彰，未在思想与文化中发挥本原性的作用，也难称关键词。正本清源，中国文化元典关键词，是以关键词的形式对中国文化元典的提炼、概括或举要。元典又有原典、始典、首典、正典、大典、宝典之称，名号虽多，其实不离源起（原典、始典、首典）、根本（正典）、美善（大典、宝典）三义。元典首先是经典，作为中国文化元典的五经与诸子实为经典中的经典，相对于一般经典，"只是那些具有深刻而广阔的原创性意蕴，又在某一文明民族的历史上长期发挥精神支柱作用的书籍方可称之'元典'"[2]。依托于元典的关键词天然地携带原创性意蕴，并理应在中华文明历程中发挥精神支柱的作用。

如何理解关键词的本原性？一个简单的判断方法是，那些在轴心期便已奠定思维和言说基础，继而成为后人复述、驳斥、阐发的词语，便可谓文化与社会语境中具有本质、根本作用的关键词。提出"轴心期"概念的雅斯贝尔斯曾言："直至今日，人类一直靠轴心期所产生、思考

---

[1]　王力：《理想的字典》，载《龙虫并雕斋文集》，中华书局 1980 年版，第 371 页。

[2]　冯天瑜：《中华元典精神》，上海人民出版社 1994 年版，第 2 页。

和创造的一切而生存。每一次新的飞跃都回顾这一时期，并被它重燃火焰。"① 验之中国文化，后人回顾轴心期多通过重读经典的形式进行，而关键词的重释正伴随着经典的重读。从"天人"之于西汉独尊儒术始，"三玄"之于魏晋玄学，"道"与"文"之于唐代古文运动，"理"与"心"之于宋明理学，"礼仪"之于清代儒、耶之争，一直到"体用"之于近代洋务运动与维新变法，都是关键词对社会历史进程的见证与标识。这里涉及的"礼""道""天""人""玄""文""理""心"等词语，扎根于轴心期并成为后继学者或学术思潮重释的逻辑起点和语义根据，无疑是具有本原性质的元典关键词。不同时代对关键词的重释，表面上看是一时代有一时代之关键词，事实上却是关键词跨越学派与思潮的复现与更新。

在关键词的资格审查过程中，逻辑层面上的"本原"还可以弥补历史意义上"本源"之不足。一般而言，所谓关键词按照使用频度可细分为叙词和自由词两类，前者又称主题词，是经过一定提炼而约定俗成的词语，不易产生理解的分歧；后者则带有很强的主观性，也就常常造成阐释者的各持己见。以本源观之，叙词和自由词都有可能诞生于轴心期，难分彼此；但以本原验之，自由词尚未在全社会达成共识，影响力显然不及叙词。前文提及的"礼"和"道"属于叙词，分别以儒家和道家之论说最具特色，但轴心期思想家对"礼"和"道"的接受、使用并未局限于学派。道家虽然视"礼"为"忠信之薄而乱之首"（《老子》三十八章），为"道之华而乱之首"（《庄子·知北游》），但反对并不意味着不知晓。《老子》三十一章有言："吉事尚左，凶事尚右。偏将军居左，上将军居右，言以丧礼处之。杀人之众，以哀悲泣之，胜以丧礼处

---

① ［德］卡尔·雅斯贝斯：《历史的起源与目标》，魏楚雄、俞新天译，华夏出版社1989年版，第14页。

之。"这里既有"吉事尚左，凶事尚右"的礼仪传统，又有"胜以丧礼处之"的道家观念。此外，《孔子家语·观周》言孔子"问礼于老聃"，《礼记·曾子问》亦载孔子论丧礼四次提及"闻诸老聃曰"。道家有"信行容体而顺乎文，礼也"（《庄子·缮性》）的认识，儒家亦有"君子务本，本立而道生"（《论语·学而》）和"道者，非天之道，非地之道，人之所以道也"（《荀子·儒效》）的论说。也就是说，以本原验之，"礼"和"道"既分别是儒道两家思想的基础，又超出一家之言的局限，堪称轴心期社会思潮中的主题词。与之相对应，诸如扬雄在《太玄》中效仿《周易》"元、亨、利、贞"一组四个关键词而创制的"罔、直、蒙、酋"，就只是主观性和个人色彩鲜明的自由词，因缺少本原性，也就无法谓之文化关键词。

（二）旧邦与新命

"命"有多义，《白虎通义·寿命》载："有寿命，以保度；有遭命，以遇暴；有随命，以应行。"此即赵岐《孟子章句》所言"命有三名，行善得善曰受命，行善得恶曰遭命，行恶得恶曰随命"，王充将其进一步整合为"寿命"和"禄命"："有死生寿夭之命，亦有贵贱贫富之命。"（《论衡·命禄》）这是古人对生命和命运的思考，按照现代观念来看，"命"还有长度与质量的双重内涵，有长度的"命大"谓为"长寿"，有质量的"命大"名曰"长青"。本源和本原，分别从历史与逻辑层面考察词语是否"长寿"；旧邦与新命，又作为一个特殊视角合力彰显词语面向当下的阐释力，亦即词语是否"长青"。如果说旧邦位于语义所扎根的轴心期，那么，新命便是关键词在全球化时代超越古今与中西界限的适用性。源自旧邦而无新命者，固然记载了丰富的历史信息，但当它们的"所指"作为一种历史遗迹已退出当下话语实践，陈列于知识橱窗而仅有考古学意义时，便很难再称"关键"。比如魏晋南北朝一度流行的"玄冥""独化"，在唐宋以后就退出了历史舞台。① 从这种意义讲，"命大"还表现为词语自轴心期一直"活"到全球化，具有历史语义之外再阐释、转义与通约的巨大潜能。

如何衡量词语的活力？使用频率是一个非常直观的指标。一般而言，词语在文本中出现的频率（包括数量与位次）同其重要性正相关。不妨以《史记》为例说明之，《礼书》《乐书》《天官书》《封禅书》和《平准书》中频次最高的前十个字依次为②：

之、也、以、者、而、不、其、所、礼、为；
之、也、而、乐、以、者、不、其、礼、则；
其、星、出、有、之、为、而、天、曰、不；
之、其、祠、上、以、而、山、天、帝、曰；
之、以、而、不、者、为、官、钱、天、其。

除去"之""也""以""者"等常用的虚词，《礼书》中的"礼"，《乐书》中的"乐"和"礼"，《天官书》中的"星"和"天"，《封禅书》中的"祠""山""天""帝"，以及《平准书》中的"官""钱""天"，其实都是所在文本的主题词，或曰关键词。

持此方法考察单一文本如此，推广到不同文本乃至不同学派、不同时代的用词情况亦然。前文提及儒家崇"礼"而道家重"道"，两者都是从"人"出发。此点可借由使用频率验证。"人"，在《老子》中凡见85次，频率为1.539%，位列该书单字字频第十，处于"之""不""以""其""而""为""无""天""者"

---

① 参见张岱年：《中国古典哲学概念范畴要论》，中华书局2017年版，第6页。
② 参见李波：《史记字频研究》，商务印书馆2006年版，第27页。

之后；在《论语》中凡见 219 次，频率为 1.376 %①，位列第八，紧随"子""曰""之""不""也""而""其"之后；在《孟子》中出现 611 次，频率为 1.727 %，位列第九，前面的单字为"之""也""不""曰""子""而""者""以"；②在《庄子》内七篇中出现 224 次，频率为 1.691 %，位列第十，次于"之""而""也""不""其""以""者""乎""为"。在孔、孟、老、庄的话语体系中，"人"的使用频率皆不出前十，如果去除"之""不""子"等不表实际意义的词，"人"的位次还要提前。这也足以说明"人"确实是先秦儒道两家共同关注的关键词。

以使用频率为纵轴，以所处时代为横轴，还可建立起词语分布的历时性坐标。在 1500 万字的古代汉语语料库，"人"出现 144108 次，频率为 1.101 %，仅次于"不"和"之"，位列第三；在 2000 万字的现代汉语语料库中，"人"出现 121628 次，频率为 0.782 %，次于"的""一""是""不""了""在""有"，位居第八。③另外，在 61 万余字的十三经中，"人"凡见 9693 次，频率为 1.573 %，处在"之""也""子""不""以"之后的第六位。④在文渊阁《四库全书》和《四部丛刊》合计约 8 亿字的古籍汉字语料中，"人"出现总次数为 6 750 929，频率为 0.856 %，居"之""不""以""也""而""其"之后，位列第七。⑤在 1977 至 1982 年间一亿三千八百万字的现代汉语语料中，"人"出现 81106 次，频度为 0.682 %，位于

① 参见中国社会科学院文学研究所计算机室：《论语数据库》，人民日报出版社 1987 年版，第 189 页。

② 参见周文德、杨晓莲：《〈孟子〉数据库》，巴蜀书社 2002 年版，第 9 页。

③ 参见统计数据见语料库在线网站（www.cncorpus.org），2017 年 9 月 7 日查询。

④ 参见海柳文：《十三经字频研究》，高等教育出版社 2011 年版，第 102 页。

⑤ 参见北京书同文数字化技术有限公司编：《古籍汉字字频统计》，商务印书馆 2008 年版，第 28 页。

"的""一""是""在""不""了""有""和"之后，居第九位。① 上述统计数据说明，"人"在使用频率上的量与位变动都不大，频率在0.6%—1.1%区间内浮动，位次也不离前十，这恰可说明其作为关键词的恒久常青。

同"人"一样，儒家之"礼"、道家之"道"、墨家之"义"、法家之"法"、兵家之"兵"都是从轴心期一直"活"到当下的高频词汇，如表2：

表2 "礼""道""义""法""兵"使用频率统计

	古籍汉字语料库1		现代汉语语料库2	
	频率	位次	频率	位次
礼	0.154%	110	0.008%	998
道	0.227%	58	0.139%	157
义	0.125%	148	0.170%	123
法	0.109%	178	0.268%	59
兵	0.134%	140	0.036%	590

数据1 参见北京书同文数字化技术有限公司编：《古籍汉字字频统计》，商务印书馆2008年版。
数据2 参见国家语言文字工作委员会国家标准局编：《现代汉语字频统计表》，语文出版社1992年版。

在以《四库全书》和《四部丛刊》为代表的传统典籍中，"礼""道""义""法""兵"的频率均处于前200位。到了以1977至1982年间的现代汉语语料中，上述五个关键词位次均处在前1000名。其中，"道""义""法"或升或降，仍在前200名的范围内波动；而"礼"和"兵"的使用频率则降幅较大。对于这组数据，还需要进一步的分析

---

① 参见国家语言文字工作委员会、国家标准局编：《现代汉语字频统计表》，语文出版社1992年版，第1页。

和说明。

当我们说频率统计有助于遴选关键词时，也有不可回避的其他问题。基于使用频率的定量分析，尤其是加入时间刻度后，为审查词语是否"长寿"与"长青"提供了直观而可信的参考标准。考虑到词语的多义性、一字多词、一词多字以及双音节化等复杂情况，还需要将量化统计与质化解读相结合。字频或词频统计以汉字为基本识别单位，这就决定了计量结果无法区分词语的普通语义与关键性意涵。"道""无""和"等都是显著的例子，等同于说、讲的"道"，表示没有、不是的"无"，以及用作连词或介词的"和"，都很常见，但这类普通语义或是仅仅表示一般含义，或是发挥语法功能，多少远离了文化与社会语境中的"重要且相关""意味深长且具指示性"。所以，关键词在进行是否"命大"的资格审查时，不可完全依靠数据，还应结合具体语境分析词语的生命活力。明确了这一问题，我们再回头看关键词"礼"和"兵"在现代汉语中是否关键依旧。单纯就频率与位次的下降而言，"礼"和"兵"的使用确实大不如前。但是须知，"礼"之礼教、礼制、礼治等意涵在现代社会治理中固然让位于"法"，但由它所内化出的社会活动规则，仍在道德礼貌、文明礼仪等层面继续发挥潜移默化的作用；而"兵"在现代汉语中的位次后移，并不妨碍"军"（0.127%，第 173 位）、"战"（0.093%，第 253 位）等相关词语的高频出现——这些都是数值和排序所无法呈现的内容。

将定量的使用频率与定性的当下价值相结合，是考察词语是否"长青"的主要方法。"未尝有始，未尝有终"，或曰从轴心期一直"活"到全球化，意味着关键词不但跨越了古今之异，而且成为沟通中外的观念载体。只有当古老的"礼""道""义""法""兵"等词语，既承载中国传统的观念与思想，又分别构成 21 世纪有关道德礼仪、宇宙终极、伦理规范、法律制度、军事攻防等中西对话的话语依据和通约前提，方可谓为"旧邦新命",才能配上"关键词"的称号。《老子》十四章将"道"描述为"迎之不见其首,随之不见其后;执古之道,以御今之所有",这既是宇宙万物本原之"道"的存在状态,也是关键词"道"的语义特征。"道"如此,"人""礼""义""法""兵"等其他关键词之"命大"亦可如是观。

二、包括宇宙,总揽人物

对词语进行是否"关键"的资格审查,先要从历时性角度考察其生命力,借由词源学意义上的"出生年月"和文化与社会语境中的"履职与成就",来判断词语的长寿与长青状况。由时间而至空间,关键词之"命大"还细化为词语所承载观念的覆盖面与纵深度,亦即"幅大"。如果说"命大"的标准是历久弥新,从轴心期到全球化,如"道"一般"未尝有始,未尝有终";那么"幅大"的要义便是宽广深厚,既经纬天地又透彻骨髓,既弥纶群言又深契文心,就像司马相如论"赋家之心"那样"包括宇宙,总揽人物"(《西京杂记》)。那么,又该如何测量词语的外延覆盖面和内涵纵深度?在资格审查过程中,词语的"籍贯所在"和"社会关系"是可以凭借的指标。籍贯为祖籍地,是汉字孳乳和语义派生的起点,也是词语能指与所指约定的最初语境。所谓"振叶以寻根,观澜而索源"(《文心雕龙·序志》),由祖籍地而至出生地、成长地和户籍所在地,可绘制一幅较为完整的历史语义脉络,进而明确其根源所在和荫庇所及。词语的"社会关系"亦可类比于人,通过与相关词语在血缘、地缘和业缘等不同层次上的关联,可串联起候选词语的具体语用。质言之,"籍贯所在"纵向深入,聚焦词语的内涵;"社会关系"横向拓展,呈现词语的外延。依据前者绘制出的历史语义脉络可测量关键词的渗透性,借由后者串联起的不同语用亦能呈现关键词的辐射力。

（一）关键化与渗透性

如果说经典的形成要经历一个"经典化"的过程，那么，关键词的创生与出场同样离不开"关键化"。所谓"关键化"，是指词语在特定的情境、诠释以及思想领域内由一般性的造句单位升格为"重要且相关"和"意味深长且具指示性"的表意符号之过程。比如前面提到的"道"和下文将要分析的"天"在未"关键化"之前，只是一般意义上的道路和天空；等到分别具备本原、规律、法则与主宰、自然、义理诸内涵后，方可谓为关键词。整体上看，这一"关键化"的过程是历时性的，但对词语个体而言却更为集中地呈现为语义空间的扩容。其实，无论是古代汉语以门户关闭喻指紧要处的"关键"，还是英语中脱胎于钥匙（key）的 key words，都借助一扇门或一把锁来表现其重要性——通过看似平面化的词语开关启钥，门后却是广阔而深邃的意义空间。中国文化元典关键词的"关键化"大致完成于心期，表现为词语内涵的纵向深入与外延的横向拓展，两者可分别用渗透性和辐射力来衡量。

从语义学角度看，每一个关键词都经历了从本义到多义的演变；由观念史切入，每一个关键词所承载的内涵同样离不开由简单到复杂、从朴素到抽象的渐进过程。语义的演变根植于内涵的发展，所以，关键词的"关键化"不但外显为词义的多元，而且内藏着观念的复杂化、抽象化与普遍化。这种多元背后的复杂、抽象与普遍，紧扣文化与社会的主题，一直通往中国文化的核心内涵和本质规定，因而具有透彻骨髓、深契文心的渗透性。我们不妨以"天""地""人"之"三才"为例，分析诸如此类的关键词如何渗透到中国文化的核心，又怎样进入大众言语，表述中国文化的要义。

　　"天""地""人"之"三才"是中国文化独具特色的思考和表述。《周易·系辞下》有言:"易之为书也,广大悉备:有天道焉,有人道焉,有地道焉。兼三才而两之,故六。六者非它也,三才之道也。"对此,《说卦传》进一步解释:"昔者圣人之作易也,将以顺性命之理。是以立天之道,曰阴曰阳;立地之道,曰刚曰柔;立人之道,曰仁曰义。兼三才而两之,故易六画而成卦。分阴分阳,迭用柔刚,故易六位而成章。"所谓"三才"是《易传》在逻辑层面上对卦象六位的解释,《周易·系辞下》还从历史角度溯源八卦的创制:"古者包牺氏之王天下也,仰则观象于天,俯则观法于地,观鸟兽之文与地之宜,近取诸身,远取诸物,于是始作八卦,以通神明之德,以类万物之情。"这里的仰观俯察与近取诸身、远取诸物,昭示了"天""地""人"三要素在八卦创制过程中的基础性作用。在《周易》中,"乾"卦象天,"坤"卦示地,诸如"见龙在田,利见大人"(《乾·九二》),"飞龙在天,利见大人"(《乾·九五》),"亢龙有悔"(《乾·上九》),"履霜,坚冰至"(《坤·初六》),"龙战于野,其血玄黄"(《坤·上六》)等爻辞,正是借助"在天""在田""于野"等处境来标识时间和空间,并根据富有典型性的"天"与"地"来揭示"人"的处世之道。所谓"天行健,君子以自强不息","地势坤,君子以厚德载物",这"天"和"地"既是经验世界中头顶的天空和脚踏的田地,又是思想观念里刚健之天德和柔顺之地德。《周易·乾·文言》曰:"本乎天者亲上,本乎地者亲下,则各从其类也。"由天地可延伸出上下、刚柔、阳阴、动静、轻重、清浊、君臣、父子、夫妇等成对范畴,以及更普遍意义上的时间与空间概念,以此来认识并界定人的意义世界。"三才"一面强调区别对待,一面又注重"天""地""人"三者的统筹互动,它作为一种思维原型已经渗透、贯穿于整部《周易》乃至中国传统文化之中。

　　哲学思辨如此,语言文字亦然,且看《说文解字》对"天""地""人"

三者的分析：

> 天，颠也。至高无上。从一大。（《说文解字·一部》）
>
> 地，元气初分，轻清阳为天，重浊阴为地。万物所陈列也。从土，也声。（《说文解字·土部》）
>
> 人，天地之性最贵者也。此籀文。象臂胫之形。凡人之属皆从人。（《说文解字·人部》）

许慎的三条释义可大致分成两部分：一是文字的本义，即颠顶为天，地字从土，人象臂胫之形；二是从本义中引申出的观念和判断，如天之"至高无上"，地为"重浊阴"和"万物所陈列"，人乃"天地之性最贵者"。相较于本义与世间万物的对应，引申义的理据更能显现中国文化的民族性和独特性。

由"至高无上"一脉出发，有主宰之天，化身成人格化的天帝和天子；有自然之天，不以人的意志为转移，是谓天道和天然；还有义理之天，作为道德、信念、理想等价值的最高依据，构成天命、天性、天理等人伦规范。

顺着"万物所陈列"的观念，"地"既与"天"对，指一方水土，进而衍生出"万物之本原，诸生之根菀"（《管子·水地》）的观念；又与君主相对，指一方水土所养育的民众，故有"地者，政之本也"，"地不平均和调，则政不可正也；政不正，则事不可理也"（《管子·乘马》）之说。

作为"天地之性最贵者"，在生命世界中，"人"具有区别于动植物的灵性，即段玉裁所注，"禽兽草木皆天地所生，而不得为天地之心。惟人为天地之心，故天地之生此为极贵"[1]，故早在轴心期便有了

---

[1] （清）段玉裁：《说文解字注》，上海古籍出版社 1981 年版，第 365 页。

"惟人万物之灵"（《尚书·泰誓》），"天生万物，唯人为贵"（《列子·天瑞》），"倮虫三百，人为之长"（《论衡·商虫》）的认识；在"三才"体系中，"人"的存在又使"天"和"地"具备了人文色彩，正像《礼记·礼运》所言"人者，天地之心也"和"故人者，其天地之德，阴阳之交，鬼神之会，五行之秀气也"，亦如刘勰所总结的那样："惟人参之，性灵所钟，是谓三才；为五行之秀，实天地之心。"（《文心雕龙·原道》）

分开来说，"三才"沿着不同的路径各自渗透。与表示头顶的"天"之本义相比，主宰之天、自然之天和义理之天可串联起一部中国古代思想史，从具有原始思维性质的天帝神话开始，历经先秦子学、两汉经学、魏晋玄学、隋唐佛学、宋明理学、清代朴学等各阶段对自然、社会和人生的探讨，凝炼为"天"的神化与德化。从单纯的土地到土地上的民与军、政，视角的转换意味着用兵之法需要重视"散地""轻地""争地""交地""衢地""重地""圮地""围地""死地"（《孙子兵法·九地》）等地利，为政之道亦不容忽视风土民情和安居乐业。至于"人"从生物性到精神性的深入发现，更是人本主义和人文性的彰显。通观"三才"，又可见"人"在其中发挥的核心作用。"天"由神化至德化，伴随着"人"的理性化，是"人"在"天"下的抬头；"地"所代表的"天时不如地利"与"莫非王土"，也要借由"人"的因地制宜进一步走向"地利不如人和"与"王道乐土"。无论是"天""地""人"三者在内涵上的分头掘进，还是"三才"作为一个整体所彰显的生存智慧，都是极具中国魅力的思考与表述。

关键词之"幅大"在纵向上表现为内涵的深邃。于"天""地""人"而言，本义所专指的头顶、田地、生命之人铺就语义的表层，宗教和道德意义上的"天"、作为兵家争夺对象和政治要素的"地"，以及"人"之人本和人文诸内涵共同构成语义的深层。由表及里，"天""地""人"

225

之"三才"以及"天人合一""因地制宜"等理念关联互动，已渗透到华夏民族思维的原型和中华文化的内核，同时还外显于政治制度和民间风俗，衍生出诸如"顶天立地的人""头上三尺有神明""尽地力"等鲜活灵动的表述。不妨说，这种透彻骨髓、深契文心的渗透性，是通往中国文化核心内涵和本质规定的门户和锁钥，亦是词语"关键化"所不可或缺的考核指标。

（二）关键化与辐射力

关键词在纵向上渗透，通过本义到引申义的层层拓展，使其内涵由语言而至思维、从物质进入精神，不断地复杂化、抽象化和普遍化。在这一过程中，词语的祖籍地、出生地、成长地和现居地既可视为记录语义流变的里程碑，又能用作丈量内涵纵深的洛阳铲。关键词还在横向上辐射，借助词义的扩大、转移以及词与词之间的勾连、整合，搭设起血缘、地缘、业缘等不同层次上的关系网，面向具有相似性的事物拓展，由点及面而推广至天地万物。于是，纵向的渗透与横向的辐射相结合，使关键词既经纬天地又透彻骨髓，既弥纶群言又深契文心。具有渗透性与辐射力的关键词，不但历时性地形成一条历久弥新的语义脉络，从轴心期通往全球化，而且还在内涵与外延上不断生发出宽广深厚的根系，纵横交织融合互动，合力圈划出关键词的"幅大"。

关键词得名于词语在文本或文化结构中的独特地位。如果说，在内涵上具有渗透性的词语是触及中国文化核心要义和本质规定的入口，那么，在外延上具有辐射力的词语便是语言、思维和文化的枢纽和要道。相应地，考察关键词的"关键化"也就需要绘制词义自身以及词与词之间的关系网，通过词义的扩大、转移以及词与词之间的勾连、整合，检验其是否在文化与社会中处于核心的、重要的位置。

先看词义的扩大与转移。王力先生在《新训诂学》中借鉴西方语言学观念，将语义的演变概括为扩大、缩小、转移和忌讳四种方式。① 其中，扩大与缩小同词语外延的变化密切相关，即外延的扩大意味着特征的缩小，其所指范围更大；外延缩小则意味着特征扩大，其所指范围也相应缩小。语义的扩大，如"脸"从"目上颊下"覆盖到整个面部，而"趾"（本作"止"）从泛称足部到专指脚趾则是语义的缩小。② 就一般词语而言，语义有扩大，也有缩小，但对关键词来说，要想从一般性的词语变成文化与社会语境中"重要且相关""意味深长且具指示性"的词，多半要靠语义的扩大。前文提及"天""地""人"皆为扩大式，因其语义不再限于头顶、田地、生命体之一隅，才能形成"天人合一""因地制宜"式的关联互动。又如"道"，从道路和引导中生发出本原、规律、法则诸义项，才有了《淮南子·原道训》对其无远弗届、经纬天地状态的描述：

　　夫道者，覆天载地，廓四方，柝八极，高不可际，深不可测，包裹天地，禀授无形。原流泉浡，冲而徐盈；混混滑滑，浊而徐清。故植之而塞于天地，横之而弥于四海，施之无穷而无所朝夕，舒之幎于六合，卷之不盈于一握。约而能张，幽而能明，弱而能强，柔而能刚。横四维而含阴阳，纮宇宙而章三光。甚淖而滒，甚纤而微。

语义有外延上的扩大和缩小，也有"如蚕化蛾"式的转化与"如牛

----

①　参见王力：《新训诂学》，载《王力语言学论文集》，商务印书馆 2000 年版，第 504—505 页。

②　参见王力：《新训诂学》，载《王力语言学论文集》，商务印书馆 2000 年版，第 504 页。

生犊"式的转换。① 转化意味着新旧意义可同时存在,转换则形成昨是今非的对比。在词义转移中,不管是温和的转化,还是彻底的转换,都是词义辐射的一种表现。不妨以"文"为例说明之。甲骨文中的"文"象胸部有纹身的人,"故以文身之纹为文"②。《礼记·王制》有"被发文身"的记载,郑玄注:"文,谓刻其肌,以丹青涅之。"古文字与古文献可证明,这种文身之"文"是其本义。《说文解字·文部》云:"文,错画也。象交文。"以交错刻画释义"文",是对本义的进一步概括。而"错画"所代表的花纹、文采之义,又逐渐从"文"中分离出来,多用另加义符"糸"(或"彡")的"纹"(或"彣")来表示,此即章太炎《国故论衡·文学总略》所言"夫命其形质曰文,状其华美曰彣"③。《周易·系辞下》云:"物相杂,故曰文。"当刻画花纹意义上的"文"与"天""地""人"之"三才"结合时,还依次形成了"天文""地文"和"人文"。按照刘勰的总结,"日月叠璧,以垂丽天之象"和"山川焕绮,以铺理地之形"(《文心雕龙·原道》)分别是"天文"和"地文"的代表,而"人文"既是作品的修辞、藻饰,又是文学、文章,还是广义上的文化、学术。由"文"分化出"天文""地文"和"人文",还进一步生成星占、历算、堪舆、博物、文章、礼乐之学,构成轴心期的知识与思想主体,"文"之辐射力可谓大矣。

再看词与词之间的勾连与整合。所谓勾连,指的是词语常常溢出自身的语义范围,与其他词语交织、互动。前面提及广义的"人文"可指称文化和学术,在以儒、道、释为主体的中国传统文化之中,"孝"是"人文"范畴中的一个基本议题。"大道废,有仁义;智慧出,有大伪;

---

① 参见王力:《新训诂学》,载《王力语言学论文集》,商务印书馆 2000 年版,第 505 页。

② 徐中舒主编:《甲骨文字典》,四川辞书出版社 1989 年版,第 996 页。

③ 章太炎:《国故论衡》,上海古籍出版社 2006 年版,第 39 页。

六亲不和，有孝慈；国家昏乱，有忠臣。"（《老子》十八章）尽管老子本着"道法自然"理念否定了"孝"，却并不影响儒、释两家对"孝"的关注和推崇。明僧智旭曾言："儒以孝为百行之本，佛以孝为至道之宗。盖报恩心出于万不可解之情。……是情也，谓为世法，实是菩提之基。"（《灵峰宗论·题至孝回春传》）这一类比，将"孝"移入"菩提"的话语体系，是外来佛教适应中国传统的论说。有子的"仁之本"和孟子的"事之本"是儒家对"孝"的名流印可。《论语·学而》载有子曰："其为人也孝悌而好犯上者，鲜矣；不好犯上而好作乱者，未之有也。君子务本，本立而道生。孝悌也者，其为仁之本与！"又，《孟子·离娄上》："事孰为大？事亲为大。……事亲，事之本也。"此外，曾子对于"孝"的关键化也起到了重要作用。他将"孝"由人伦纽带提升为"天下之大经"："夫孝，置之而塞乎天地，溥之而横乎四海，施诸后世而无朝夕，推而放诸东海而准，推而放诸西海而准，推而放诸南海而准，推而放诸北海而准。"（《礼记·祭义》）这是就观念功用而言，突出其放诸四海而皆准的解释有效性。不唯如此，曾子还运用了近似禅宗"遮诠"的策略，从反面申说"孝"之重要，凸显其作为思维纽结和思想锁钥的作用："居处不庄，非孝也；事君不忠，非孝也；莅官不敬，非孝也；朋友不信，非孝也；战陈无勇，非孝也。"（《礼记·祭义》）依据曾子之意，可将此句改写为："居处庄，孝也；事君忠，孝也；莅官敬，孝也；朋友信，孝也；战陈勇，孝也。"如此言说，功用有二。一是囊括居家（居处）、为官（莅官）、交际（事君、朋友）、征战（战陈）诸方面，体现"孝"由侍奉父母而拓展开来的强大辐射力。二是勾连"庄""忠""敬""信""勇"等其他关键词，合力体现"孝"的宽广覆盖面。而"不庄则非孝"、"不忠则非孝""不敬则非孝""不信则非孝""不勇则非孝"还有假借"庄""忠""敬""信""勇"之关键性抬高"孝"地位的潜在用意或现实作用。

作为语言、思维和文化的枢纽和要道，关键词一面与近似或同类的词语彼此勾连，一面又与相对或相反的词语互相整合。前者多发生在具有地缘或业缘关系的词与词之间，如"孝"之于"庄""忠""敬""信""勇"等；后者则意在弥合对待立意词语之间的界限，如"道"与"术""器"的贯通。依据《庄子·天下》篇的划分，"道"与"术"异，前者是"全""备""纯"的本原性存在，后者是从前者中裂变出的"散""寡"与"舛驳"。然而，老子却常常从治国、军事、养生、处世等具体之"术"的层面来论"道"。①《老子》一书中，诸如"以道佐人主者，不以兵强天下，其事好还"（三十章），"水善利万物而不争，处众人之所恶，故几于道"（八章），"古之善为道者，非以明民，将以愚之"（六十五章）等借"术"论"道"的言说比比皆是。《庄子》中庖丁解牛所言"所好者道也，进乎技矣"（《养生主》）、吕梁丈夫的"蹈水之道"（《达生》）、佝偻者的"承蜩之道"（《达生》），还揭示了技术背后"依乎天理""始乎故，长乎性，成乎命""用志不分，乃凝于神"的规律和法则。《周易·系辞上》有言："形而上者谓之道，形而下者谓之器。""道"与"器"本有区别，不过，《老子》中"天地之间，其犹橐籥"（五章），"三十辐共一毂，当其无有，车之用。埏埴以为器，当其无有，器之用。凿户牖以为室，当其无有，室之用"（十一章），等等，却用直观、亲切的"器"来说明什么是"道"，揭示了道术相通和器体道用的实质。就关键词的辐射力而言，勾连同义和类义，整合反义，基本涵盖了词与词之间的主要关系类型。

关键词之"幅大"在横向上表现为外延的宽广。如果说立足词语自身的扩大与转移，呈现出一种语义层面上的血缘关系，那么着眼于词

---

① 参见王月清、暴庆刚、管国兴编著：《中国哲学关键词》，南京大学出版社2011年版，第3页。

与词之间的勾连或整合，则具有地缘与业缘的性质——它们共同织就关键词的"社会关系网"。这种经纬天地、弥纶群言的辐射力，作为语言、思维和文化的枢纽和要道，同样是考察词语"关键化"的重要指标。

三、沿生、衍生与再生

关键词在时间刻度上表现为"命大"，在空间范围内彰显为"幅大"，就其所在的词汇体系而言，还具有"力大"的特征。若说关键词的"命大"是从轴心期一直"活"到全球化的"未尝有始，未尝有终"，"幅大"是兼具内涵纵深度与外延覆盖面的"包括宇宙，总揽人物"，那么，"力大"就是词语指涉强大，张力弥漫，其内在的诸多义项充满悖论和紧张，其外在的诸多指涉傍及万品，繁复而丛杂，其衍生（构词）与再生（造词）功能生生不息，其理论的震撼力及思想的穿透力如暗夜中的闪电。在资格审查的各项具体指标里，"出生年月"和"履职与成就"常被用来检验词语是否"长寿"且"长青"；"籍贯所在"和"社会关系"纵横交织，既能测度词语内涵的渗透性，又可丈量词语外延的辐射力。至于关键词的"力大"，又该如何分解，用哪些具体指标来检验呢？其实，无论是内在的张力，还是外化的构词和造词功能，在语言体系内，关键词的"力大"集中呈现为能产性。我们可以把当下的"健康状况"与面向未来的"可塑性和潜力"作为衡量词语能产性的标准。

（一）沿生与衍生

想要谈清楚中国文化元典关键词的能产性，就必须回到作为文本依据、语用资源和思想基础的轴心期元典，而读解以五经和诸子为代表的中华元典，又离不开文字这一基本的语言单位和观念载体。与西方拼音

231

文字的"字母"体系不同，中国汉字似乎是以"字子"的形态出现。①许慎《说文解字叙》云："仓颉之初作书也，盖依类象形，故谓之文。其后形声相益，即谓之字。文者，物象之本；字者，言孳乳而寖多也。"依据单体为文、合体为字的说解体系，许慎指出汉字遵循"形声相益"和"孳乳而浸多"的规律。《说文解字·子部》释"字"为："乳也。从子在宀下，子亦声。"段玉裁进一步解释造"字"的理据："人及鸟生子曰乳，兽曰产。引申之为抚字，亦引申之为文字。"②许慎和段玉裁所指出的能产性，打破了方块字的形体间隔，将汉字视为语义流动、字形贯通、血脉相连、生命盎然的有机体。

从共时性立场审视，关键词固然存在形、音、义之别和具体词性、语用、语法之异，能够像辞典释义那样分门别类、秩序井然；但是，持历时性视角通观，还会发现它们并非一成不变，而是具备沿生、衍生、再生的脉络，又彼此交汇、沟通，呈现出以初始义和元含义为原点的"生生不息"之势。若将关键词的历史语义比作河流，那么"缘水而下"（《说文解字·水部》释"沿"）的沿生，"衍溢陂池"（司马相如《上林赋》）的衍生，"洄湍电转"（郦道元《水经注·河水》）的再生，乃至伊洛入河、济水穿河、泾渭分明等不同状态的语义交汇（而非江河并流），其实都是关键词"力大"之源远流长、波澜壮阔的呈现。

"沿生"与"衍生"是关键词语义流变的两种基本形式，也是衡量词语是否"命大"的主要指标。颇为有趣的是，"沿"与"衍"自身的语义流变正可作为说明词语"沿生"与"衍生"特征的范例。在《说文解字》中，"沿"与"衍"的区分并不清晰。许慎释"沿"

---

① 参见骆冬青：《汉字蕴涵的美学》，《文史知识》2015 年第 4 期。

② （清）段玉裁：《说文解字注》，上海古籍出版社 1981 年版，第 743 页。

为"缘水而下也。从水，合声"，并引《春秋传》"王沿夏"以为证，认为"沿"乃顺流而下；又释"衍"为"水朝宗于海也。从水，从行"，用诸侯朝见天子来比喻水流汇聚大海。许慎的说解从本义入手，以此为参照，"沿"的后起义变动不大，诸如"沿波而讨源"（陆机《文赋》），"五帝殊时，不相沿乐；三王异世，不相袭礼"（《礼记·乐记》）等顺承、因袭之引申义，仍是在本义同方向上的顺次延伸。"衍"却不同。在《说文解字》的体系里，"沿"与其后的"泝""洄"相反，"衍"亦同前面的"洪""浲"对待立义。王筠《说文句读》揭示其义："字形水在行中，与'洐'字水在行外异，当是即形为义，乃《孟子》'水由地中行'之说。上文'洪'、'浲'二字，是泛滥之时，'衍'字则禹治水之后，其流顺轨，朝宗于海，故下文继以'淖'字也。"[①] 王筠注意到"水"与"行"的两种组合："水"在"行"中为"衍"，"水"在"行"外为"洐"。但是"衍"字后起义却超出了"水"在"行"中的原初规定，引申出溢出（司马相如《上林赋》："东注太湖，衍溢陂池。"）、散布（张衡《东京赋》："仁风衍而外流。"）、富足（《荀子·赋》："仁人绌约，暴人衍矣。"）、多余（屈原《天问》："东西南北，其修孰多？南北顺隳，其衍几何？"）等义项。

因袭相传的沿生与散布推演的衍生都是词义的派生，将两种情况结合起来考察词语的能产性，可细化出组字、构词和配义三个层次。能组字的关键词多为部首，比如"气""言""人""文""心"，等等。它们既单独成字，又能够作为义符或声符参与构造新字，统领一部诸字。仅以《说文解字》所收汉字为例，位列"言"部的有"让""诚""诗"、"谅""谏"等380字，属于"人"部的有"俗""伪""儒""仪""俭"

---

① （清）王筠：《说文句读》第三册，北京市中国书店出版社1983年版，卷二一第30页。

等297字，属于"心"部的有"忍""忘""忧""怨""耻"等305字。当然，部首并不能作为考察组字功能的唯一指标。虽然"气"部下仅列"气"和"氛"两字，"文"部下也只有"文""斐""辩""辈"四字，但是，"文"还在"彦""斌""斑""斓"诸字中作义符，在"旻""玟""闵""汶"诸字中作声符，在"纹""彣""雯"等字中兼作声符与义符；至于"气"，亦有"饩""乞""汽""忾""迄""讫"以及"氢""氧""氩""氲"等与之紧密相关。其中，"气"用作偏旁后曾借"氣"来表云气，而"氣"的本义馈赠粮草则另造"饩"字表示，从馈赠义中分化出的"乞"也由"气"省去一笔以示区别。就功能而言，组字有部首和偏旁、形符和义符之类，有借用与分化之别；从结构上讲，又有左右、上下、内外诸种排列组合。"人"与"言"一左一右，可组成"信"和"认"，许慎还提到"信"的古文写作"伲"或"訫"，是"人"与"口"、"言"与"心"的组合。二"人"相"从"，另加义符"辵"而为"從"，"從"与"心"上下组合而成"怂"（繁体为"慫"），是左右与上下结构的双重组合。此外，"气"与"心"还可组合成半包围结构的"怎"字，表示痴（《说文解字·心部》）、静（《尔雅·释诂♭》）之义。

　　并非所有的关键词都能作为部首或偏旁组字，但是除了命题或多音节词以外，几乎所有的关键词都具有构词功能。伴随着双音节化，关键词"人"作为中心语可枞成"大人""小人""士人""众人"等，作为修饰限定成分又有"人文""人性""人和"等，还能在"人民""天人""文如其人"等联合式中担当并列成分。又如，"言"既能与"语"互注为"言语"，又能与"行"合取而成"言行"，与"定"顺承为"言定"一词。再如，"人"和"言"构成的"信"字，还分化出"信史""信用""诚信""信任""信念""信仰"，等等。

　　配义是在构词基础上的进一步提炼，用来考察词语是否具有不同层次的复义性。关键词需要具备复义性，与其他词语在同义、近义、反义等维度上形成多重配对，从而发挥语言、思维和文化的枢纽、要道功能。顺着前文提到的关键词"信"继续说，"信史""信用""信任"等多不离"诚信"。"信"同"诚"近，又与"伪"或"迷"反。就对象而言，有真实之"信"，亦有虚假之"伪"；从主体来看，可以选择相"信"，也可能陷入"迷"惑。而对于"诚"来说，除了与"信"相近，与"伪"相反外，还与"殆"相对，并能同"明"搭配。贾谊《新书·道术》云："志操精果谓之诚，反诚为殆。"《礼记·中庸》有言："自诚明谓之性，自明诚谓之教，诚则明矣，明则诚矣。"此后周敦颐提出"寂然不动者，诚也。感而遂通者，神也。动而未行、有无之间者，几也。诚精故明，神应故妙，几微故幽"（《通书》），王夫之认为"明诚合一，则其知焉者即行矣，行焉者咸知矣"（《读四书大全说》），使"诚"由道德范畴上升为宇宙的一般规律，从而呈现出不同于"信"的特质。又如"奇"，在《诗品》中多与"平"对举，衬托出通篇风貌、章句词语、比兴寄托之奇警的必要；在《文心雕龙·定势》中又常与"正"对举，说明奇诡非正道，要"执正以驭奇"，不要"逐奇而失正"。[①]"同"与"异"对，又延伸出"和与同异"、"和实生物，同则不继"以及"和而不同"之论。"自然"在老庄观念里与"人为"相对，在魏晋玄学思辨中与"名教"相对，在清儒戴震思想体系内又与"必然"构成一组范畴，遂有"性之欲，其自然之符也；性之德，其归于必然也。归于必然适全其自然，此之谓自然之极致"（《原善》）的经典论说。诸如此类的多配性，还可以举出很多。这种多配性意味着词语内在的诸多义项充满悖论和紧张，外在的诸多指涉傍及万品，正是关键词"力大"的体现。

---

① 参见王运熙：《钟嵘〈诗品〉论奇》，载《中国古代文论管窥》，上海古籍出版社 2006 年版，第 128—132 页。

（二）再生与生生

沿生与衍生是衡量词语能产性的直观指标，已经展现出能产性的词语无疑是健康的，但仅仅如此还不够，只有在全球化时代依旧能产、依旧具有当下阐释力的词语，才称得上具有可塑性和潜力。因此，在审查词语是否"力大"时，除了沿生与衍生，还需引入再生与生生作为参考指标。如果说沿生与衍生是语义的顺流而下或漫溢散布，那么再生便可视作新旧语义的交汇以及由此造成的原有语义之洄漩。交汇要有新水流，洄漩亦离不开异质文化的碰撞与融合。就历史而言，从西天传入东土的佛教、来自西洋的新文化为关键词的语义再生提供了不容忽视的两大新源。它们一古一今，从知识、思维、观念、信仰等层面或是深化，或是更新了中国文化关键词的固有内涵，使其历经格义比附、侨词来归以及断裂、冲突、变异、激活后形成新义，再生于今天的主流话语和日常生活之中，并呈现出生生不息之势。

西汉末年，佛教传入中国，在语言、文字、观念、思维等层面对中国传统文化产生了重要影响。[①] 佛经的翻译与传抄在汉魏六朝蔚然成风，据《开元释教录》载，自东汉孝明帝永平十年（公元67年）至唐神武开元十八年（公元730年），"中间传译缁素总一百七十六人，所出大小二乘、三藏圣教，及圣贤集传并及失译，总二千二百七十八部，都合七千四十六卷"[②]，可谓卷帙浩繁。为了满足译经需求，"伞""咒""萨""塔""魔""僧""梵"等汉字被创造出来。与此同时，佛教的影响与渗透也表现在词语上。佛教词语是"鸦片战争以前

---

① 参见高文强：《论佛学影响六朝文学的三个维度》，《哈尔滨工业大学学报》（社会科学版）2012年第6期。

② （唐）智升：《开元释教录》，载《大正新修大藏经》第55卷，佛陀教育基金会1990年版，第477页。

汉语词汇家族中所吸收外来词语的最大群体"。① 对于这一现象，梁启超曾指出："其见于《一切经音义》《翻译名义集》者既各以千计。近日本人所编《佛教大辞典》，所收乃至三万五千余语，此诸语者非他，实汉晋迄唐八百年间诸师所创造，加入吾国语系统中而变为新成分者也。"② 译经僧人先是采用格义比附之法，"用中国固有哲学的概念、词汇和观念来比附和解释印度佛教经典及其思想"③。于是，汉译佛典中出现了"以'本无'释'真如'，以'道'释'菩提'，以'无为'释'涅槃'，以'元气'、'阴阳循环'释'五阴'，以'反本为性'之'性'为'性善'"④ 等现象。随后，一大批带有佛教色彩的词语集中涌现。在这批新词创制中，与词语之再生密切相关的是"佛化汉词"——诸如"法""空""悟""乘""境""智""戒""定""慧""鬼""神通""明心见性"，等等，本系汉语中固有之词语，此时被移用表示佛教新内容。上述"佛化汉词"与"般若""涅槃""舍利"等音译词以及"禅定""僧侣""法水"等"半梵半汉词"不同，其汉语原义在"佛化"后并未被遮蔽或取代，而是融合了本土基因与外来元素。现在看来，"佛化汉词"的再生大致包括两种类型：一类如"法""智""慧""鬼"等，原本就是传统思想文化中的关键词；另一类如"空""悟""乘""境""戒""定""神通""明心见性"等，在佛教思想传入前虽已具有内涵，却只能归为一般性的词语。于前者而言，佛教新义的注入属于锦上添花；就后者而论，佛教新义的注入却

① 梁晓虹：《佛教词语的构造与汉语词汇的发展·前言》，北京语言学院出版社1994年版，第9页。

② 梁启超：《翻译文学与佛典》，载《佛学研究十八篇》，上海古籍出版社2001年版，第197页。

③ 方立天：《中国佛教哲学要义》，中国人民大学出版社2005年版，第33页。

④ 韦政通：《中国思想史》，上海书店出版社2003年版，第500页。

如雪中送炭一般，助推了词语的关键化。

当来自印度的佛教思想融入中国，渐趋稳定并最终形成儒、道、释互补的传统文化格局后，近代的"欧风美雨"又带来了物质层面的坚船利炮和精神上的民主与科学。始于中西体用之争，中经洋务运动、戊戌变法，一直到新文化运动，"开眼看世界"的中国人一面积极译介西学新知，一面又不得不重审国故。有学者指出"五四"时期对于中国文化的影响，除了"德先生"和"赛先生"，其实还应该有"莫先生"（道德）和"洛先生"（法律）。① 此论不虚，在"莫先生"的参照下，以"孝"为代表的中国传统伦理道德观念受到冲击。胡适《我的儿子》，鲁迅《二十四孝图》《我们现在怎样做父亲》和《狂人日记》等作品，掀起了一波"非孝"思潮。在新旧思想激荡和社会转型期，"孝"的阶级区分、服从与牺牲等负面义被扩大，因而不乏胡适"动辄便把中国日益深化之危机的全部责任都归之于孝道"② 的极端行为，以及李大钊"于父子关系，只用一个'孝'字，使子的一方完全牺牲于父"③ 式的偏颇评论。"孝"之重生，需要借镜外来的"莫先生"进行一番古与今、新与旧、妥与否的辨析："就其所衍生出来的'尊老爱幼'的行为模式而言，显然具有着人道主义的合理意义；就其所衍生出来的'尊卑有序'的人格模式而言，显然又有着削弱人权平等、限制人格自由的历史局限；就其在文化意义上所派生出来的'仁'的心理结构和'礼'的社会规范而言，更是难以用'贡献'与'局限'、'财富'与'包袱'等简单的价值判

---

① 参见何怀宏：《从阅读经典中巡视观念的历史》，载吴国盛：《观念读本·科学》，生活·读书·新知三联书店 2017 年版，总序。

② [美]格里德：《胡适与中国的文艺复兴》，鲁奇译，江苏人民出版社 1989 年版，第 107 页。

③ 李大钊：《李大钊选集》，人民出版社 1959 年版，第 297 页。

断来加以概括。"① 同样地，借助"洛先生"带来的新视角，严复在翻译《法意》时曾指出："西文'法'字，于文中有理、礼、法、制四者之异义"，"西人所谓法者，实兼中国之礼典。中国有礼、刑之分，以谓礼防未然，刑罚已失"。这种解释虽有简单比附之嫌，却开"立宪""立法"呼声之先河，至少代表了时人改造传统观念，以求适用于新时势的努力。

于词语而言，再生是一种能力，表现为语义的扩容、更新，以及面向当下与未来的阐释力。当"孝"涤除了尊卑等级和愚昧死板的陈迹后，"孝心""孝敬""孝顺"等词或名或动，成为官方倡导与民间奉行的基本道德准则。当"法"融入正义、权利、规则与双向契约等现代意义后，传统的"王法"与"礼法"转义为宏观的"法制""法治""依法治国"，以及"宪法""刑法""民法""商法""国际法"等具体规定。至于前文提到的"信"，亦需摒弃古代君臣之间建立在"宠"基础上的"尊信""信爱""信重"②，方可重建现代意义上由"信用""信任""信念"和"信仰"所构成的"信德"："通过稳定的法律制度与风俗内化结合的途径建立'信用'；以广泛的'信用'为基础，提高市场经济条件下的社会'信任'度，使'信'从单纯的私德扩充为公德；面向'信任'可以挂搭的'信念'世界，有待于建设合理的价值体系，实现社会团结；正视信念的超越向度'信仰'对于道德建设的意义，同时也扩充论辩的合理性来解决不同信念或信仰之间的紧张。"③ 从这种意义讲，面对异域文化的冲击以及新时势和新要求，关键词惟其再生，方可生生。

---

① 　陈炎：《多维视野中的儒家文化》，中国人民大学出版社 1997 年版，第 6 页。

② 　侯旭东：《宠：信—任君臣关系与西汉历史的展开（上）》，《清华大学学报》（哲学社会科学版）2016 年第 6 期。

③ 　高瑞泉：《重建"信德"：从"信"的观念史出发的考察》，《学术月刊》2017年第 7 期。

第二节　形神分合法：关键词之类分

与遴选工作紧密相关的，是对关键词的类分，亦即如何选用恰当的形式让词语"各从其类"，以便更好地呈现遴选的结果，并为接下来的关键词阐释搭设工作平台。自雷蒙·威廉斯起，现代意义上的关键词研究已有多种分类方法，从最为常见的抛弃"学科"或"主题"而"按照字母的排序"（雷蒙·威廉斯《关键词：文化与社会的词汇》）到"以开端这一章开始，以结局这一章结束"（安德鲁·本尼特、尼古拉·罗伊尔《关键词：文学、批评与理论导论》）的有意安排，再到依据却又不限于主题展开的"非线性路径"（丹尼·卡瓦拉罗《文化理论关键词》），国外关键词研究在关键词之类分上探索出多种可能。相应地，国内相关成果或是在词上设类（如张岱年《中国古代哲学概念范畴要论》），或是沿用英文字母排序（如周宪编著《文化研究关键词》），抑或是将其改造成更符合汉语习惯的音序（如赵一凡等主编《西方文论关键词》）与笔画数（如南帆主编《二十世纪中国文学批评的 99 个词》），还有干脆采用"每个关键词都可视为入口"（胡亚敏主编《西方文论关键词与当代中国》）以及一词一书（如张晖《中国"诗史"传统》、黄景进《意境论的形成》、龚鹏程《才》）形式者，可谓"各师成心，其异如面"。在词上设类，还是用排序取代分类？这是各种体例争论的焦点之所在。我们知道，局限于某一"学科"或"主题"的类分法与文化关键词的跨学科宗旨乖违，但是，面对广阔的文化与社会语境，完全放弃归类，也会带来两大问题：一是线性或平面化的罗列，容易走向"术语汇编"或"语料汇抄"，从而混同于辞典或类书模式，掩盖了关键词研究的宗旨；二是如此一来，也不符合"洪范九畴，彝伦攸叙"（《尚书·洪范》）和"君子以类族辨物"（《周易·同人》）的认知传统。

那么，又该如何进行关键词之类分呢？本课题的总体思路，是以"原创性"和"现代价值"为宗旨，以"词根性""坐标性"和"再生性"为标准，对中国文化元典关键词作整体观照和系统研究。为实现这一总体思路，本课题采取了形神分合的方法。"形分"是指横向上采取分派阐释的方法，划分出儒、道、墨、法、兵等五家类别；在每一流派内部，又从纵向上梳理出"元关键词—核心关键词—基本关键词"的层级。而每一个子课题的研究，虽然所遴选的关键词属于各自的文化元典，其阐释也大体在各自文化流派的范围内展开，但根本性宗旨是以总体问题和总体思路为要，此即"神合"。故元典关键词之类分方法，可命名为"形神分合法"。

一、层级序列：道生一，一生二，二生三，三生万物

开启中国文化元典关键词研究，内含研究什么与如何研究两大问题。研究什么？前文已有答案——研究以五经、周秦诸子为代表的轴心期文化元典中具有原创意蕴与现代价值的关键词。至于如何开展研究，其实是一个包含关键词之遴选、类分与阐释的过程。单就关键词之类分而言，结合研究对象的性质，可将其主要步骤归纳有二：先依据轴心期主要思想家的学说宗旨，横向类分出儒、道、墨、法、兵等五家；再按照关键词的重要程度，在每一家内部依次划分出元关键词、核心关键词和基本关键词，从而勾勒出"道生一，一生二，二生三，三生万物"的层级序列。此乃中国文化元典关键词之类分的首要环节。而所谓的"道生一，一生二，二生三，三生万物"其实具有双重含义——既是"道术"裂变为"方术"的类别之"生"，又是学说内部由元关键词至核心关键词再到基本关键词的层次之"生"。

（一）各道其道：礼、道、义、法、兵

鉴于本课题研究对象是中国文化元典，在进行关键词类分时，可供选择的方法包括按古代典籍分类，按现代学科分类，按理论问题分类以及按关键词类型分类，等等。之所以选择按儒、道、墨、法、兵等五家文化元典类分关键词，是基于如下三点考量。其一，前述四种分类，前两种按古代典籍或现代学科分类属纯客观型，因作为标准的典籍或学科数量太多而无法操作；后两种按理论问题或关键词类型分类属主观型，因研究者的见仁见智而难以周延，难以自圆其说。其二，本课题分类属主客观综合型。就客观性而言，本课题所选儒、道、墨、法、兵之五家各有自己的文化元典，其元典及文化精神在中国文化史上已经并仍在产生深远影响；就主观性而言，对先秦文化流派的类分因人而异，如司马谈始分"六家"为阴阳、儒、墨、名、法、道德，刘歆略分"十家"为儒、道、阴阳、法、名、墨、纵横、杂、农、小说。"六家"中阴阳家属《四库总目》所云"佚不传"，名家可并入墨、法；"十家"中小说家除外，纵横家亦"佚不传"，杂家兼儒、墨、名、法，农家的影响仅限于"农"。故儒、道、墨、法实为"六家"或"十家"的主干部分。其三，兵家虽与"农"同为一方之术，但在汉代"七略"之中与"诸子"同一层级，在清代"四库"之"子部"十四类中仅次于儒家，其历史地位尤其是现代价值和影响远在农家之上，故可与儒、道、墨、法并列为中国文化元典之子类。

中国文化元典以先秦五经、周秦诸子为代表，而横向上的儒、道、墨、法、兵之类分在立足诸子的同时，亦着眼五经。作为上古文明载体的诗、书、礼、乐、易、春秋等六种文献类编（"乐"亡佚，故后世亦谓之"五经"），已预示中国主流文化发展的多种可能与大致方向。[①]《墨

---

① 参见吴根友、黄燕强：《经子关系辨正》，《中国社会科学》2014 年第 7 期。

子》《吕氏春秋》《战国策》等先秦古籍屡见引用《诗》《书》之例。《庄子·天运》称六经为"先王之陈迹"，现代学者也意识到六经实乃先秦最为基本的教材和普遍知识①。作为诸子百家共同的思想资源，六经的基础性作用体现在道术裂变后"德行、言语、政事、文学"（《论语·先进》）与"谈辩、说书、从事"（《墨子·耕柱》）式的学派传承之中。这就不仅包括论、说、辞、序等外在文体意义上的"百家腾跃，终入环内"（《文心雕龙·宗经》），还内化成"道""天""仁""神""阴阳""有无"等一系列"诸子各家构建其哲学思想体系的基本概念范畴"②。就学说对后世的影响而言，儒、道、墨、法、兵之五家乃先秦诸子的主要代表，又因历史上五经对诸子的沾溉，也可以说五家上通五经。《庄子·天下》篇称古之道术"其在于诗书礼乐者，邹鲁之士缙绅先生多能明之。其数散于天下而设于中国者，百家之学时或称而道之"，可见五经非惟儒家专有，亦为道、墨、法、兵等诸家源头。

经典之中有元典，词语之中亦有元关键词，两者在各自领域内都具有本源与本原的双重价值。于《诗》《书》《礼》《易》《春秋》等五经以及儒、道、墨、法、兵等五家而言，元关键词还成为元典创制者与阐释者思想观念最集中的呈现。因之，后世文献谈及五经、诸子时，常常会不约而同地"一言以蔽之"：

（1）其为人也温柔敦厚而不愚，则深于《诗》者也；疏通知远而不诬，则深于《书》者也；广博易良而不奢，则深于《乐》者也；絜静精微而不贼，则深于《易》者也；恭俭庄敬而不烦，

---

① 参见郭齐勇：《出土简帛与经学诠释的范式问题》，《福建论坛》（人文社会科学版）2001 年第 5 期。

② 张立文：《经典诠释的内在根据——论先秦诸子与六经的关系》，《四川师范大学学报》（社会科学版）2009 年第 1 期。

则深于《礼》者也；属辞比事而不乱，则深于《春秋》者也。（《礼记·经解》）

（2）《诗》以道志，《书》以道事，《礼》以道行，《乐》以道和，《易》以道阴阳，《春秋》以道名分。（《庄子·天下》）

（3）《诗》道志，故长于质；《礼》制节，故长于文；《乐》咏德，故长于风；《书》著功，故长于事；《易》本天地，故长于数；《春秋》正是非，故长于治人。（《春秋繁露·玉杯》）

（4）墨子蔽于用而不知文，宋子蔽于欲而不知德，慎子蔽于法而不知贤，申子蔽于势而不知知，惠子蔽于辞而不知实，庄子蔽于天而不知人。（《荀子·解蔽》）

（5）老聃贵柔，孔子贵仁，墨翟贵廉，关尹贵清，子列子贵虚，陈骈贵齐，阳生贵己，孙膑贵势，王廖贵先，兒良贵后。（《吕氏春秋·不二》）

（6）墨子贵兼，孔子贵公，皇子贵衷，田子贵均，列子贵虚，料子贵别囿。（《尸子·广泽》）

以上六例中，前三条谈五经，后三条言诸子，所论之目的有异（或诠释，或陈述，抑或评骘），所论之形式却都围绕着关键词展开。描述《诗》的"温柔敦厚"和"志"，概括《礼》的"恭俭庄敬""行"和"节"，以及孔子之"仁"和"公"，墨子之"用"和"兼"，皆具有元关键词的性质。不难看出，对于同一部元典或同一位思想家，阐释者选用的关键词却不尽相同。比如面对《诗》，《庄子·天下》和《吕氏春秋·不二》皆拈出"志"，《礼记·经解》则注重"温柔敦厚"。当然，同一个关键词也常常被用来描述不同的对象，比如"势"，既有法家的"申子蔽于势而不知知"（《荀子·解蔽》），又有兵家的"孙膑贵势"（《吕氏春秋·不二》）。随之而来的问题是，如何在见仁见智的基础上，找出儒、道、墨、法、兵等五家的元关键词?

按照"最早的一篇中国学术史"①——《庄子·天下》篇的行文线索，诸子百家离析"道术"而各执"方术"。诸如墨学"以绳墨自矫而备世之急"、宋尹"人我之养毕足而止"、老子"澹然独与神明居"等"古之道术有在于是者"的论说，皆表明诸子确乎同尊"古之道术"为立论原点，只是"闻其风而悦之"后的取向有所差异。而这一取向上的差异，以及此后诸子百家的"各道其道"正可作为概括其学派思想的元关键词。元关键词与先秦儒、道、墨、法、兵诸家元典的关联，可分作两组看待。一组是学派因元关键词而得名，如"道"之于道家、"法"之于法家、"兵"之于兵家，向来少有争议，此处亦无需赘言。另一组是儒家之"礼"与墨家之"义"，它们之所以能从"仁""公""用""兼"等同类关键词中脱颖而出，还需要进一步的说明。

先看儒家之"礼"。先秦各家之中，儒家最显。自孔子而下，孟子、荀子、子思、曾参等人均从不同层面建构儒家元典精神。自汉代"罢黜百家，独尊儒术"后，儒家元典确立了"经"的地位，遂成中国文化之主脉。儒家思想之发展，多由对先秦元典之阐发而来，程朱理学，阳明心学，清代汉学、宋学之争，均在此意义上展开。之所以说"礼"是儒家思想文化的元关键词，是从"元"之本源和本原意义上讲。《说文解字·人部》释"儒"为："柔也。术士之称。从人，需声。"其右半部分"需"字甲骨文从人，从水滴，有沐浴之意，乃"儒"的本字，指古时"举行礼仪之前，司礼者需要沐浴斋戒，以表诚敬"②。可以说，"儒"之本义为春秋时以"治丧相礼"为职业的方术之士，其后才引申用来特指孔子创立的学派。一直以来，"礼"都在儒家思想体系中占据着十分重

---

① 陈鼓应：《庄子今注今译》，中华书局 1983 年版，第 852 页。

② 谷衍奎编：《汉字源流字典》，语文出版社 2008 年版，第 1703 页。

要的地位。且不说儒家元典中有《周礼》《仪礼》《礼记》之"三礼"专言"礼"，单是从周公"制礼作乐"，经孔子"克己复礼"、荀子"隆礼重法"，到宋代理学家的"饿死事小，失节事大"，再到清代儒、耶"礼仪之争"的脉络，便可见"礼"之于儒家思想的重要性。

再看墨家之"义"。墨家之出，缘于春秋、战国时期礼崩乐坏背景下平民之国家理想诉求。所谓"凡入国，必择务而从事焉。国家昏乱，则语之尚贤、尚同；国家贫，则语之节用、节葬；国家憙音湛湎，则语之非乐、非命；国家淫僻无礼，则语之尊天、事鬼；国家务夺侵凌，即语之兼爱、非攻"（《墨子·鲁问》），即其表现。《汉书·艺文志》将其思想概括为贵俭、兼爱、尚贤、右鬼、尚同、非命等，刘向称之为"墨子之学"。墨学自秦汉后而势衰，然其思想之精华则为儒、道各家所汲取。儒家有《周礼》《仪礼》《礼记》之"三礼"与《荀子·礼论》等专言"礼"，《墨子》亦有《贵义》篇，旗帜鲜明地提出"万事莫贵于义"的命题："争一言以相杀，是贵义于其身也。故曰：万事莫贵于义。"在墨子看来，"义"是高于生命的存在，正言之，"手、足、口、耳、鼻，从事于义，必为圣人"；反言之，"为义而不能，必无排其道"。面对"为义孰为大务"的疑问，墨子有"能谈辩者谈辩，能说书者说书，能从事者从事，然后义事成也"（《耕柱》）的回答。据《鲁问》"凡入国，必择务而从事焉"的记载，"尚贤""尚同""节用""节葬""非乐""非命""尊天""事鬼""兼爱""非攻"等是"墨家为了行义和成就'义事'要做的十项事情"①，均可用"义"来统领。

（二）元关键词—核心关键词—基本关键词

中国文化元典关键词有横向上的类别，亦有纵向上的层级。前

————

① 崔清田：《显学重光》，辽宁教育出版社1997年版，第104页。

述"礼""道""义""法""兵"分别为儒、道、墨、法、兵五家的元关键词，而元关键词本源与本原属性的确立，还离不开核心关键词和基本关键词的支撑。与元关键词高度精炼化的"一言以蔽之"形式相较，为数众多的基本关键词与核心关键词，或是作为传递思想观念的基本载体，或是作为构筑理论学说的核心环节，还以术语、概念、范畴、命题等不同形式散见于元典之中。例如，在儒家元典中，"礼"统领"仁""义""性""乐""和"等核心关键词，而作为核心关键词的"仁"和"义"，又分别处在"仁者爱人""敬天保民""天人合德""君子""忠恕"，以及"仁义""礼义""见利思义""舍生取义""忧患"等基本关键词的核心与枢纽地位。又如，在墨家元典中，"尚贤""尚同""节用""节葬""非乐""非命""尊天""事鬼""兼爱""非攻"等围绕着元关键词"义"从天与人的关系展开，可谓核心关键词；至于基本关键词"兼相爱，交相利"与"爱无差等"又承担着阐释、论证"兼爱"的功能。这一"元关键词—核心关键词—基本关键词"的渐次展开，似金字塔，又如概念树，构成中国文化元典的思想脉络和基本框架。

早在《周易》和《尚书》之中，"元关键词—核心关键词—基本关键词"的层级便已存在。所谓"人文之元，肇自太极。幽赞神明，易象为先"（《文心雕龙·原道》），《周易》的卦象以阴阳二爻为基础，先有八卦，再有六十四卦。如果说阴爻和阳爻还只是代表卜筮结果的符号，那么"乾"（☰）、"坤"（☷）、"震"（☳）、"巽"（☴）、"坎"（☵）、"离"（☲）、"艮"（☶）、"兑"（☱）之八卦便是《周易》（包括《易经》和《易传》）的元关键词，由此衍生出的六十四卦则为核心关键词，而基本关键词则广泛分布在《易经》之卦爻辞和《易传》之"十翼"中。以《乾》《坤》二卦为例，分别代表"天"和"地"的八卦之"乾"（☰）和"坤"（☷）是元关键词，六十四卦中"乾上乾下"的"乾"（䷀）、"坤上坤下"的"坤"（䷁）为核心关键词，卦爻辞和"十翼"中解释卦象的术语（如

"咎""誉")、概念(如"元""亨""利""贞")、范畴(如"天""地""柔""刚""中正")、命题（如"天行健""地势坤"）则构成基本关键词。

再看《尚书·洪范》曰范畴或曰关键词的展开层次。据开篇交代的背景，《洪范》作于商周鼎革之际，系殷商旧臣箕子对周武王如何"彝伦攸叙"之问的解答。箕子先交代"洪范九畴"的语源和语用背景——鲧禹治水，得到天帝所赐"洪范九畴"者方可"彝伦攸叙"——这是第一层次上的解释。随后，箕子又论何谓"九畴"：

> 初一曰五行，次二曰敬用五事，次三曰农用八政，次四曰协用五纪，次五曰建用皇极，次六曰义用三德，次七曰明用稽疑，次八曰念用庶征，次九曰向用五福，威用六极。

由"九畴"而引申出"五行""五事""八政""五纪""皇极""三德""稽疑""庶征""五福"与"六极"等概念，是对"九畴"的第二层解析。"五行""五事""八政"等等，究系何者？箕子又展开进一步的解说。比如诠释"五事"："一曰貌，二曰言，三曰视，四曰听，五曰思。貌曰恭，言曰从，视曰明，听曰聪，思曰睿。恭作肃，从作乂，明作哲，聪作谋，睿作圣。""貌""言""视""听""思"合为"敬用五事"，又分而各有所指，如"貌曰恭"而"恭作肃"，"思曰睿"而"睿作圣"，这其实已拓展到第三、四、五层次上的诠释。可以说，诸如"九畴—五事—貌—恭—肃"式的引申，同样彰显了"道生一，一生二，二生三，三生万物"的传统类分思维模式。

洪范九畴，其五曰"皇极"。这一关乎治国理政的经验总结，也引发了春秋战国之际诸子百家的关注。[1]当"王官之学"散落为"诸子之学"，

---

① 参见张华：《〈洪范〉与先秦思想研究》，中国社会科学出版社 2014 年版，第 3 页。

诸子纷纷为救世开具药方。在儒家理论视野中，"礼"便是"皇极"，故治国应注重礼乐教化；在道家看来，"皇极"是"道"，道法自然，需无为而治，要"治大国若烹小鲜"；在墨家的学说体系里，"皇极"即"义"，需要在"贵义"思想的统领下"择务而从事"；同样地，法家之"法"与兵家之"兵"也是各自所理解、所阐释的"皇极"。可以说，继传说中的夏初天帝赐禹洪范九畴，史书中的周初箕子向武王复述"皇建有极"思想之后，这一最高法又在春秋战国之际以元关键词的形式凝炼，以核心关键词和基本关键词的形式展开。

结合上一节关键词遴选的结果，可将儒、道、墨、法、兵之"元关键词—核心关键词—基本关键词"层级呈现如表3：

表3　中国文化元典关键词层级

	儒家元典	道家元典	墨家元典	法家元典	兵家元典
元关键词	礼	道	义	法	兵
核心关键词	仁 性 乐 和	自然 无为 逍遥 忘言	兼爱 非攻 尚贤 尚同 节用 节葬 非乐 非命 天志 明鬼	术 势 德 罚	战争 兵法 强兵
基本关键词	诚信 廉耻 孝悌 君子 性情 中和 ……	德 反 不争 守柔 游 象 意 ……	兼相爱，交相利 义自天出 以名举实 辞以类行 ……	权 变 名 言 公 私 义 利 ……	先知 庙算 利动 全胜 军争 虚实 奇正 诡道 为将 治兵 ……

这里必须说明的是，将横向上儒、道、墨、法、兵之类别与纵向上元关键词、核心关键词、基本关键词之层级相结合，毕竟是结构性或形式层面的划分。考虑到不同文化流派有不同的关键词，以及同一

文化流派内部关键词的重要性亦不同，这种着眼于"类"与"层"的"形分"在很大程度上是有效的，尤其是尽可能尊重轴心期中国文化的原生态，避免用现代的学科或观念以今律古，以致出现"道"是自然、人生抑或知识，"兴"属创作、文体还是欣赏式的支离与龃龉。但是，就语用状态而言，不同元典或流派常常共用着相同的关键词，如"天""道""心""性"等等（当然，不同元典或流派对相同词语的释义和使用是同中有异、异中有同的）。那么，轴心期诸多文化元典和文化流派在各"道"其"道"、各"名"其"名"之时有没有一个大致相近的趋向？或者说，词量众多、词义错综的元典关键词，有没有一个大致相似的主旨？若要回答这个问题，就需要顾及"形分"之上的"神合"，在层级序列之外，进一步考察关键词的发散路径与聚合路径。

二、发散路径：一月普现一切水

通过横向之"类"与纵向之"级"的划分，中国文化元典关键词可按照"元关键词—核心关键词—基本关键词"的脉络大致归入儒、道、墨、法、兵等五大语义群落。其中，儒家之"礼"、道家之"道"、墨家之"义"、法家之"法"和兵家之"兵"，是各家学说最为显著的旗帜和名号，故可谓之统领语义群落的"元关键词"。如果说"元关键词"是指该文化流派最大、最根本、最具标志性特征（即与其他流派相区别）的关键词；那么，"核心关键词"便是构成该文化流派核心价值的关键词，"基本关键词"则是构成该文化流派理论体系和文化精神之基本层面的关键词。以元典为文本，以流派为视域，由元关键词经核心关键词再到基本关键词，构成关键词类分的发散路径。这种以一统万的发散路径，正如禅偈"一月普现一切水"（永嘉玄觉《证道歌》）所言，既以关键词为观念及意义的载体，又将其视作思想和精神的脉络。而所谓的发散，最直观的呈现便是文化流派内部的孳乳派生。下文以五家元关键词"礼""道""义""法""兵"为例，依次说明之。

（一）克己复礼为仁

关于儒家的核心思想，学界主要有"礼"说、"仁"说、"礼与仁"说以及"和"说，等等。前文已提及选取"礼"为儒家元关键词的依据，这里再从"礼"作为元关键词的发散效应提供进一步的佐证。在儒家创始者孔子看来，"礼"之于人非常重要。《论语》载孔子言"不学礼，无以立"（《季氏》）和"不知礼，无以立也"（《尧曰》），《孔子家语·问礼》亦收录一段有关"礼为大"的夫子曰：

> 丘闻之，民之所以生者，礼为大。非礼则无以节事天地之神焉，非礼则无以辩君臣上下长幼之位焉，非礼则无以别男女父子兄弟婚姻亲族疏数之交焉，是故君子此之为尊敬，然后以其所能教顺百姓，不废其会节。

此段引文可与《论语·颜渊》中的"非礼勿视，非礼勿听，非礼勿言，非礼勿动"对读，"非礼则无……"言其功用，"非礼则勿……"言其要求。后者又作为"颜渊问仁"之"目"，上承孔子所言的"克己复礼为仁。一日克己复礼，天下归仁焉。为仁由己，而由人乎哉"。这一关于何者为"仁"的回答加反问，揭示了"礼"是"仁"的目的。然而，《论语·八佾》还收录了"人而不仁，如礼何"的另一则反问，据此而言，似乎"仁"又成了根本。如何理解二者的关系呢？陈炎先生曾对孔子的"以仁释礼"有过精彩剖析，认为这是"为'礼'寻找一种内在的情感依据，即使本来就具有伦理成分的'礼'之行为，成为一种自觉的道德追求"①。从"礼"出发，沿着情感内化的路线，就有了"孝弟也者，其为人之本"（《论语·学而》），"君子以仁存心，以礼存心"（《孟子·离娄上》），"君子之事亲孝，故忠可移于君"（《孝经》）等关于"仁""孝""弟""忠"的相关论说。

在儒家元典中，与"克己复礼为仁"发散路径相似的还有"礼也者，义之实也"（《礼记·礼运》），"情生于性，礼生于情"（《郭店楚简·语丛二》），"乐和同，礼别异"（《礼记·乐记》），"礼之用，和为贵"（《论语·学而》），等等。比如"知和而和，不以礼节之，亦不可行也"（《论语·学而》）便体现了"礼"对"和"的统摄，"生，事之以礼；死，葬之以礼，祭之以礼"（《论语·为政》）还说明"礼"乃"孝"的规范。从"礼"这一坐标原点出发，发散出"义""性""乐""和"等核心关键词，又进一步串联起"忠恕""君子""忧患""舍生取义""心性""性情""化性起伪""乐教""游于艺""中庸""中和""和而不同"等基本关键词。其发散路径如表4：

表4　儒家元典关键词发散路径

元关键词	核心关键词	基本关键词
礼	仁	仁者爱人；敬天保民；天人合德；君子；忠恕
	义	仁义；礼义；见利思义；舍生取义；忧患
	性	心性；习性；性情；尽心知性；化性起伪
	乐	乐教；游于艺；治乐以治心
	和	和而不同；中庸；中和；人文化成

---

① 陈炎：《多维视野中的儒家文化》，中国人民大学出版社1997年版，第148页。

（二）道生之，德畜之

道家之名，始于司马谈《论六家要旨》，时称"道德家"，后简称道家。道家思想在先秦与儒家互相补充又互相对立：前者即司马谈所言"采儒墨之善，撮名法之要"，后者即班固所言"欲绝去礼学，兼弃仁义"（《汉书·艺文志》）。老庄之后，先有魏晋玄学兼宗道、儒，后有宋明理学融道、佛入儒，故道与儒始终以相悖又相融的态势构成中国传统文化的主脉。以老庄为代表的道家"绝去礼学"，其核心思想曰"道"，其次曰"德"。在《老子》中，"道"是先天地生、神鬼神帝的万物本原和最高存在，是天地、万物、侯王必须奉行的规律和法则。一般认为，"德"是"道"在人间具体化的延伸。《老子》十章有言："生而不有，为而不恃，长而不宰，是谓玄德。"这是接近于"道"的道家之"德"，而非儒家所倡导的"仁""义""礼"之"德"。故《老子》三十八章还注意区分"上德"与"下德"：

> 上德不德，是以有德。下德不失德，是以无德。上德无为而无以为，下德无为而有以为。上仁为之而无以为，上义为之而有以为。上礼为之而莫之应，则攘臂而扔之。故失道而后德，失德而后仁，失仁而后义，失义而后礼。夫礼者，忠信之薄，而乱之首。

与儒家"以仁释礼"的内向情感化针锋相对，道家倡导回归自然之本性，故有"人法地，地法天，天法道，道法自然"（《老子》二十五章）之说。既然顺应"自然"，以"自然"为法，需要的便是"无为"而非"有为"，故曰："天之道，利而不害。圣人之道，为而不争。"（《老子》八十一章）庄子将这种"道德"上升为人生境界，提出"齐物论"和"道遥游"，倡导"乘物以游心"（《庄子·人间世》），追求"至人无己，神人无功，圣人无名"（《庄子·逍遥游》）。至于老庄的"不言之言""不可道之道"，也与"大音希声，大象无形"（《老子》四十一章）的认识论和"得意而忘言"的语言观一脉相承。概言之，以"道"为元关键词，其发散路径如表5：

表5　道家元典关键词发散路径

元关键词	核心关键词	基本关键词
道	自然	道法自然；法天贵真
	无为	不争；无为而无不为
	逍遥	游；绝圣去知；至人无己
	忘言	大音希声；得意而忘言

（三）万事莫贵于义

对于《墨子》中的核心思想（即元关键词），学界有"兼爱""天志"与"明鬼""尚同"等不同的观点。本课题之所以选取"义"作为墨家的元关键词，除了遵循"万事莫贵于义"的墨学命题，还可从"义"的发散路径来理解。在《墨子·鲁问》中，"凡入国，必择务而从事焉"的十种主张被因地制宜分解为五组：（一）"国家昏乱，则语之尚贤、尚同"；（二）"国家贫，则语之节用、节葬"；（三）"国家说音湛湎，则语之非乐、非命"；（四）"国家淫僻无礼，则语之尊天、事鬼"；（五）"国家务夺侵凌，即语之兼爱、非攻"。这是"择务而从事"的具体条目，亦是《墨子》一书的核心思想。据《墨子·耕柱》载，在"为义孰为大务"的问题上，墨子有"能谈辩者谈辩，能说书者说书，能从事者从事，然后义事成也"（《耕柱》）的看法。以"从事"为中介，墨学的因地制宜与墨者的量力而行相互配合。先秦墨者确实是急公好义，"摩顶放踵，利天下，为之"（《孟子·尽心下》），"日夜不休，以自苦为极"（《庄子·天下》），"皆可以赴汤蹈火，死不旋踵"（《淮南子·泰族训》）等记载广泛见于先秦两汉各家典籍之中。现在看来，墨子归纳出的五种国家状况，不外乎政治（昏乱）、经济（贫、说音湛湎）、军事（务夺侵凌）以及关乎天人关系的准信仰（淫僻无礼）问题。因之，上述五组又可拆分合并为军事层面的"兼爱""非攻"，政治层面的"尚贤""尚同"，经济层面的"节用""节葬""非乐"，以及准信仰层面的"天志""明鬼""非命"。

　　"义"是如何在墨学十论中发散的呢？以政治层面的"尚贤"和"尚同"为例。一方面，墨子大力倡导的"尚贤"社会需要"公义"的支撑："官无常贵，而民无终贱，有能则举之，无能则下之，举公义，辟私怨。"（《尚贤上》）另一方面，国家之所以不能"尚同"是因为"义"的缺失："是以人是其义，以非人之义，故交相非也。是以内者父子兄弟作怨恶，离散不能相和合。天下之百姓，皆以水火毒药相亏害，至有余力不能以相劳，腐臭余财不以相分，隐匿良道不以相教，天下之乱，若禽兽然。"（《墨子·尚同上》）而作为解决之策的"尚同"，正在于自下而上、循序渐进的"一义"："乡长唯能一同乡之义，是以乡治也"；"国君唯能一同国之义，是以国治也"；"天子唯能一同天下之义，是以天下治也"。其实不惟政治层面如此，以"义"为尺度，还可推至墨学的军事、经济和信仰层面。"兼即仁矣，义矣"（《兼爱下》），"今至大为不义攻国"（《非攻上》），故应"兼爱""非攻"；以"可以富贫众寡，定危治乱"（《节葬下》）之"义"来衡量厚葬久丧，自然得出"节葬"的结论；至于"天欲义而恶不义"（《天志上》），"义人在上，天下必治，上帝山川鬼神，必有干主，万民被其大利"（《非命上》），更是"义"在天人关系层面的显现。以"义"为元关键词，发散路径如表6：

表6　墨家元典关键词发散路径

元关键词	核心关键词	基本关键词
义	兼爱；非攻	兼相爱，交相利；爱无差等
	尚贤；尚同	有能则举，无能则下；上同而不下比
	节用；节葬；非乐	法夏；不加利者不为；足奉民用则止
	天志；明鬼；非命	鬼神；命；祥

（四）治民无常，唯法为治

"法家"之名与"道家'相似，同出于司马谈，后为班固《汉书·艺文志》所采纳，成为用于概括先秦诸子的重要派别之一。虽然汉代以后因为独尊儒学，法家思想斩趋沉寂，但在各朝的律令、诏令等文书中，仍可见法家脉络。同时，法家文化元典中的许多重要观念，经过历代士人的阐发与诠释，逐渐泯去派别色彩，演化为中国传统文化的普世价值。以"法"为元关键词，"术""势""德""罚"等法家核心思想已潜移默化地影响至今。

《韩非子·心度》有言："治民无常，唯法为治。""唯"字凸显了法家与众不同的一面。所谓"不贵义而贵法"（《商君书·画策》），"上法而不上贤"（《韩非子·忠孝》），"夫圣人之治国，不恃人之为吾善也，而用其不得为非也"（《韩非子·显学》）等论说表明，法家摒弃儒家的德治，也否定了墨家的"贵义"和"尚贤"。大致说来，"法"是一种在全社会推广的统治准则，要求上至君主下到臣民都要遵守，此即《管子·任法》所言："夫生法者君也，守法者臣也，法于法者民也。"于君主而言，推行"法治"还需重视驾驭臣民之"术"与"势"。"术者，因任而授官，循名而责实，操杀生之柄，课群臣之能者也。"

（《韩非子·定法》）"万乘之主、千乘之君所以制天下而征诸侯者，以其威势也。威势者，人主之筋力也。"（《韩非子·人主》）在法家学说中，"法""术""势"三者相互配合，故有"抱法处势则治，背法去势则乱"（《韩非子·难势》），"君无术则弊于上，臣无法则乱于下"（《韩非子·定法》）等认识。当然，除了权术和威势，法家还需要赏罚来保障其强制力，即"寄治乱于法术，托是非于赏罚"（《韩非子·大体》）。由此，作为先秦法家思想的集大成者，韩非子曾言："法者，宪令著于官府，赏罚必于民心，赏存乎慎法，而罚加乎奸令者也，此臣之所师也。"（《韩非子·定法》）综上，"以法为本"（《韩非子·饰邪》）的法家元典关键词发散路径如表7：

表 7　法家元典关键词发散路径

元关键词	核心关键词	基本关键词
法	术	术士；因任授官；循名责实
	势	威；权；位
	德	庆赏；功当其事，事当其言
	罚	严刑；重罚；公私；功不当其事，事不当其言

（五）兵者，国之大事

兵家著述，在先秦甚盛。《汉书·艺文志》著录五十三家，七百九十篇，图四十三卷，故"兵书略"能与"六艺略""诸子略"并列。沿用任宏在《七略》中的分类，《汉书·艺文志》下设兵权谋家、兵形势家、兵阴阳家、兵技巧家四类。兵书后世亡佚甚多，现存先秦兵家元典尚有《孙子》《吴子》《司马法》《尉缭子》《六韬》等书，而以《孙子》为代表。历代以降，兵争之事不断，虽未出现与"轴心时代"一样繁盛的兵家著述，但先秦兵家之精神与智慧已深入士人心中。

关于兵家元典关键词的发散路径，在《孙子·计》开篇已有较为完整的呈现：

> 孙子曰：兵者，国之大事，死生之地，存亡之道，不可不察也。故经之以五事，校之以计而索其情：一曰道，二曰天，三曰地，四曰将，五曰法。道者，令民与上同意也，故可以与之死，可以与之生，而不畏危。天者，阴阳、寒暑、时制也。地者，远近、险易、广狭、死生也。将者，智、信、仁、勇、严也。法者，曲制、官道、主用也。凡此五者，将莫不闻，知之者胜，不知者不胜。故校之以计而索其情，曰：主孰有道？将孰有能？天地孰得？法令孰行？兵众孰强？士卒孰练？赏罚孰明？吾以此知胜负矣。

所谓"经之以五事""校之以计而索其情"都属于对"兵"这一元关键词的细察。"道"之民心所向、正义所属，"天"之时与"地"之利，"将"之才识品质，"法"之制度与军纪，围绕着"兵"，从战争属性、兵法计谋、军队建设等三大层面展开。三者之中，又以兵法最富智慧。《汉书·艺文志》所分"权谋者，以正守国，以奇用兵，先计而后战"；"形势者，雷动风举，后发而先至。离合背乡，变化无常，以轻疾制敌者"；"阴阳者，顺时而发，推刑德，随斗击，因五胜，假鬼神而为助者也"；"技巧者，习手足，便器械，积机关，以立攻守之胜者也"，前三家皆可归入兵法计谋一块。而涉及的"奇正""先计而后战""后发而先至""假鬼神而为助"等问题，又构成兵法一系的基本关键词。其发散路径可归纳如表 8：

表 8　兵家元典关键词发散路径

元关键词	核心关键词	基本关键词
兵	战争	兵凶；以战去战；好战必亡，忘战必危
	兵法	先知；庙算；利动；军争；虚实；奇正；诡道
	强兵	将；法；攻守；器械；机关

三、聚合效应：一切水月一月摄

元典关键词具有全息性，一个关键词几乎包括该文化流派乃至中国文化的全部信息，涵泳无限丰富的文化意蕴。本节涉及的层级序列、发散效应和聚合效应，其实都是关键词全息性在不同方面的体现。依据元典划分语义群落，可形成关键词的层级序列；在每一语义群落内部，又以元关键词为本源和本原，依次发散出核心关键词和基本关键词，构成本学派的思想内容与言说特色。但这层次分明与秩序井然并不意味着关键词彼此之间是深沟壁垒，因为在文化流派之外还具有超越性的聚合效应。如果说元典关键词的发散效应是"以一统万"，是"一月普照一切水"，是元关键词、核心关键词、基本关键词的逐层推广，主要表现为直观的、文化流派内部的孳乳派生；那么，与发散效应相对应的聚合效应便是"会万归一"，是"一切水月一月摄"，还进一步彰显了隐性的、跨文化流派的融合共享。这种以关键词为观念载体的聚合效应，集中表现为诸家共用同一关键词，其中既有各家基于不同着眼点的引申、发挥，也有诸子普遍遵守的共识作为对话前提。对于前者，可通过儒、道、墨、法、兵等五家言说背后的"一致百虑"来说明；至于后者，又可在五经及五家文化元典关键词之上拈出以"文"为词根的"人文"以及"文化""文明"作为关键词中的关键词。

（一）一致百虑

历经春秋战国的百家争鸣，时至西汉，司马谈撰《论六家要旨》评骘阴阳、儒、墨、名、法、道德等学术思想。在各家学说得失二分的逐一点评前，司马谈还引《周易·系辞下》"天下一致而百虑，同归而殊涂"[①] 以证六家"此务为治者也，直所从言之异路，有省不省耳"。沿着"道术"裂变为"方术"的线索理解，《论六家要旨》着重分析的是"从言之异路"，故得出儒家"博而寡要，劳而少功"却能"序君臣父子之礼，列夫妇长幼之别"，墨家"俭而难遵"却能"强本节用"，法家"严而少恩"却能"正君臣上下之分"式的结论。若从关键词的角度来看，学派思想上的"从言之异路"还会导致"用言之异路"。

如司马谈所言，同样是面对"礼"，儒者致力于维护君臣父子、夫妇长幼的差序格局，但其繁琐化也可能导致"累世不能通其学，当年不能究其礼"；墨者厉行节俭之道，尤其体现在"节用""节葬"之主张，但"教丧礼，必以此为万民之率。使天下法若此，则尊卑无别也"；法家干脆以"法"取代"礼"，同样存在"不别亲疏，不殊贵贱，一断于法，则亲亲尊尊之恩绝矣"的问题；至于道家的"无为，又曰无不为"，也有针对儒家"主倡而臣和，主先而臣随"以致"主劳而臣逸"弊端的意味。

如不局限于司马谈所言，我们还可以发现，同样是面对"礼"，墨家不只是将其改造为"其送死，桐棺三寸，举音不尽其哀"的"教丧礼"（《论六家要旨》），还直接关涉墨学十论中的"尊天"和"事鬼"，即《墨子·鲁问》记载的"国家淫僻无礼，则语之尊天、事鬼"。在"礼"的问题上，以孔子为代表的儒家重视血缘关系上的"三年之丧"和天人维

---

① 今见《周易·系辞下》原文为"天下同归而殊途，一致而百虑"，与《论六家要旨》引文有异。

度下的"祭如在"。前者涉及"孝"的问题,《论语·阳货》所言"子生三年,然后免于父母之怀。夫三年之表,天下之通丧也",就是针对"三年之丧,期已久矣"质疑的回应。所谓"夫君子之居丧,食旨不甘,闻乐不乐,居处不安,故不为也",强调的是一个"安"字。按照《礼记·檀弓》的要求,父母生时应"服其劳",死后要为之"服丧",要"葬之以礼,祭之以礼"。同样地,"祭如在,祭神如神在"(《论语·八佾》)也暗含心诚的要求。与之针锋相对,《墨子·公孟》载"儒之道,足以丧天下者四政焉","以天为不明,以鬼为不神"和"厚葬久丧"位居前两位。因之,墨子对丧礼和祭礼有所区分,他一面标举"节用""节葬"反对儒家的厚葬之礼,一面又借助"天志"和"明鬼"来宣扬祭祀上帝鬼神的必要性。在墨家学说中,这两者并不矛盾。《节葬下》有言:"若苟贫,是粢盛酒醴不净洁也;若苟寡,是事上帝鬼神者寡也;若苟乱,是祭祀不时度也。"祭祀上帝鬼神,是为了"祈福于天"(《天志上》),所以容不得疏忽和将就;祭祀固然需要酒醴、牺牲等财物,却并未像厚葬那样浪费,反倒是有助于团结乡里。用墨子的话讲便是:"今吾为祭祀也,非直注之污壑而弃之也,上以交鬼之福,下以合欢聚众,取亲乎乡里。"(《明鬼下》)

同样是面对"礼",相较于韩非子的"以法为教""以吏为师"(《韩非子·五蠹》),前期法家管仲并未舍弃"礼",而是引入"法"的参照形成"礼法并施"的思想。《管子·正世》中有理想的社会图景:"法立令行,故群臣奉法守职,百姓有常。法不繁匿,万民敦悫,反本而俭力。故赏必足以使,威必足以胜,然后下从。"同时也发现了"法"的力所不逮,比如《管子·牧民》就有"刑罚不足以畏其意,杀戮不足以服其心"的认识。在管子看来,"礼"所代表的道德教化有助于"法"的施行。《管子·牧民》载:"四维张则君令行,教训成俗而刑罚省。"所谓"四维",指的是"一曰礼,二曰义,三曰廉,四曰耻。礼不逾节,义不自进，廉不蔽恶，耻不从枉"。对于"四维"的重要性，《管子·牧民》有一段经典论述："匡有四维，一维绝则倾，二维绝则危，三维绝则覆，四维绝则灭。倾可正也，危可安也，覆可起也，灭不可复错也。"与"四维"相对应的是"四经"，在《管子·七法》中也有一段类似的论述强调其重要性："常令不审，则百匿胜；官爵不审，则奸吏胜；符籍不审，则奸民胜；刑法不审，则盗贼胜；国之四经败，人君泄见危。人君泄，则言实之士不进；言实之士不进，则国之情伪不竭于上。""四维"与"四经"遥相呼应，皆不可或缺，正是礼法并施思想之体现。

同样是面对"礼"，《老子》三十八章有"失道而后德，失德而后仁，失仁而后义，失义而后礼·夫礼者忠信之薄而乱之首"的认识，将"礼"视为社会动乱与人心不古的罪魁祸首。如果说儒家是"周礼"的歆慕者和重建者，以老庄为代表的早期道家便是怀疑和反叛者。[①] 老子宣扬"绝圣弃智，民利百倍；绝仁弃义，民复孝慈；绝巧弃利，盗贼无有"（《老子》十九章），故提出"道"来超越"礼"；庄子的反"礼"倾向更为明显，他标举"自然"，其扫荡面近乎涵盖整套礼乐制度，乃至一切人为之事："故绝圣弃智，大盗乃止；摘玉毁珠，小盗不起，焚符破玺，而民朴鄙；掊斗折衡，而民不争；殚残天下之圣法，而民始可与论议。擢乱六律，铄绝竽瑟，塞师旷之耳，而天下始人含其聪矣；灭文章，散五采，胶离朱之目，而天下始含其明矣；毁绝钩绳而弃规矩，攦工倕之指，而天下始人含其巧矣。……削曾、史之行，钳杨、墨之口，攘弃仁义，而天下之德始玄同矣。"（《庄子·胠箧》）

以"礼"为例，不难看出儒、道、墨、法诸家的"用言之异路"。儒家主要取"礼"之人伦一脉，墨家重其宗教意义，道家另立"道"与"自

---

① 参见陈炎：《多维视野中的儒家文化》，中国人民大学出版社 1997 年版，第 154 页。

然"以超越之，法家引入"法"来协调之。其中既有以"礼"为胚子的完形填空，也有以"礼"为靶子的别开生面。

如不局限于儒家关键词"礼"，我们还可以发现，道家之"道"、墨家之"义"、法家之"法"、兵家之"兵"同样是轴心期的公共议题。在"道"的使用上，五家可谓各道其道。孔孟奉行仁道，"仁也者，人也。合而言之，道也"（《孟子·尽心下》）。《孙子兵法》开篇言用兵"经之以五事"，第一条也是"道"，即"令民与上同意也，故可以与之死，可以与之生，而不畏危"（《计》）。在"义"的使用上，儒家"仁义"说的影响并不亚于墨家的"义自天出"。其实"仁义"一词也曾为墨子所用，《墨子·天志中》有言："今天下之君子之欲为仁义者，则不可不察义之所从出。"不过，儒家口中的"仁义"或"礼义"与墨子毕竟有异。《孟子·万章下》有言："夫义，路也；礼，门也。惟君子能由是路，出入是门也。"这是儒家强调"礼"与"义"的一致性。当"礼"与"义"冲突时，还需要"权"："男女授受不亲，礼也；嫂溺援之以手者，权也。"（《孟子·离娄上》）当"义"与"利"冲突时，则需要"舍生取义"。荀子也谈到"礼义"的问题，"故圣人化性而起伪，伪起而生礼义，礼义生而制法度"（《荀子·性恶》）等论说又涉及"法"。与老庄思想稍显不同，《鹖冠子·学问》对于"礼乐仁义忠信"并非一味否定："所谓礼者，不犯者也。所谓乐者，无蓄者也。所谓仁者，同好者也。所谓义者，同恶者也。所谓忠者，久愈亲者也。所谓信者，无二响者也。圣人以此六者，卦世得失逆顺之经。"这又体现了"战国晚期道家实有与儒家思想合流的倾向"①。

"礼""道""义""法""兵"等元典关键词如此，核心关键词和基本关键词亦然。儒家的"君子""忧患"，道家的"自然"与"游"，墨家的"鬼神"与"命"，法家的"公"与"私"、"义"与"利"、"术"与"势"，

---

① 郭齐勇、吴根友：《诸子学通论》，商务印书馆2015年版，第254—255页。

兵家的"虚实""奇正",等等,莫不如此。不同的文化流派偏好使用不同的关键词,又常常共用相同的关键词。透过共用关键词释义和使用过程中的同中有异、异中有司,可以发现种种不同背后大致相近的趋向。围绕着"礼"字展开的完形填空也好,别开生面也罢,都离不开人伦秩序这一基本义项;有关"道"的各种言说,均凝聚着本派学说的核心要义;而对于"义"的种种探讨,无不隐含着价值标准与行为规范……这类言说背后的"一致百虑",正是跨越文化流派的聚合效应之体现。

(二)五经含文

聚合效应不仅表现在以关键词为观念单位,各家基于不同着眼点的引申、发挥,还内化为不同文化流派在文化本质和文化精神上的超越性和共通性。所以,在关注共用关键词言说特色与基本内涵的同时,还应整体把握中国文化元典关键词的主旨。须知,儒、道、墨、法、兵之类分,毕竟只是后人为了便于谈论或著录的追认。考虑到"道术未裂"以及"道术初裂"时的纯一或驳杂状态,文化流派上的"形分"总会存在方凿圆枘或削足适履的问题。

只要留意《庄子·天下》《荀子·非十二子》《论六家要旨》与《汉书·艺文志》对先秦思想家的划分,便不难发现这一问题。首先是所据类别的不同,《庄子·天下》和《荀子·非十二子》都是以人为类,前者涉及墨翟、禽滑厘,宋钘、尹文,彭蒙、田骈、慎到,关尹、老聃,庄周、惠施、桓团、公孙龙等六组十三人,后者包括它嚣、魏牟,陈仲、史鰌,墨翟、宋钘,慎到、田骈,惠施、邓析,子思、孟轲等六说十二子。《论六家要旨》和《汉书·艺文志·诸子略》又是按照思潮或学派为标准,前者划分出阴阳、儒、墨、法、名、道德等六大思潮,后者在六家的基础上另增纵横、杂、农、小说而成九流十家。其次,具体思想家的归属也多有不同之处,如《庄子·天下》将宋钘、尹文放在同一段落讨论，而《汉书·艺文志·诸子略》却把《宋子》列入小说家，《尹文子》列入名家；《庄子·天下》和《荀子·非十二子》均将田骈、慎到列为一组，《诸子略》却把《田子》归为道家，《慎子》归入法家；《荀子·非十二子》并举墨翟、宋钘，与《庄子·天下》的墨翟与禽滑厘、宋钘与尹文归类不同，亦不同于《诸子略》将墨翟、宋钘分列墨家、小说家。① 此外，诸如孔子问道老子的传说②，墨子、韩非子与儒家之学缘③，司马迁所谓慎到与田骈"皆学黄老道德之术"（《史记·孟子荀卿列传》）、韩非子"归本于黄老"（《史记·老子韩非列传》），等等，无不说明是时诸子思想的交融、互渗和驳杂。

这也提醒我们必须重视"形分"所带来的问题，借由"形分"后的综合与呼应，来把握不同文化流派在文化本质和文化精神上的"神合"。

《庄子·天下》云："《诗》以道志，《书》以道事，《礼》以道行，《乐》以道和，《易》以道阴阳，《春秋》以道名分。"《法言·寡见》有言："说天者莫辩乎《易》，说事者莫辩乎《书》，说体者莫辩乎《礼》，说志者莫辩乎《诗》，说理者莫辩乎《春秋》。舍斯，辩亦小矣。"《汉书·艺文志》亦云："六经之文，《乐》以和神，仁之表也；《诗》以正言，义之用也；《礼》以明体，明者著见，故无训也；《书》以广听，知之术也；《春秋》以断事，信之符也。"其书又曰："今异家者，各推所长，穷知究虑，以明其指。虽有蔽短，合其要归，亦六经之支与流裔。"从五经到五家，"志""事""行""和""阴阳""名分"也好，"天""事""体""志""理"

---

① 参见金德建：《先秦诸子杂考》，中州书画社 1982 年版，自序第 2—3 页。

② 《孔子家语·观周》言孔子"问礼于老聃"，《礼记·曾子问》亦载孔子论丧礼四次提及"闻诸老聃曰"。

③ 墨家或是从儒家学派中分化出来，据《淮南子·要略》载："墨子学儒者之业，受孔子之术，以为其礼烦扰而不说，厚葬靡财而贫民，久服伤生而害事，故背周道而用夏政。"韩非子乃荀子学生，刘向《孙卿书录》载："李斯尝为弟子，已而相秦。及韩非号韩子，又浮丘伯，皆受业，为名儒。"

也罢，抑或是"和神""明体""广听""断事"，其实都可归入"天"与"人"的范畴。将"天—人"关系作为主轴，可以统领儒家的"尽心知天"、道家的"法天贵真"、墨家的"天志"和"明鬼"、法家的"天命"和"人命"、兵家的"天道用兵"，等等，从而超越各家所用关键词之异，实现整体上的共通。

在轴心期，类似于"天—人"的聚合轴还有很多，比如"阴—阳""道—器""知—行""名—实""公—私""义—利"，等等。如果说五经或五家是横向上的类分，那么这些聚合轴还在纵向上起到黏合的作用，两者纵横相错，经纬交织，使得中国文化元典关键词能够扎根而又不囿于文化流派，呈现出整体性风貌。轴心期以关键词为载体的聚合轴形成了跨越文化流派的思维与言说框架，这里需要进一步追问的是，是否存在一个能够聚合前述"天—人""阴—阳""道—器"等聚合轴的关键词，作为"中国文化元典关键词群（或集）"的关键词？答案是肯定的。

我们知道，雷蒙·威廉斯的《文化与社会》即以"文化"为元关键词。在《文化与社会》中，作者选取"工业"（Industry）、"民主"（Democracy）、"阶级"（Class）、"艺术"（Art）和"文化"（Culture）等五个关键词来绘制18世纪中叶到20世纪中叶思想文化变迁的地图。按照是书导论所言，"文化"是上述五个关键词以及提请读者所注意的"意识形态""理性主义""科学家"等47个新词中的"元关键词"。在雷蒙·威廉斯看来，"比任何其他词汇都包含了更多这些关系的，就是'文化'这个在观念上和关系上都极为错综复杂的词。在本书中，我的全部目的就是描述并分析这个综合体，并且说明其形成的历史过程"①。是书以"文化"一词为核心，由思想领域而至社会历史，考察其背后"广大而普遍的思想与

---

① ［英］雷蒙德·威廉斯：《文化与社会》，吴松江、张文定译，北京大学出版社1991年版，第20页。

感觉运动"，这便自然涉及作为新生产方式的"工业"、代表新政治和社会发展的"民主"与"阶级"，以及属于私人经验的"艺术"实践。

英语中的 culture 如此，汉语里的"文化"亦然。《周易》"贲"卦之象辞曰："刚柔交错，天文也。文明以止，人文也。观乎天文，以察时变；观乎人文，以化成天下。"这是最早对"文化"的解释。《周易·系辞下》有言："古者包牺氏之王天下也，仰则观象于天，俯则观法于地，观鸟兽之文与地之宜，近取诸身，远取诸物，于是始作八卦，以通神明之德，以类万物之情。"两相参照，"刚柔交错"之"天文"与"文明以止"之"人文"，正是八卦创造者仰观俯察取法天地物我的结果。从这种意义可以说，轴心时代的中华文化圣贤，在观察并思考人与天、人与物和人与我的关系时，创造了"文"。《国语·周语下》载单襄公曾以"文"来评价晋孙谈之子周（即晋悼公）：

> 其行也文，能文则得天地，天地所胙，小而后国。夫敬，文之恭也；忠，文之实也；信，文之孚也；仁，文之爱也；义，文之制也；智，文之舆也；勇，文之帅也；教，文之施也；孝，文之本也；惠，文之慈也；让，文之材也。象天能敬，帅意能忠，思身能信，爱人能仁，利制能义，事建能智，帅义能勇，施辩能教，昭神能孝，慈和能惠，推敌能让。此十一者，夫子皆有焉。

在单襄公看来，"敬""忠""信""仁""义""智""勇""教""孝""惠""让"等十一种美好品行皆可用一个"文"字来概括。此即韦昭注所言："文者，德之总名。"[1] 如果说，儒家的"尽心知天"、道家的"法天贵真"、墨家

---

[1] （战国）左丘明著，（三国）韦昭注：《国语》，上海古籍出版社 2015 年版，第 63 页。

的"天志"和"明鬼"、法家的"天命"和"人命"、兵家的"天道用兵"，等等，是各家各派关于天人关系的关键词，那么儒之"礼"、道之"道"、墨之"义"、法之"法"、兵之"兵"则是各家的"文"，是各家标志性的文化符号或文化旗帜。

"文化"就是用来聚合"形分"的"神"。汉语"文化"的定义是"人文化成"，是"文明以止"，"故凡有关民用及一切弥纶范围之具，悉囿乎文，非文之外别有其他也"（宋濂《文原》）。道术裂变以后，各家各派都有自己的关键词，其实都可以返回到一个"文"字。儒家崇"礼"，道家忧"道"，墨家贵"义"，法家隆"法"，兵家研"兵"，或重视人与天，或强调人与人、群体与群体，莫不是以"文"为核心的辩与说、知与行。我们说"礼"是儒家文化的元关键词，也可以说"中国的礼，实际上是以儒家思想为主的古代文化体系的总称"[1]。按照礼学家钱玄先生的看法，具有全息性的"礼"约等于"文化"："今试以《仪礼》《周礼》及大小戴《礼记》所涉及之内容观之，则天子侯国建制、疆域划分、政法文教、礼乐兵刑、赋役财用、冠昏丧祭、服饰膳食、宫室车马、农商医卜、天文律历、工艺制作，可谓应有尽有，无所不包。其范围之广，与今日'文化'之概念相比，或有过之而无不及。"[2]不妨说，以"文"为词根的"人文"以及"文化""文明"，正是中国文化元典关键词所要言说的核心内容，是对"天—人"、"阴—阳""道—器"等聚合轴的聚合，是"礼""道""义""法""兵"等关键词中的关键词。

[1]　彭林：《礼与中国文化》，《文史知识》2001年第11期。
[2]　钱玄：《三礼辞典·自序》，载钱玄、钱兴奇编著：《三礼辞典》，凤凰出版社2014年版，自序第1页。

第三节　生命历程法：关键词之阐释

关键词之遴选与类分为最终的阐释奠定了基础。遴选过程中的资格审查法，将词语视作候选者，从"命大""幅大""力大"三个角度考察其出身、名声和寿命，以确定其是否具备资格以及能否胜任"关键词"之名号。类分时所采用的形神分合法，在按文化流派类分儒、道、墨、法、兵五家的同时，尤其重视"形"中之"神"。两者均有将词语视为生命体的意味，这一倾向在关键词阐释的生命历程法中体现得更为明显。描述词语的生命历程，有如为词语作传记，这就迥异于辞典体言辞冷峻的定义和类书式的分条罗列，而是富有温度，充满活力乃至不乏生老病死、抑扬顿挫、显隐兴替等曲折情节的记录。当然，为词语作传记又不必囿于纪传体，还可综合运用编年体、纪事本末体和公案体，将关键词的生命历程法细化为时间定位法、语境再现法和辩中见异法等三种子方法。

中国文化元典中的关键词并非是天生的，而是由普通词（即常语）演变而成的。这就好比个体的人的生命，有一个诞生、成长、成熟到衰老、死亡的过程。与个体的人的"生命历程"不同的是，关键词可以"衰老"乃至"死亡"，也可以"再生"甚至"永生"。所谓"永生"，是"名""实"俱存；所谓"再生"，是"名"存"实"亡，或是"名"存"实"变。生命历程法借助文献资料（包括传世旧文书与出土新材料），厘清、描述并阐释关键词的诞生期、成长（常语即普通词）期、成熟（术语即关键词）期、衰退（更年或消亡）期、复活（再生）期，从而实现本课题依"词根性""坐标性"和"再生性"阐释关键词的总体思路和揭示关键词之原创意蕴及现代价值的根本宗旨。

一、时间定位法

"年既不编，何纪之有？"（刘知几《史通·本纪》）为词语作传记，再结合编年的思路，便有了时间定位法。顾名思义，时间定位法是指在历史长河中选取基本和特定时段作为关键词阐释的着力点。基本时段多指关键词的创构期（包括诞生、成长和成熟），因其奠定了词语最早的（本源）与最根本的（本原）语义，故可视为坐标原点。对于中国文化元典关键词而言，基本时段就是以公元前 500 年为中心，前后延伸至公元前 800 年和公元前 200 年的轴心期。以春秋战国为一个大体的时间坐标，以业已成型的五经和周秦诸子等文化元典为主体文本，向古可追溯至殷商卜辞、殷周金文、部分《逸周书》等，向今可延展至历朝历代相关注疏、史传、子书、集部等。此之谓"振叶以寻根，观澜而索源"（《文心雕龙·序志》）。由基本时段延伸出的特定时段是指关键词的转型期，这一时段的转型包括后继重要语义的融入、语义的衰退以及转义和再生。只有定位于特定时段，方可更好地考察关键词"意义转变的历史、复杂性与不同用法，及创新、过时、限定、延伸、重复、转移等过程"①。此之谓"观水有术，必观其澜"（《孟子·尽心上》）也。

（一）振叶寻根，观澜索源

由于部分语义的变迁非常缓慢，我们无法对其进行真正意义上的编年考察，只能借鉴编年体"以年月为纲"的方法抓取其中具有代表性的时段，折中为"有话则长，无话则短"的选择性定位。随之而来

① ［英］雷蒙·威廉斯：《关键词：文化与社会的词汇》，刘建基译，生活·读书·新知三联书店 2016 年版，第 31 页。

的问题是，有哪些时段值得驻足审视，需要细细道来呢？清儒江沅《说文解字注·后叙》曾言："本义明而后余义明，引申之义亦明，假借之义亦明。"[①] 相对于余义、引申义和假借义，本义发挥着提纲挈领的作用，这就需要我们以"本义明"为鹄的，返回语义源头，进行词源学意义上的详细考察。所谓本义，指的是原始或较早的意义，有时亦指基本或常用的意义。对于大多数关键词来说，这两种意义上的"本义"至迟在轴心期便已奠定大致形态，并在轴心期文化元典中有较为成熟的使用与相对完整的论说，故所"寻"之"根"在轴心期，要"索"之"源"在元典。关于此点，本章第一节已有相关论述，此不赘。

需要说明的是，确立轴心期为基本时段，意味着考察的主体文本是以五经和周秦诸子为代表的元典，但"寻根"与"索源"并不能局限于此。元典为关键词提供了主要的文本依据、语用资源和思想基础，这里的"主要"并非全部，因为部分关键词的语义根柢和原始出处还可继续向前追溯至前轴心时代的甲骨文、金文，乃至符号和初文，另有一些关键词又在秦汉以后发生语义上的重要转变。所以，时间定位法在立足"轴心期"和"元典"的同时，还应注意面向"前元典"的"溯洄从之"与放眼秦汉以降的"溯游从之"。

如何进行时间定位，或者说时间定位法的基本步骤是什么？以"文"为例，其时间定位法的大致流程如下。首先，关于"文"的阐释，重点应放在春秋战国时期，以《周易》《论语》《国语》《左传》《庄子》等元典中的"人文化成""文明以止""礼法""礼乐制度""文雅""优美"以及"文字""文辞""文章""文献""文艺""物一无文""物相杂故曰文"等释义为中心。以此为坐标原点，溯洄从之，

---

① （清）段玉裁：《说文解字注》，上海古籍出版社 1981 年版，第 788 页。

可追溯"文"在甲骨文、金文中"象正立之人形，胸部有刻画之纹饰，故以文身之纹为文"①的原始释义，可联系新石器时代"器物上的编织纹样，或烧制陶器时，捆缚固定陶坯的索条在陶器上留下的纹路"或"陶器烧坏时的裂纹"②；溯游从之，则关注作为元典关键词的"文"，其内涵、外延在各朝各代的变化，如两汉重文治教化的"文化不改，然后加诛"（刘向《说苑·指武》），魏晋"文"之独立，唐宋"文"以载道，明清"文章辨体"与"文体明辨"，新文化运动"文言"与"白话"之争，直至作为语言、文学、文化的"文"在近现代中国的巨大变革。

为何要进行时间定位，或者说时间定位法的作用何在？概括说来，以本义为坐标原点，定位作用主要有二。首先，面向"本义明"的时间定位法有助于聚焦语义转移的重要时段与关键文本。古人有"道沿圣以垂文，圣因文而明道"（刘勰《文心雕龙·原道》）的认识，在朱熹看来，"道之显者谓之文"（《论语集注》）。"道"的构字取象人行于道，本义为"所行道"（《说文解字·辵部》），后引申为所遵循与奉行的道理（包括事理、规律、法则、政令，等等）。这一引申在何时完成，可通过文献梳理进行时间定位。大致说来，"道"之义由具体向抽象的过渡，可定位于轴心期前后。《尚书·洪范》载"九畴"之"皇极"曰："无偏无陂，遵王之义。无有作好，遵王之道。无有作恶，遵王之路。无偏无党，王道荡荡。无党无偏，王道平平。无反无侧，王道正直。"句中"王道"之"道"与"义""路"并列，既保留了道路宽广、平坦、正直的具体属性，又开始向抽象的法则、规范之义转变。与之相似，《诗经》中也保留了"道"一字双关的证据，如"鲁道有荡，齐

---

①　徐中舒主编：《甲骨文字典》，四川辞书出版社 1989 年版，第 996 页。

②　彭亚非：《原"文"——论"文"之初始义及元涵义》，《文学评论》2005 年第 4 期。

子由归"(《齐风·南山》)和"顾瞻周道,中心怛兮"(《桧风·匪风》),是现实中足之所履的道路,也是立身处世所应奉行的事理。关于此点,前文已有论述。值得注意的是,"道"在同一部元典(如《周易》)中还有具体和抽象之别,从中可窥得元典的成书过程与章节的各自侧重。大体说来,《易经》中的"道"多取象于具体的"道路",如"复自道,何其咎,吉"(《小畜·初九》),"反复其道,七日来复"(《复》)。到了《易传》则有了理论的提升,由此产生"形而上者谓之道,形而下者谓之器""一阴一阳之谓道""立天之道曰阴与阳,立地之道曰柔与刚,立人之道曰仁与义"等命题。[①] 按照"形而上"和"形而下"的标准来看,足之所履的道路已不属于哲学之"道"的范畴,而只能归为"器"了。换言之,欲追踪"道"之抽象义或哲学义的获取,显然绕不开轴心期《周易》《尚书》《诗经》等元典。

其次,面向"本义明"的时间定位法还有助于分析语义的古今之变、中西之别,进而明晰其中的一脉相承和与时俱变。比如,"文"有"文学"义,而有文献可征的"文学"一词,始见于《论语·先进》:"文学,子游子夏。"句中的"古代文献,即孔子所传的诗、书、易"[②] 与现代意义上"文学"(literature)的关系可谓是错综复杂。就孔门四科的"文学"与 literature 的古义而言,能够在"文献"义项上隐约相通。英语中的literature 出现于 14 世纪,表示"通过阅读所得到的高雅知识",其词源为拉丁文 littera(即 letter,字母),而"高雅知识"又专指印刷书籍;直到 19 世纪,广播与戏剧等口头作品仍似乎被 literature 排除在外。[③] 在

---

① 参见王月清、暴庆刚、管国兴编著:《中国哲学关键词》,南京大学出版社 2011 年版,第 9 页。

② 杨伯峻:《论语译注》,中华书局 1980 年版,第 110 页。

③ 参见[英]雷蒙·威廉斯:《关键词:文化与社会的词汇》,刘建基译,生活·读书·新知三联书店 2016 年版,第 314—320 页。

这一点上，"文学"与 literature 都具有非言说性，同时被视为富有知识的象征。不过，汉语中的"文献"并非"文学"的词根，这一点又不同于 letter 之于 literature，所以前述"文学，子游子夏"与 literature 只是部分语用上的相通，不具有词源学意义上的同一性。"文学"的词义根性在"文"上，不管其本义是人体文身，还是器物纹路，所代表的都是一种"具有美感的构形示意"①。在此基础上，"文"与"三才"结合又有"天文""地文""人文"之说："文也者，其道焕焉。日月星辰，天之文也；五岳四渎，地之文也；城阙朝仪，人之文也。"②"文字"隶属于"人文"，只是"文"众多引申义中的一种，其理据如《尔雅·释言》所言："文者，会集众彩以成锦绣，会集众义以成辞义，如文绣然也。"若说古代汉语中能同现代意义上指称语言艺术和学科类别的 literature 对译者，"文章"要比"文学"更为接近。对此，章太炎在《国故论衡·文学总略》中曾有一段经典论述：

> 文学者，以有文字著于竹帛，故谓之文。论其法式，谓之文学。凡文理、文字、文辞，皆称文。言其彩色发扬谓之彣，以作乐有阕，施之笔札谓之章。③

即便如此，"文章"与 literature 或曰现代汉语中的"文学"也并非完全吻合。有文献可征的"文章"一词，同样始见于《论语》："夫子之文章，可得而闻也"（《公冶长》），"焕乎，其有文章"

---

① 彭亚非：《原"文"——论"文"之初始义及元涵义》，《文学评论》2005 年第 4 期。
② （唐）张怀瓘：《文字论》，载（唐）张彦远：《法书要录》，人民美术出版社 1984 年版，第 158 页。
③ 章太炎：《国故论衡》，上海古籍出版社 2006 年版，第 38 页。

（《泰伯》）。两处"文章"，前者指"有关古代文献的学问"[①]，后者"盖君臣朝廷尊卑贵贱之序，车舆衣服宫室饮食嫁娶丧祭之分，谓之文；八风从律，百度得数，谓之章。文章者，礼乐之殊称矣"[②]。构成并列关系的"文"与"章"，按照段玉裁的说法本写作"彣彰"，其根性在于视觉化的构形符号。而 literature 中 litera 与 ture 的偏正结构，强调的是知识的运用及书写。根系不同者，纵使枝叶时有覆盖交通，却终究归属不一。难怪曾经留学英国的夏目漱石有如下感慨："汉学中的所谓文学与英语中的所谓文学，最终是不能划归为同一定义之下的不同种类的东西。"[③] 本乎视觉、审美和构形的"文""文章"或"文学"贯通于天、地、人，故有"物一无文""动植皆文""道沿圣以垂文""文以载道""文章天下事"以及后人所归纳的"杂文学观"等语用；而根植于 letter 的 literature、literary，以阅读和书写为基础，相继衍生出的"写作的声望（literary reputation）""国家文学（national literature）""通俗文学（popular literature）"则分别与作家自我意识、国家观念、具有想象力和创意的"纯文学观"等思潮有关。[④] 考察诸如此类古今悬殊、中外有别、名同实异的关键词历史语义，需要定位于本义的"振叶以寻根，观澜而索源"，方可"提纲而众目张，振领而群毛理"。

（二）观水有术，必观其澜

时间定位法不需平均用力，而是要重点考察历史语义的"源"与

---

① 杨伯峻：《论语译注》，中华书局 1980 年版，第 47 页。

② 章太炎：《国故论衡》，上海古籍出版社 2006 年版，第 38 页。

③ ［日］夏目漱石：《文学论》，王向远译，上海译文出版社 2016 年版，自序第 4—5 页。

④ 参见［英］雷蒙·威廉斯：《关键词：文化与社会的词汇》，刘建基译，生活·读书·新知三联书店 2016 年版，第 316—318 页。

"澜"。"索源"以"本义明"为鹄的，首先关注奠定语义根基的轴心期；"观澜"则选取关键词语义最为活跃、最为激荡的特定时段来驻足审视。《孟子·尽心上》云："观水有术，必观其澜。"倘若概括"观澜之术"，辄"必观"重点有三：一要聚焦阶段性的语义总结者，二需区别对待不同流派的分头掘进，三应结合定位进一步上下勾连。

关键词之语义变迁，往往在竞相立说、彼此争鸣之后出现阶段性的总结者。以"天"为例，轴心期诸子百家各有侧重点，儒家的"尽心知天"、道家的"法天贵真"、墨家的"天志"和"明鬼"、法家的"天命"和"人命"，以及兵家的"天道用兵"，纷纷将"天"纳入本家学说体系之内。这一阶段的集大者有荀子、屈原和稍后的董仲舒，他们就"天"之自然、主宰和义理三层内涵总结各家学说。儒家之荀子针对时人的"畏天"，撰《天论》篇专论"天人相分"和"天行有常"，其中"天行有常，不为尧存，不为桀亡"，"故明于天人之分，则可谓至人矣"等论说可谓别开生面。楚三闾大夫屈原发出《天问》，始于提问自然之"天"："天何所沓？十二焉分？日月安属？列星安陈？"终至追问武王伐纣所涉及的主宰或义理之"天"："武发杀殷，何所悒？载尸集战，何所急？伯林雉经，维其何故？何感天抑墜，夫谁畏惧？皇天集命，惟何戒之？受礼天下，又使至代之？"周秦之际有关主宰之"天"的讨论，至董仲舒所作《春秋繁露》及其"天人感应"思想可视为阶段性的总结。在他看来，'天者，万物之祖，万物非天不生"（《顺命》），"天之生有大经也，而所周行者，又有害功也。除而杀殛者，行急皆不待时也，天之志也"（《如天之为》），"人之形体，化天数而成；人之血气，化天志而仁；人之德行，化天理而义；人之好恶，化天之暖清；人之喜怒，化天之寒暑；人之受命，化天之四时。人有喜怒哀乐之答，春秋冬夏之类也"（《为人者天》）。诸如此类的论说，使"天已集宗教、政治、道德之至上权威和人类各种行为之善恶的评判者于一身，论证范式也容纳了宇宙论、阴阳五行论、感应论等"①，亦可谓一时代"谈天者"的总结。此后，还有王充《谈天》反驳"天人感应"，柳宗元《天对》和《天说》论说"天人不相预"，刘禹锡《天论》提出"天人交相胜"，这些同样是不容忽视的要点。

追踪关键词之语义变迁，还需要考虑到文化流派，在必要之时可将"有话则长，无话则短"与"花开两朵，各表一枝"结合起来。孔子曾言："道不同，不相为谋。"（《论语·卫灵公》）儒家之"道"不同于道家。追踪道家之"道"，需要注重魏晋。《老子》开篇即言"道可道，非常道"，《庄子·知北游》亦有"道不可言，言而非也"之说。考察关键词"道"，除了以老庄为中心，尤其需要重视魏晋玄学对"道"的"接着说"。何晏和王弼沿着老子所谓"视之不见""听之不闻"和"搏之不得"一路前进，以"无"解"道"。何晏《道论》称："夫道之而无语，名之而无名，视之而无形，听之而无声，则道之全焉。"（张湛《列子·天瑞》注引）王弼《论语释疑》亦曰："道者，无之称也。无不通也，无不由也，况之曰道，寂然无体，不可为象。"（邢昺《论语正义》引）与之相反，裴頠则以"有"解"道"："宜其以无为辞，而旨在全有，故其辞曰'以为文不足'。若斯则是所寄之涂，一方之言也。若谓至理信以无为宗，则偏而害当矣。"（《崇有论》）除了"崇有"与"贵无"，郭象还提出"自然"即"道"："谁得先物者乎哉？吾以阴阳为先物，而阴阳者即所谓物耳。谁又先阴阳者乎？吾以自然为先之，而自然即物之自尔耳。吾以至道为先之矣，而至道者乃至无也。既以无矣，又奚为先？然则先物者谁乎哉？而犹有物无已，明物之自然，非有使然也。"（《知北游注》）至于儒家之"道"，则需留意宋明。有以"理"解"道"者，如朱熹："理也者，

---

① 王月清、暴庆刚、管国兴编著：《中国哲学关键词》，南京大学出版社2011年版，第23页。

形而上之道也，生物之本也；气也者，形而下之器也，生物之具也。"（《朱文公集·答黄道夫》）有以"心"解"道"者，如陆九渊："道未有外乎其心者。自'可欲之善'至于'大而化之之圣'，圣而不可知之神，皆吾心也。"（《陆九渊集·敬斋记》）还有以"气"解"道"者，如张载："有气化，有道之名"，"太和所谓道，中涵浮沉、升降、动静、相感之性，是生絪蕴、相荡、胜负、屈伸之始"（《正蒙·太和》）。又如王廷相："元气即道体，有虚即有气，有气即有道，气有变化是道有变化。气即道，道即气，不得以离合论者。"（《雅述》）

无论是"振叶寻根，观澜索源"，还是"观水有术，必观其澜"，时间定位法在定位基本时段和特定时段的基础上，均要进一步向上"溯洄从之"或向下"溯游从之"，以彰显语义的文化变迁。解诠儒家之"道"，需要定位于宋明理学，把握张载、王廷相等人的以"气"解"道"。而对于"气"来说，相关解诠同样需要定位于宋代张载、二程、朱熹等学者的论说，并以此为基础找寻其中远绍秦汉、下启明清的思想文化脉络。张载《正蒙·太和》云："气坱然太虚，升降飞扬，未尝止息，《易》所谓絪缊，庄生所谓'生物以息相吹''野马'者与。"这是援引《周易》和《庄子》以证"气"之变化。程颢、程颐在"气"之聚散、清浊与人之生死、凡圣方面也继承了《庄子》、王充、刘劭之说。"物生者，气聚也；物死者，气散也"（《二程遗书》卷五）宁不是《庄子·知北游》中"人之生，气之聚也；聚则为生，散则为死"的换言之？"气清则才善，气浊则才恶。禀得至清之气者为圣人，禀得至浊之气者为愚人"（《二程遗书》卷二十二）与"人之生，适遇其气，有得清者，有得浊者，贵贱寿夭皆然，故有参错不齐如此"（《朱子语类》卷一），又同王充、刘劭的"气寿""禀气"诸说一脉相承："夫禀气渥则其体强，体强则其命长；气薄则其体弱，体弱则其命短"（《论衡·气寿》），"人禀气而生，含气而长，得贵则贵，得贱则贱"（《论衡·命义》），"凡有血气者，莫不含元一以为质，禀阴阳以立性，体五行而著形"（《人物志·九征》）。此外，有鉴于"气"与"理"的分离，刘宗周"理只是气之理，断然不在气先，不在气外"（《学言》），黄宗羲"所谓理者，以气自有条理，故立此名耳"（《明儒学案·诸儒学案》），王夫之"气固只是一个气，理别而后气别。乃理别则气别矣，唯气之别而后见其理之别。气无别，亦安有理哉"（《读四书大全说》卷十）等明清诸儒之说，又使宋儒"理""气"之辩更具广度和深度。

二、语境再现法

从发生学的意义上说，中国文化元典之中任何一个关键词的诞生或形成都不是一挥而就和一成不变的，其诞生自有其复杂之语境，其形成又有其曲折之过程。比如"仁"，仅在《论语》一书中就出现 109 次，它的每一次出场，都伴随着语境之异和语义之别。从孔子的"泛爱众"到孟子的"亲亲"、董仲舒的"以仁安人"、张载的"民胞物与"、戴震的"生生之谓仁"、康有为的"不忍人之心，仁也，电也，以太也"，再到孙中山的"救世之仁""救人之仁"和"救国之仁"，作为儒家核心关键词的"仁"，在不同时代语境中彰显出不同的内涵。不惟如此，"仁"还在道家、墨家、法家乃至兵家的元典中频繁出场，化身为道家的"自爱"、墨家的"兼爱"、法家的"自为"和兵家的"诡道"，在不同的文化流派或曰文化场域中名同实异，甚至大相径庭。我们在释义时，如果忽略具体时空语境和文化争鸣现场，仅仅依靠"仁者人也""仁者爱人"或"克己复礼为仁"这些非语境化、非现场化的简单释义，是很难得其真谛和奥义的。

为词语作传记，避免不了的情况是同一个词，或同一个概念，在大多数情况下，由不同情境中的人来使用时，所表示的往往是完全不同的东西①。如卡尔·曼海姆所言，词由不同情境中的人来使用属于具体语境，而语境之异必然导致语义之别。在语义与语境的关系中，前者重视符号与所指对象的组合，后者更关注符号与使用者之间的关系；前者是静态的语言沉淀，后者则保留了言语的动态与鲜活。如果只是采用编年体的时间定位法，固然具有很强的时间意识，却无法有效应对随文义殊、因人而异的词义变化，以致呈现出语料的破碎感。有鉴于此，在中国文化元典关键词阐释过程中，可借鉴纪事本末体对来龙去脉的关注，将关键词的历史语义与上下文、互文本、时空背景、文化场域等不同层次的语境相结合，再现词义被赋予、被使用的原因、过程和结果。此之谓"语境再现法"。

（一）文本语境：从文字到互文

依据不同的标准，可以划分出不同的语境。自其根本而言，这种语境化早在造字之初便已存在。传说中伏羲始作八卦时的仰观俯察、"近取诸身，远取诸物"和仓颉造字时的"见鸟兽蹄远之迹，知分理之可相别异也"（许慎《说文解字·叙》），其实都是特定语境下能指与所指的约定。"卦象者，文字之袓。"② 朱熹《周易本义》载《八卦取象歌》曰："☰乾三连，☷坤六断；☳震仰盂，☶艮覆盌；☲离中虚，☵坎中满；☱兑上缺，☴巽下断。"八卦卦名、卦形与取象之物逐一对应，进而从天、地、雷、风、水、火、山、泽等物类中引申出健、顺、动、入、陷、丽、止、说（悦）等象征义。曰八卦衍为六十四卦，诸如"乾"卦之"见龙"、"讼"卦之"争讼"、"师"卦之"出征"、"履"卦之"行走"，等等，或

————————

① 参见［德］卡尔·曼海姆：《意识形态与乌托邦》，黎鸣、李书崇译，商务印书馆2000年版，第278页。

② （唐）张怀瓘：《文字论》，载（唐）张彦远：《法书要录》，人民美术出版社1984年版，第241页。

为实象，或为假象，皆为卦义营造出整体语境。又如"履霜，坚冰至"（《坤·初六》），"即鹿无虞，惟入于山林"（《屯·六三》），"入于穴，有不速之客三人来；敬之，终吉"（《需·上六》）等爻辞，同样是择取特定的生活情境来言说"驯致其道，至坚冰也""君子几，不如舍""虽不当位，未大失也"等分论题。另有一类如"乾下坤上"的"泰"卦以天地交通之形释义"通泰"，"坤下乾上"的"否"卦用上下不交之形揭示"天下无邦"之义，两者还彼此照应阐发"处泰虑否"和"否极泰来"之理。卦象如此，文字亦然。早期汉字多通过择取典型情境来标识文字的形与义。比如"事"字从"手"、从"中"（指简册、壶、笔、旗、圭表等），"叙述一个人正在持'中'（执中、用中、立中、建中），聚集传召人众，从事有关观天、测时、占卜、祭祀、歌舞、典礼、战争、记史、出使等关系部族存亡的重大活动"①。又如"观"（繁体为"觀"）字从"雚"、从"见"，"盖造字的初民深刻的观察、了解鸱鸮是夜间活动的猛禽，眼光锐利无伦，有'夜撮蚤、察毫末'的特长，所以特地选用了鸱鸮之视来表现观看"②。可以说，每一卦象或文字都或多或少地保留了创生时的语境，诸如此类的象形、指示、会意、形声，或叙事、描写、说明、抒情，以符号的使用者为中心，本于初民的生活经历与所见所想，定格为卦象或文字中的经典场景。

这种造字时的语境作为先天禀赋，会在文字使用过程中继续发挥文化基因的作用。南宋理学家金履祥《论语集注考证》曾就字形考证"仁"："自制文字之初，此理已分明，仁字从人从二，古篆凡重字则于本字之下从二，仁字从人而旁从二，是人人字，言人之所以为人也。又科斗古文人从人一心，或作千心，谓仁即人一心之理，千人所共之心也。"③清

---

① 朱崇才：《汉字之美》，《文史知识》2015 年第 4 期。

② 康殷：《古文字形发微》，北京出版社 1990 年版，第 104 页。

③ 引自程树德：《论语集释》，中华书局 1990 年版，第 822 页。

儒阮元《论语论仁论》亦言："凡仁，必于身所行者验之而始见。亦必有二人而仁乃见。若一人闭目斋居，瞑目静坐，虽有德理在心，终不得指为圣门所谓之仁矣。"又云："所谓仁者，己之身欲立则亦立人，己之身欲达则亦达人。所以必两人相人偶而仁始见也。"金、阮二人论"仁"皆由"仁，亲也。从人，从二"或"古文仁从千心"（《说文解字·人部》）等字形出发，延续"二人相亲近"或"人一心"的造字语境，重视"仁"的践行，并以此作为佐证孔子"忠恕之道"的语义根据。结合《论语》来看，《论语论仁论》所谓"己之身欲立则亦立人，己之身欲达则亦达人"出自《雍也》篇："夫仁者，己欲立而立人，己欲达而达人。能近取譬，可谓仁之方也已。"此乃就"仁"之积极践履而言，强调"己"与"人"的互动关系。倘若从消极方面的"有所不为"来说，"仁"的另一面还如《论语·颜渊》所载："仲弓问仁，子曰：出门如见大宾，使民如承大祭。己所不欲，勿施于人。在邦无怨，在家无怨。"这同样是着眼于人己（亦即"二人"）关系。曾子曰："夫子之道，忠恕而已矣。"（《论语·里仁》）单言"己欲立而立人，己欲达而达人"之"忠"，或只看"己所不欲，勿施于人"之"恕"，皆非完整之"仁"。不惟如此，"仁"之要义还明显且广泛地分布在樊迟、颜渊、仲弓、司马牛、子张等孔门弟子屡次"问仁"之中：

（樊迟）问仁。（子）曰："仁者先难而后获，可谓仁矣。"（《雍也》）

颜渊问仁。子曰："克己复礼为仁。一日克己复礼，天下归仁焉。为仁由己，而由人乎哉？"颜渊曰："请问其目。"子曰："非礼勿视，非礼勿听，非礼勿言，非礼勿动。"颜渊曰："回虽不敏，请事斯语矣。"（《颜渊》）

仲弓问仁。子曰："出门如见大宾，使民如承大祭。己所

不欲，勿施于人。在邦无怨，在家无怨。"仲弓曰："雍虽不敏，请事斯语矣。"(《颜渊》)

司马牛问仁。子曰："仁者其言也讱。"曰："其言也讱，斯谓之仁已乎？"子曰："为之难，言之得无讱乎？"(《颜渊》)

樊迟问仁。子曰："爱人。"(《颜渊》)

樊迟问仁。子曰："居处恭，执事敬，与人忠。虽之夷狄，不可弃也。"(《子路》)

子张问仁于孔子。孔子曰："能行五者于天下，为仁矣。"请问之。曰："恭、宽、信、敏、惠。恭则不侮，宽则得众，信则人任焉，敏则有功，惠则足以使人。"(《阳货》)

从孔子的回答中还可归纳出"先难后获""克己复礼""无怨""言讱""爱人""恭、敬、忠""恭、宽、信、敏、惠"等"仁"之纲要或细目。其中，既有樊迟一人三次问仁，也有《颜渊》一篇中颜渊、仲弓、司马牛的三连问，所得到的夫子回答却各不相同。对此，翟灏《四书考异》曾推测："大约迟之进问，犹有余辞，而其辞有别，夫子乃各就其问辞答之。纂《语》者重在夫子之答，略其问辞，但浑括之曰问仁问知焉耳。各篇中凡诸弟子同所问而夫子异答，宜兼以此意隅反之。"①翟灏提到的樊迟"犹有余辞"和孔子的"乃各就其问辞答之"着眼于孔门师徒问答的具体语境，以语境之异解释语义之别。尽管编纂《论语》者"略其问辞"，我们还是能够根据互文本来窥测一二。

所谓互文本，首先是上下文的关联。如焦循《论语补疏》便指出"颜渊问仁"与"仲弓问仁"两章的相互发明："克己复礼，未详其目，故颜渊请问之。出门如见大宾，使民如承大祭，先已详其目，而后反复

---

① 引自程树德：《论语集释》，中华书局1990年版，第406—407页。

明之，不烦更问。此两章问仁，互相发明，文亦错综入妙。"① 这种互文关系还表现为《论语》不同章节乃至《论语》和后续儒家著作的关联。譬如"仁者先难而后获"一节，刘宝楠先引《春秋繁露·仁义法》中"孔子谓冉子：'治民者，先富之而后加教。'语樊迟曰：'治身者，先难后获。'"以证"治身之与治民所先后者不同"；再结合《论语·卫灵公》中"事君，敬其事而后其食"来说明夫子意在教导樊迟出仕先公事而后得禄，两处征引佐证均不无道理。② 此外，对话情境中提问者之身份与性格，同样能用来辅助理解何者为"仁"。在上述七则"问仁"与"释仁"的对话中，夫子回答颜渊的"为仁由己"侧重于立德修身，回答樊迟的"仁者先难而后获"、回答仲弓的"在邦无怨，在家无怨"关注出仕治民，而回答司马牛的"仁者其言也讱"，乃是"夫子以牛多言而躁，故告之以此，使其于此而谨之，则所以为仁之方，不外是矣"③。语境之异导致语义之别，欲要明晰关键词之历史语义，便需尽可能准确地把握文本语境，从文字创生时的语境化考察到与之相关的互文本。

（二）文化语境：从时空到场域

更宽泛地讲，语境再现法所关注的语境化、互文性还表现为关键词及其承载观念在纵向上的不断繁衍和横向上的彼此呼应。于前者而言，可由"仁者见仁"式的语义变迁透视不同的时空背景；就后者而论，不同流派的"各道其道"还有助于明晰诸子百家的各擅胜场。

引入时空背景相参照，关键词"仁者见仁"式的语义变迁常常表现为键闭与开启的交织。继孔子及其弟子屡次讨论"仁"之内涵与外延、

---

① 引自程树德：《论语集释》，中华书局 1990 年版，第 825 页。

② 参见程树德：《论语集释》，中华书局 1990 年版，第 406 页。

③ （宋）朱熹：《论语集注》，载程树德：《论语集释》，中华书局 1990 年版，第 827 页。

纲要与细目、理念与践行之后，孟子在"仁"的论题上又有两大新创。通观《孟子》可知，一是将"仁"落实为"亲亲"，有"亲亲，仁也"（《尽心上》）和"仁之实，事亲是也"（《离娄上》）等论说；二是在"亲亲"的原点上，通过推己及人的方式过渡到"仁民""爱物""仁政"等广阔论域。前者取狭义，将"仁"之内涵收缩至"亲亲"的逻辑起点，可谓键闭①；后者取广义，将"仁"之外延拓展至"仁民""爱物"和"仁政"，堪称开启。键闭与开启并不矛盾，而是借由"亲亲而仁民，仁民而爱物"（《尽心上》）、"以不忍人之心，行不忍人之政"（《公孙丑上》）的推导双向贯通。《公孙丑上》谓："恻隐之心，仁之端也。"这一"恻隐之心"指的就是人所共有的同情心和同理心。为了说明何者为"恻隐之心"，孟子曾构想出一幕"孺子将入于井"的典型场景："今人乍见孺子将入于井，皆有怵惕恻隐之心，非所以内交于孺子之父母也，非所以要誉于乡党朋友也，非恶其声而然也。"（公孙丑上）面对无任何名誉利益关涉的"孺子"，正常人都有"不忍人之心"，所以"仁者以其所爱及其所不爱"（《尽心下》）和治国者"老吾老以及人之老，幼吾幼以及人之幼"（《梁惠王上》）也就有了可能性与合理性。

时至西汉，董仲舒在孟子并提"仁义"②的基础上另立"以仁安人，以义正我"（《春秋繁露·仁义法》）之说。于"仁"而言，所谓"我不自正，

---

① 张岱年先生认为："孔子虽然重视孝悌，但是未尝将仁解释为'亲亲'，而是强调'爱人'。孟子却有时将仁归结为'事亲'、'亲亲'，这可能是对于墨子兼爱学说的反响，实际上却降低了孔子仁的宏卓意义。"（《张岱年全集》第四卷，河北人民出版社 1996 年版，第 620 页）

② 孟子好以"仁""义"并举，如"王何必曰利，亦有仁义而已矣"（《梁惠王上》），"仁，人之安宅也；义，人之正路也"（《离娄上》），"居仁由义，大人之事备矣"（《尽心上》），等等。《告子上》谓："仁义礼智，非外铄我也，我固有之也。"在《公孙丑上》论"四端"中，"羞恶之心，义之端也"亦紧随"恻隐之心，仁之端也"之后，构成并列关系。

虽能正人，弗予为义；人不被其爱，虽厚自爱，不予为仁"的区分，是聚焦于"安人"的语义键闭，取"仁"之"爱人"和"义"之"正己"，而弃"仁"之"自爱"和"义"之"正人"。董仲舒之说自有其针对性："仁之于人，义之于我者，不可不察也。众人不察，乃反以仁自裕，而以义设人。诡其处而逆其理，鲜不乱矣。"（《春秋繁露·仁义法》）考虑到《论语·卫灵公》中已有孔子"躬自厚而薄责于人"之论，还可将董仲舒对"仁义"的离析视为面向本义的还原。

宋代理学家好以"果仁"与"麻痹不仁"这正反两端类比于"仁"。谢良佐有言："仁者何也？活者为仁，死者为不仁。今人身体麻痹不知痛痒谓之不仁，桃杏之核可种而生者谓之仁，言有生之意。推此，仁可见矣。"又曰："仲弓'出门如见大宾，使民如承大祭'，但存得如见大宾如承大祭底心在，便是识痛痒。"（《上蔡语录》）谢氏之喻本于其师程颢："医书言手足痿痹为不仁，此言最善名状。仁者以天地万物为一体，莫非己也。认得为己，何所不至？若不有诸己，自不与己相干，如手足不仁，气已不贯，皆不属己。"（《河南程氏遗书》）而程颢"仁者以天地万物为一体"之论又近承张载"民胞物与"思想，远绍孟子的"亲亲而仁民，仁民而爱物"（《孟子·尽心上》）。

明代思想家王阳明由《孟子·尽心上》所载"孺子将入于井"出发，又将"仁"的讨论引向心学：

> 是故见孺子之入井，而必有怵惕恻隐之心焉，是其仁之与孺子而为一体也。孺子犹同类者也，见鸟兽之哀鸣觳觫，而必有不忍之心焉，是其仁之与鸟兽而为一体也。鸟兽犹有知觉者也，见草木之摧折，而必有悯恤之心焉，是其仁之与草木而为一体也。草木犹有生意者也，见瓦石之毁坏，而必有顾惜之心焉，是其仁之与瓦石为一体也，是其一体之仁也，虽小人之

心，亦必有之。(《大学问》)

王阳明的"仁之与瓦石为一体"，很容易令人联想到《庄子·知北游》的"道在瓦甓"。至此，关键词"仁"已实现语义的极大扩容。

其后，历代论"仁"荦荦大端者有戴震的"欲遂其生，亦遂人之生，仁也；欲遂其生，至于戕人之生而不顾者，不仁也"(《孟子字义疏证·理》)，背后是戴震对宋儒"存天理，灭人欲"思想的反拨；有康有为的"不忍人之心，仁也，电也，以太也，人人皆有之"(《孟子微》)和谭嗣同的"仁以通为第一义，以太也，电也，心力也，皆指出所以通之具"(《仁学》)，借西方物理学知识来解释传统道德观念，呈现出旧学与新知交融的时代特色；还有孙中山的"仁之种类，有救世、救人、救国三者"(《军人精神教育》)，是救亡图存语境下"仁"义的政治化激活。

在文化场域的视角下，关键词的"各道其道"还常常呈现为类型化与反类型化的互动。如果说儒家从"亲亲"关系逐渐推广开来的"仁"已渐趋类型化，那么，道、墨、法、兵诸家对"仁"的拒斥、改造、降格、更新便是反类型化。《吕氏春秋·不二》曾将先秦诸子学说要义概括为："老聃贵柔，孔子贵仁，墨翟贵廉，关尹贵清，子列子贵虚，陈骈贵齐，阳生贵己，孙膑贵势，王廖贵先，兒良贵后。"与儒家对"仁"的重视不同，"贵柔"之老聃、"贵清"之关尹、"贵虚"之列子、"贵齐"之陈骈，"贵廉"[1]之墨翟，"贵势"之孙膑、"贵先"之王廖、"贵后"之兒良，以及《吕氏春秋》作者未提及的"贵法"之商鞅、"贵术"之申不害、"贵势"之慎到，还分别构成道家、墨家、兵家与法家的言说场。它们犹如不断注入的活水，为理解儒家之"仁"提供了多方位、立体式

---

[1] 孙诒让指出："《尔雅·释诂》邢疏引《尸子·广泽篇》'墨子贵兼'，'廉'疑即'兼'之借字。"(载许维遹：《吕氏春秋集释》，中华书局2009年版，第468页)

的参照。

有鉴于儒家之"仁"立基于"亲亲"的差序格局,《老子》疾呼:"大道废,有仁义"(十八章),"绝仁弃义,民复孝慈"(十九章)。《庄子·齐物论》亦言:"自我观之,仁义之端,是非之涂,樊然殽乱,吾恶能知其辩?"以儒家的"仁者爱人""亲亲而仁民""以仁安人"等观念相参照,道家倡导的是"自爱",自然会拒斥用于规范人伦关系的"仁"。

"兼即仁矣,义矣。"(《墨子·兼爱下》)虽然墨子也在"兼爱"的理论框架下谈"仁",但与儒家不同,墨家化的"仁"是"兼相爱",是"交相利":"仁人之事者,必务求兴天下之利,除天下之害。"(《墨子·兼爱下》)亦因此,墨子对"仁"的改造才会引起孟子的极度不满。"杨氏为我,是无君也;墨氏兼爱,是无父也;无父无君,是禽兽也"(《孟子·滕文公下》),可视为口头上的攻击;"仁者无不爱也,急亲贤之为务。……尧舜之仁,不遍爱人,急亲贤也"(《孟子·尽心上》),则是理论层面以"亲亲"为先的回应。

"兵者,诡道也。"(《孙子兵法·计》)兵家虽不乏"将者,智、信、仁、勇、严也"(《孙子兵法·计》),"圣人绥之以道,理之以义,动之以礼,抚之以仁"(《吴子·图国》),"心中仁,行中义,堪物智也,堪大勇也,堪久信也"(《司马法·严位》),"仁之所在,天下归之"(《六韬·文韬》)等重"仁"论说,但在谋求战争胜利的目的导向下,"仁"逐渐让位于"诡道"。《春秋公羊传解诂·桓公十年》称古时"军礼"之战"结日定地,各居一面,鸣鼓而战,不相诈",但"自春秋至于战国,出奇设伏,变诈之兵并作"(《汉书·艺文志·兵书略序》)。在兵家看来,"仁"或"不仁"的判断标准不是彼此间的礼让和道义,而是己方的胜负存亡。故孙子曰:"相守数年,以争一日之胜,而爱爵禄百金,不知敌之情者,不仁之至也……"(《孙子兵法·用间》)吴子亦曰:"故当敌而不进,无逮于义也;僵尸而哀之,无逮于仁也。"(《吴子·图国》)《吕氏春秋·不二》中孙膑所贵之"势"、王廖所贵之"先"、兒良所贵之"后"，其实均为"诡道"之表现。此即《孙子兵法·计》所云："故能而示之不能，用而示之不用，近而示之远，远而示之近。利而诱之，乱而取之，实而备之，强而避之，怒而挠之，卑而骄之，佚而劳之，亲而离之，攻其无备，出其不意。此兵家之胜，不可先传也。"

"人莫不自为也。"（《慎子·因循》）在法家"自为"的人性论视角下，固守理想之"仁"将难以应对人们"好利"的本性。《管子·禁藏》曰："凡人之情，得所欲则乐，逢所恶则忧，……夫凡人之情，见利莫能勿就，见害莫能勿避。"既然"心调于用者，皆挟自为心也"，便需因势利导，"故人行事施予，以利之为心，则越人易和；以害之为心，则父子离且怨"（《韩非子·外储说左上》）。也正是基于这一冷酷的认识，韩非子才会感慨"慕仁义而弱乱者，三晋也；不慕而治强者，秦也"，才会指出宋襄公不肯趁楚军渡河未成战阵而击之"乃慕自亲仁义之祸"（《韩非子·外储说左上》）。

三、辩中见异法

中国文化元典定型于战国时代，而战国时代的文化特征是诸子蜂起、百家争鸣，故关键词的诞生与成熟皆与"辩"相关。我们今天重释文化元典关键词，应格外注意先秦"辩"的文化生态、思维方式和言说方式。比如，上一节提到同为"仁"，在儒家是有等差的"爱人"，在墨家是无差别的"兼爱"，在道家是反人为的"自爱"，在法家是透视人性的"自为"，在兵家又与目的导向下的"诡道"相关。至于孔子的"三乐"与墨子的"非乐"、孟子的"知言"与庄子的"忘言"、孔子的"放郑声"与孟子的"今之乐犹古之乐"、《礼记》的"和""同"与《韩非子》的"矛""盾"等等，更是人所共知的辩中之异了。本课题的词义阐释，不仅要客观辩证地论述元典关键词的同中之异、异中之同和同异共生，还要充分利用已有的文献，真实而生动地描述和展示关键词生成与流变、传播与接受过程中的"论辩"与"异同"。

从语法上看，"百家争鸣"是一个主谓短语；就史实而论，教学与论战中的"争鸣"又是"百家"得以立派的重要手段，正是通过对重要概念、术语、范畴、命题的辩论与辨析，儒、道、墨、法、兵等文化流派才逐渐凝炼出各具特色的核心思想。如果从《别录》和《七略》算起，我国对先秦"百家争鸣"的研究史已历两千余年。[①] 其间，除了以"百家"为重心，按流派纵向梳理其思想脉络以外，还可回到"争鸣"的原生态，横向考察"诸子争教互攻"（康有为语）。所谓的"争教互攻"多指不同学派之间的攻讦与反驳，言辞峻急者像墨子"非儒"与儒家"辟墨"，具有明显的论辩特征；当然也有较为温和者，比如韩非子的"解老"和"喻老"，就内含法家对道家学说的辨析与改造。即便在同一学派内部，这种见解之异也依旧存在，比如"墨分为三"后各派"俱诵墨经，而倍谲不同，相谓别墨"（《庄子·天下》），"儒分为八"后荀子自居正统而斥责子张、子夏、子游为"贱儒"（《荀子·非十二子》），又如韩非子批评申不害、商鞅"二子之于法术，皆未尽善也"（《韩非子·定法》），等等。激烈之"非"与温和之"解"同属"辩"的两种典型表现，它们分布在同一学派内部以及不同学派之间，通过对关键词语的释义来传递核心观念。相应地，"辩中见异法"就需要以"仁""道""法""孝""乐"等关键词为中心，通过考察聚讼纷纭的学术公案，辨析其中的同中有异或异中有同，从而细绎关键词从成长期到成熟期的"生命历程"，并为关键词之阐释提供思想史的观照。

---

① 参见高华平：《综合研究是先秦诸子研究创新之路》，《光明日报》2017 年 1 月 4 日 11 版。

（一）名同实异

"辩中见异法"需要以"辩"为对象，以"辨"为方法。"辩"与"辨"皆从部首"辡"，《说文解字·辡部》释"辡"为"辠人相与讼也，从二辛"，释"辩"为"治也，从言在辡之间"。徐灏《段注笺》谓："讼必有两造，故从二辛，犹二辛也。两造则必有一是非，因之为辩论之义，别作辩。又为辨别之义，别作辨。"[①] 还进一步解释其引申脉络："周礼乡士辨其狱讼谓审察而判断之也，引申为口辩之称。"[②] 不同的文化流派常常赋予同一个词不同的含义，这同一个词又常常引发不同思想家的反复攻讦与辩难，从而积淀成一宗宗公案留与后人评说。就方法而论，同一学派内部以及不同学派之间的论辩大致有激烈之"非"与温和之"解"两种形式；从效果来说，由于见仁见智，这类论辩即使无法决出胜负、得出为大家所普遍认可的共识，也至少实现了关键词语义空间的扩容。在这种意义上讲，"辩中见异"不仅具有"真理愈辩愈明"的重要作用，还充分彰显了中国文化"和而不同"的独特魅力。

先看同一个词的"百家异说"。《荀子·解蔽》有言："今诸侯异政，百家异说，则必或是或非，或治或乱。"在此情境中，诸子百家不但"必或是或非"，而且常常身兼攻击者与被攻击者。《淮南子·泛论训》便提及孔子、墨子、杨子、孟子组成的"立"与"非"之回环：

> 夫弦歌鼓舞以为乐，盘旋揖让以修礼，厚葬久丧以送死，孔子之所立也，而墨子非之。兼爱，尚贤，右鬼，非命，墨子之所立也，而杨子非之。全性保真，不以物累形，杨子之所立

---

① 丁福保编纂：《说文解字诂林》，中华书局 1988 年版，第 14150 页。
② 丁福保编纂：《说文解字诂林》，中华书局 1988 年版，第 14151 页。

也，而孟子非也。趋舍人异，各有晓心。故是非有处，得其处则无非，失其处则无是。

诸子百家的"非"或"攻"在春秋战国之际普遍存在。康有为《孔子改制考》还罗列了诸子互攻、墨攻诸子、墨攻杨朱、墨攻吴虑、老攻儒墨、老攻墨学、老攻名家、老攻法术家、老攻刑名法术纵横家、老攻诸子、儒道攻法术家、儒道攻诸子、名法家交攻、名家攻纵横家、法家攻杨学，共计十五门。① 这就进一步揭示了"诸子互攻"的网状结构。需要说明的是，先秦"百家异说"除了上述剑拔弩张、针锋相对的"攻"或"非"，还有一类绵里藏针或曰夺胎换骨的"解"，前者激烈，以致时常汹涌澎湃；后者温和，却同样能够暗流涌动。下面分别以墨子"非儒"、孔门"诘墨"和韩非子的"解老""喻老"为例详述之。

《淮南子·俶真训》谓"孔、墨之弟子，皆以仁义之术教导于世"，但儒墨两家对"仁义之术"及其相关词群（如"贤""怨""和""同"）的理解却不尽相同，遂先有墨子"非儒"，后又有孔门"诘墨"。《淮南子·要略》曾言："墨子学儒者之业，受孔子之术，以为其礼烦扰而不说，厚葬靡财而贫民，久服伤生而害事，故背周道而用夏政。"抛开此论确切与否不谈，《墨子》一书中《耕柱》篇屡次驳斥儒者巫马子、子夏之徒的记载与《公孟》《非儒》式的专题辩难表明，墨家确曾视儒家为论敌，通过破孔门"仁义"旧说以立"鬼神""义利""兼爱""非命"等墨学新论。据《墨子·非儒下》记载，齐景公向晏子询问孔子是否为贤人时，晏子回复如下：

> 婴闻所谓贤人者，入人之国，必务合其君臣之亲，而弭其

---

① 参见康有为：《孔子改制考》，中华书局 1958 年版，第 101—114 页。

上下之怨。孔某之荆，知白公之谋，而奉之以石乞，君身几灭，而白公僇。婴闻贤人得上不虚，得下不危，言听于君必利人，教行下必于上，是以言明而易知也，行明而易从也，行义可明乎民，谋虑可通乎君臣。今孔某深虑同谋以奉贼，劳思尽知以行邪，劝下乱上，教臣杀君，非贤人之行也；入人之国而与人之贼，非义之类也；知人不忠，趣之为乱，非仁义之也。

依据史实来看，《墨子》将白公之乱归咎于孔子显然是捏造之词。白公之乱在鲁哀公十六年（公元前 479 年），不惟"肇事者"孔子已卒十旬，就连对话中要引以为鉴的齐景公（卒于公元前 490 年）和晏婴（卒于公元前 500 年）也都离世多年。故《孔丛子·诘墨》的反问一针见血："墨子虽欲谤毁圣人，虚造妄言，奈此年世不相值何？"不过，如果将其理解为立论策略，便会发现此处杜撰与《庄子》中孔子形象的相通性，即墨家假晏子这一贤臣兼"早期广义的儒家"①来非议孔子不贤，无疑增强了说服力和讽刺效果。紧随其后的晏子谏阻景公封孔子以尼溪、孔子树鸱夷子皮于田常之门等记载亦可如是观。所以，墨家虚构晏子非议儒家"好乐""立命""崇丧"，实为推行"非乐""非命""节葬"的自家主张。

前有墨子"非儒"，后有孔门"诘墨"。孔子后学中，"孟子斥其兼爱（攻其本体），荀子斥其尚俭（攻其办法）"②，《孔丛子》则立足史实来"非'非儒'"。"非"是周秦诸子争鸣的重要话语方式，孟子之"非"抨击"兼爱"无异于"无父"（《孟子·滕文公下》），荀子之"非"直指"大俭约"泯灭差异（《荀子·非十二子》）。以"怨"与"同"为关键词，《孔丛子·诘墨》还列举孔子恶陈常和不顺季孙之事，来"非"《墨

---

① 郭齐勇、吴根友：《诸子学通论》，商务印书馆 2015 年版，第 127 页。

② 章炳麟：《国学讲演录》，江苏文艺出版社 2007 年版，第 177 页。

子·非儒》中孔子"树鸱夷子皮于田常之门"与"舍公家而奉季孙"之说。这一反驳基于事实，持之有故且言之成理。不过，将上述言行验之"上之所是必皆是之，所非必皆非之"（《墨子·尚同上》）的标准，便会发现即便孔子没有"劝下乱上，教臣杀君"，也不符合墨家的"贤能"观。所以，从"非儒"到"诘墨"，隐藏在史实真假背后的还有围绕着"贤""怨""和""同"的观念之争。毋宁说，儒家的"在邦无怨，在家无怨"与墨家的"弭其上下之怨"同归而殊途，后者以"不贤"和"怨"为题非议前者，其根本原因在于保持人格独立与批判精神的儒家之"怨"有违"尚同"宗旨。《论语·子路》已明"君子和而不同，小人同而不和"之辨，具体而言，《荀子·子道》所谓"从道不从君，从义不从父，人之大行"，才是儒家倡导的君子典范。有意思的是，墨家假借晏子之口批评孔子，却忽视了《左传·昭公二十年》和《晏子春秋·重而异者》均记载晏子"和而不同"之说：

> 公曰："和与同异乎？"（晏子）对曰："异。和如羹焉，水火醯醢盐梅以烹鱼肉，燀之以薪，宰夫和之，齐之以味，济其不及，以泄其过。君子食之，以平其心。君臣亦然。君所谓可而有否焉，臣献其否，以成其可。君所谓否而有可焉，臣献其可，以去其否。是以政平而不干，民无争心。故《诗》曰：'亦有和羹，既戒且平。鬷嘏无言，时靡有争。'"

晏子认为正确的君臣关系应是"和而不同"，即君主要善于听取不同意见，臣下也应尽到劝谏的责任。这一说法与《国语·郑语》所载周太师史伯劝郑桓公之语近似："和实生物，同则不继。以他平他谓之和，故能丰长而物归之；若以同裨同，尽乃弃矣。"晏子用譬喻的方式强调，惟命是从固然做到了"同"却并非"和"，这就如同"以水济水"和"琴瑟专一"那样缺少必要的变化，不能相辅相成而"济其不及，以泄其过"——这也正是儒家的"贤能"观。由此不妨说，围绕着"贤""怨""和""同"等关键词的儒墨论争，分歧在于墨子的"弭怨"以"尚贤""尚同"为理论支撑，其说强调"贤能"对君权的认同与服从，自然不会以"邦有道"和"邦无道"来区分言谈举止，更不会容忍"诗可以怨"（《论语·阳货》）式的批判性。

《非儒》《诘墨》是旗帜鲜明的两军对垒，是"争辩"之"辩"；《解老》《喻老》则是入室操戈与暗度陈仓，更侧重于"辨析"之"辨"。老子常常在治国、用兵、养生、处世等具体之"术"的层面上来论"道"。① 如三十七章"道常无为而无不为。侯王若能守之，万物将自化"即在治国语境中谈"道"，三十章"以道佐人主者，不以兵强天下，其事好还。……善有果而已，不敢以取强"则是以军事论"道"，四十章"水善利万物而不争，处众人之所恶，故几于道"又将"道"纳入养生与处世的论域。对此，《韩非子·解老》多取《老子》论"道"的政治一脉，如"所谓'有国之母'：母者，道也。道也者，生于所以有国之术。所以有国之术，故谓之'有国之母'"，亦有关于养生与处世的"神不淫于外，则身全，身全之谓德。德者，得身也"。但是，与老子相较，韩非子的功利色彩更加浓重，一个显著标志便是他几乎不提"道"的宇宙本原义，而更关注作为"有国之术"的"道"。

本着《老子》三十六章对"微明"的论说，《韩非子·喻老》还在诠释中增添了"法""术""势"等具有法家鲜明特色的新元素：

> 将欲歙之，必固张之；将欲弱之，必固强之；将欲废之，

---

① 参见王月清、暴庆刚、管国兴编著：《中国哲学关键词》，南京大学出版社2011年版，第3页。

必固兴之；将欲夺之，必固与之。是谓微明。柔弱胜刚强。鱼不可脱于渊，国之利器不可以示人。(《老子》王弼本)

势重者，人君之渊也。君人者，势重于人臣之间，失则不可复得矣。简公失之于田成，晋公失之于六卿，而邦亡身死。故曰："鱼不可脱于深渊。"赏罚者，邦之利器也，在君则制臣，在臣则胜君。君见赏，臣则损之以为德；君见罚，臣则益之以为威。人君见赏则人臣用其势，人君见罚而人臣乘其威。故曰："邦之利器，不可以示人。"

越王入宦于吴，而观之伐齐以弊吴。吴兵既胜齐人于艾陵，张之于江、济，强之于黄池，故可制于五湖。故曰："将欲翕之，必固张之；将欲弱之，必固强之。"晋献公将欲袭虞，遗之以璧马；知伯将袭仇由，遗之以广车。故曰："将欲取之，必固与之。"起事于无形，而要大功于天下，"是谓微明"。处小弱而重自卑，谓损弱胜强也。(《韩非子·喻老》)

两相比较，《韩非子·喻老》在释义中增添了"势""赏""罚""德""威"等元素，并引入国内的"君—臣"与国际的"敌—我"视角，为老子之说染上了浓重的法家色彩。《老子》谈的是作为事物发展规律和社会运行法则的"道"，揭示其中"柔弱胜刚强"的辩证性。《韩非子》将形而上之"道"下降、落实为君与臣、国与国之间的法术、权势和谋略。魏源曾言："后世之述《老子》者，如韩非有《解老》《喻老》，则是以刑名为道德，王雱、吕惠卿诸家皆以《庄》解《老》，苏子由、焦宏、李贽诸家又动以释家之意解《老》，无一人得其真。"(《老子本义序》)韩非子在"解老""喻老"过程中的"以刑名为道德"有失真的一面，但惟其失"道德"之本真方可别出"法术势"之己意。

次说同一个词在同一学派内部的"非"与"解"。同属于法家，韩非子持"法""术""势"相结合的思想，批评申不害之"术"和商鞅之"法"，认为"徒术而无法，徒法而无术"不可，"主用申子之术，而官行商君之法"亦不可行：

> 申子未尽于法也。申子言："治不踰官，虽知弗言。""治不踰官"，谓之守职也可；"知而弗言"，是谓过也。人主以一国目视，故视莫明焉；以一国耳听，故听莫聪焉。今知而弗言，则人主尚安假借矣！商君之法曰："斩一首者爵一级，欲为官者为五十石之官；斩二首者爵二级，欲为官者为百石之官。"官爵之迁与斩首之功相称也。今有法曰："斩首者令为医匠。"则屋不成而病不已。夫匠者手巧也，而医者齐药也；而以斩首之功为之，则不当其能。今治官者，智能也；今斩首者，勇力之所加也。以勇力之所加，而治智能之官，是以斩首之功为医匠也。故曰："二子之于法术，皆未尽善也。"（《韩非子·定法》）

据上述"非"申不害和商鞅之语可知，韩非子心目中的"法"和"术"应充分调动臣吏民众的积极性，有针对性的因任授官以保障政治的有序运行。用韩非子自己的话讲便是："术者，因任而授官，循名而责实，操杀生之柄，课群臣之能者也，此人主之所执也。法者，宪令著于官府，刑罚必于民心，赏存乎慎法，而罚加乎奸令者也，此臣之所师也。"持此参照，申子"虽知弗言"和商君"官爵之迁与斩首之功相称"势必会成为韩非子批驳的对象。

法家如此，儒家亦然。只不过与韩非子的否定相较，儒家学派在"孝"的论题上表现为，师徒之间抑或后学对前贤相关论说的整理、补葺、修订。其中既有提纲挈领、拨云见日者，使关键词之语义愈发清晰，甚至成为相关论题的集大成者（如曾子）；也有别开生面者（比如孟子和荀子），就关键问题深入讨论，实现了语义空间的扩容。作为文化关键词的"孝"，包含物质层面的赡养和精神层面的礼敬、承志，这一基本框架在孔子思想中便已形成。孔子认为，"孝"是子辈对父母所应有的恭敬之情，表现为具体的奉养行动并延伸到父母去世之后，成为一种祭祀礼仪。曾子论"孝"将孔子散见于各处的观点条理化，进行了归纳和分层，如"大孝尊亲，其次不辱，其下能养"，又如"孝有三：小孝用力，中孝用劳，大孝不匮。思慈爱忘劳，可谓用力矣。尊仁安义，可谓用劳矣。博施备物，可谓不匮矣"（《礼记·祭义》）。

以"孝"为主题，可延伸至"敬"。《礼记·坊记》沿着《论语·为政》中"养"与"孝"的话题进一步提出："小人皆能养其亲，君子不敬，何以辨？"在儒家看来，"敬"是辨别人与犬马、小人与君子的标准；而在曾子看来，"不敢争辩"又是衡量"敬"的标准："从而不谏，非孝也；谏而不从，亦非孝也。孝子之谏，达善而不敢争辩。争辩者，作乱之所由兴也。"（《大戴礼记·曾子事父母》）这又涉及能否"怨"的问题，对此，孟子和荀子皆有新论。

按照通常理解，"孝"需要子辈的"敬""色""无违""事之以礼"（《论语·为政》），以及万章口中的"父母恶之，劳而不怨"（《孟子·万章上》）。万章引以为据的"劳而不怨"又见《礼记·祭义》，与曾子所言"父母恶之，惧而无怨"相比，仅有改"惧"为"劳"的微小变动。当然，还可以认为"劳而不怨"直接上承《论语·里仁》中的"事父母几谏，见志不从，又敬不违，劳而不怨"。孔子乃儒家学说的奠基者，曾子亦是《孝经》中"孝道"的承传与阐发者①，这就使"不怨"一说具备了足够的权威性。但孟子却从情感的真实性出发，指出大舜"号泣于旻

---

① 《汉书·艺文志》载："《孝经》者，孔子为曾子陈孝道也。"

天"是"怨慕"（《孟子·万章上》），并认为《小弁》之怨是"亲亲"的表现，"亲之过大而不怨，是愈疏也"（《孟子·告子下》）。"孟子为'怨'辩护实际上是要保留诗歌作为被统治者向统治者宣泄不满情绪之手段的独特功能，这与孔子所讲的'怨'是一脉相承的。"[①] 在"孝"的语境中认可"怨"，孟子的补充照应了儒家"诗可以怨"的批判精神，又在很大程度上避免了"敬"走向"愚"。到了荀子这里，曾子所论"孝"有小、中、大三层还被置换为"入孝出弟，人之小行也；上顺下笃，人之中行也；从道不从君，从义不从父，人之大行也"（《荀子·子道》）。在荀子看来，"敬"、"色"、"无违"、"事之以礼"以及"不怨"等具体要求已让位于"道"与"义"，故"大孝"乃是"明于从不从之义，而能致恭敬、忠信、端悫，以慎行之"（《荀子·子道》）。据此而言，曾子归纳"孝有三"之后，关键词"孝"的语义日趋键闭，以致出现弟子万章、公孙丑对"孝"是否可"怨"的困惑，以及时人高叟"有怨即小人"的固执理解。那么，孟子和荀子针对前述问题的"辩"与"辨"就极有必要，经此辩论与辨析，方可激活"孝"的僵化语义，拓展新的语用空间。

（二）同出而异名

以关键词为视角将不难发现，在先秦百家争鸣的语境中，既有诸子围绕着同一个词的"或是或非"（《荀子·解蔽》），又不乏各家使用不同词语的"别囿一实"（《尸子·广泽》）。若说前者的辩论与辨析重在阐发同中之异，彰显了轴心期中国文化"和而不同"的一面，那么后者的相通与相融还揭示了"同出而异名"的另一面。《庄子·齐物论》称："有儒墨之是非，以是其所非而非其所是。"是时，诸子百家不仅积极参与

---

① 李春青：《诗与意识形态：西周至两汉诗歌功能的演变与中国诗学观念的生成》，北京大学出版社 2005 年版，第 206 页。

"攻""非""解"的具体辩论或辨析，还从整体上审视"是其所非而非其所是"的症结所在。

随着百家争鸣的不断深入，《庄子·天下》篇中的"古之道术"也在不断裂变："初裂于墨子对传统礼乐制度之攻击；再裂于彭蒙、田骈、尹文以法理、法术说道；三裂于惠施治术而穷物理，'逐万物而不反'。而田骈与名家、辩者滔滔雄辩'不可穷其口'，论述形式的改变亦加速道术的崩解。"① 面对"道术裂变"，《韩非子·显学》《尸子·广泽》《列子·杨朱》《淮南子·齐俗训》等早期文献已注意到"争鸣"与"裂变"背后理念的相通。《尸子·广泽》中就有诸子学说归于"一实"则"无相非"的期待：

> 墨子贵兼，孔子贵公，皇子贵衷，田子贵均，列子贵虚，料子贵别囿。其学之相非也，数世矣而（不）已，皆弇于私也。天、帝、皇、后、辟、公、弘、廓、宏、溥、介、纯、夏、幠、冢、旺、昄，皆大也，十有余名，而实一也。若使兼、公、虚、衷、平易、别囿一实也，则无相非也。

正如"天""帝""皇""后""辟""公"等皆含"大"义一样②，从关键词的语言符号属性来看，"兼""公""衷""均""虚""别囿"等诸

---

① 林志鹏：《战国诸子评述辑证——以〈庄子·天下〉为主要线索》，复旦大学出版社 2014 年版，第 28 页。

② 《尔雅·释诂》："林、烝、天、帝、皇、王、后、辟、公、侯，君也。弘、廓、宏、溥、介、纯、夏、幠、庬、坟、嘏、丕、奕、洪、诞、戎、骏、假、京、硕、濯、訏、宇、穹、壬、路、淫、甫、景、废、壮、冢、简、箌、昄、旺、将、业、席，大也。"验之《尸子·广泽》，"天、帝、皇、后、辟、公"为一组，均能指"君"；"弘、廓、宏、溥、介、纯、夏、幠、冢、旺、昄"为第二组，表示"大"。"君"与"大"语义又可相通。

子学说要义均围绕着社会伦理关系展开，可谓是能指有异而所指相同或相通。

具体到"诸子争教互攻"，关键词的异中之同或对立相通依旧存在。《淮南子·泛论训》在列举墨子非孔、杨朱非墨、孟子非杨之后，将这一学术思想上的"趋舍人异，各有晓心"类比于不同地区民众的"是非各异，习俗相反"：

> 故是非有处，得其处则无非，失其处则无是。丹穴、太蒙、反踵、空同、大夏、北户、奇肱、修股之民，是非各异，习俗相反。君臣、上下、夫妇、父子，有以相使也。此之是，非彼之是也；此之非，非彼之非也；譬若斤斧椎凿之各有所施也。

《淮南子·泛论训》中的"趋舍人异，各有晓心"，在《韩非子·显学》中还被表述为儒墨之争的"取舍相反不同"：

> 墨者之葬也，冬日冬服，夏日夏服，桐棺三寸，服丧三月，世主以为俭而礼之。儒者破家而葬，服丧三年，大毁扶杖，世主以为孝而礼之。夫是墨子之俭，将非孔子之侈也；是孔子之孝，将非墨子之戾也。
> 漆雕之议，不色挠，不目逃，行曲则违于臧获，行直则怒于诸侯，世主以为廉而礼之。宋荣子之议，设不斗争，取不随仇，不羞囹圄，见侮不辱，世主以为宽而礼之。夫是漆雕之廉，将非宋荣之恕也；是宋荣之宽，将非漆雕之暴也。

韩非子揭示的"是墨子之俭，将非孔子之侈；是孔子之孝，将非墨子之戾也"和"是漆雕之廉，将非宋荣之恕；是宋荣之宽，将非漆雕之暴"，为理解墨子"非儒"与孔门"诘墨"提供了一个新的视角。墨家提倡"节用""节葬"，儒家重视"葬之以礼，祭之以礼"，立场不同辄角度各异。从语义生成的角度讲，"节用""节葬"思想背景下的"俭"与"克己复礼"所要求的"孝"，实乃相对立义。"俭"与"戾"、"孝"与"侈"、"廉"与"暴"、"宽"与"恕"恰如一枚硬币的两面，诸子相攻时取己之长可"非"他人之短，但对他人来说反之亦然。当然，对于儒墨论争还可出乎其外，像《淮南子·齐俗训》一般审视"是非"之是非："夫三年之丧，是强人所不及也，而以伪辅情也。三月之服，是绝哀而迫切之性也。夫儒、墨不原人情之终始，而务以行相反之制，五缞之服。"以此参照，墨家持"俭"来检验儒家之"孝"，"孝"即成"侈"；儒家用"孝"之标准批评墨家，"俭"亦为"戾"；而杂家持"人情"之标准权衡，又可见在治丧的问题上，儒家过之而墨家不及。

同样地，《列子·杨朱》在记载道墨之争时，也有透过词语表象的辩证认识。杨朱弟子孟孙阳与墨翟弟子禽滑厘就"拔一毛以济天下"为之还是不为的问题展开辩仑：

> 禽子问杨朱曰："去子体之一毛以济一世，汝为之乎？"杨子曰："世固非一毛之所济。"禽子曰："假济，为之乎？"杨子弗应。禽子出，语孟孙阳。孟孙阳曰："子不达夫子之心，吾请言之。有侵若肌肤获万金者，若为之乎？"曰："为之。"孟孙阳曰："有断若一节，得一国，子为之乎？"禽子默然有间。孟孙阳曰："一毛微于肌肤，肌肤微于一节，省矣。然则积一毛以成肌肤，积肌肤以成一节。一毛固一体万分中之一物，奈何轻之乎？"禽子曰："吾不能所以答子。然则以子之言问老聃、关尹，则子之言当矣；以吾言问大禹、墨翟，则吾言当矣。"

"杨朱、墨翟之言盈天下。天下之言，不归杨则归墨。"（《孟子·滕文公下》）主张"贵生""重己""为我"的杨朱之学在当时产生了深远影响，一度引起墨家禽滑厘、儒家孟子、法家韩非子等人的攻击①。"全性保真，不以物累形"（《淮南子·泛论训》）的杨朱思想贴近老庄之"道"，故禽子称"以子之言问老聃、关尹，则子之言当矣"。但是，"不以天下大利易其胫一毛"（《韩非子·显学》）的"重己""为我"主张又与墨家"摩顶放踵，利天下，为之"（《孟子·尽心下》），"皆可以赴汤蹈火，死不旋踵"（《淮南子·泰族训》）等行为，以及墨家所推崇的大禹"亲自操橐耜，而九杂天下之川，腓无胈，胫无毛"（《庄子·天下》）自我牺牲精神大相径庭。所以，禽滑厘又称"以吾言问大禹、墨翟，则吾言当矣"。《荀子·解蔽》曾总结"墨子蔽于用而不知文"，"庄子蔽于天而不知人"。从"胫无毛"到"不以天下大利易其胫一毛"，杨朱学说可谓得之于"天"而失之于"用"，故不难想见老聃、关尹之"是"与大禹、墨翟之"非"。

　　诸如此类的反思揭示了一个道理：关键词选用上的相异乃至对立源于论说者的立场，但表面上的取舍有异并不意味着观念的彻底隔绝。追根溯源，诸子百家提炼出的关键词以及由此展开的辩论与辨析，本系"道术裂变"后的"天下多得一察焉以自好"（《庄子·天下》），但参稽比照、舍短取长亦"可以通万方之略"（《汉书·艺文志·诸子略》）。

　　除了透视百家争鸣时不同学派所用关键词的相通，"辩中见异法"还需留意不同学派间的相融，而"同出而异名"中的相通与相融本就难分彼此。"乐"是儒墨相"非"的一大焦点，也是孟"解"孔的一大突破。

303

------

　　① 《孟子·滕文公下》载孟子言："杨氏为我，是无君也；墨氏兼爱，是无父也；无父无君，是禽兽也。"《韩非子·显学》称："今有人于此，义不入危城，不处军旅，不以天下大利易其胫一毛，世主必从而礼之，贵其智而高其行，以为轻物重生之士也。"其说未点明杨朱，但据思想特征判断，所描述之人应属杨朱学派。

《墨子·公孟》"非"儒家"以天为不明，以鬼为不神"，"厚葬久丧，重为棺椁"，"弦歌鼓舞，习为声乐"，"以命为有，贫富寿天"，在"厚葬久丧，重为棺椁"的问题上，墨子主"节用""节葬"，故"非"孔子"葬之以礼"为"侈"；孟子以"礼"回击墨子之"戾"，称"墨氏兼爱，是无父也"（《孟子·滕文公下》）。在"弦歌鼓舞，习为声乐"的问题上，孔子称"益者三乐"而首重"乐节礼乐"（《论语·季氏》），墨子则要"非乐"，认为作乐劳民伤财。两者着眼点有异，却都是为了国泰民安。此为相通。中经墨子"非乐"的刺激，孟子开始"把礼乐教化落实到'兴利除害'的实处，把墨子认为靡财的音乐转化为统治者与百姓共享的资源，提出'与民同乐'"①。孔子严守"雅乐"和"俗乐"的界限，"恶郑声之乱雅乐也"（《论语·阳货》），孟子新提出的"今之乐犹古之乐"（《孟子·梁惠王下》），越过形式上的雅俗古今之分而倡导与民同乐，其思路与墨子对儒家"祭之以礼"的改造相似——《墨子·明鬼下》称："今吾为祭祀也，非直注之污壑而弃之也，上以交鬼之福，下以合欢聚众，取亲乎乡里。"本着"交相利"的原则，墨子不是要放弃耗资较多的祭祀，而是以此作为团结乡里的手段。这正如孟子不是要放弃靡财的音乐，而是吸纳民众共享礼乐教化的成果。此为相融。

我们知道，以"乐"为中心，儒家看重的是有教化作用的"礼乐"；道家高扬的是与自然融为一体的"天乐"；墨子认为"其乐逾繁者，其治逾寡"（《墨子·三辩》），故要"非乐"；法家则持功利视角一面提防之，警惕"好五音""沉于女乐"导致"穷身"和"亡国"（《韩非子·十过》），一面又利用之，提出"止怒莫若诗，去忧莫若乐"（《管子·内业》），并设想民众"起居饮食所歌谣者，战也"（《商君书·赏刑》）。此之谓"名

---

① 孔德立：《关于墨子"非儒"与孟子"辟墨"》，《北京师范大学学报》（社会科学版）2009 年第 6 期。

同实异"。换个角度来看，以儒家之"礼"，道家之"天"，墨家之"节用"，法家之"功利"为中心，又可见"礼乐""天乐""非乐""去忧莫若乐"与"起居饮食所歌谣者，战也"背后的"同出而异名"。

所谓"辩中见异法"，既要以"辩"为对象，又要以"辨"为方法，通过对关键词"名同实异"和"同出而异名"两类情况的细致辨析，发掘词语激烈交锋、暗中渗透、互相沟通、彼此融合等不同形式背后的语义空间。从这种意义讲，"辩中见异法"中的"辩"或者"辨"又皆为中介。如何通过聚讼纷纭的学术公案，追踪词语由成长期进入成熟期的"生命历程"，进而直抵中国文化的核心要义方为关键词阐释的宗旨之所在。

结语 中华大观念：奠基中华文化的100个关键词

20世纪50年代，美国不列颠百科全书出版公司出版了一套60卷的《西方世界伟大著作》(Great Books of the Western World)，辑录30个世纪之中140多位西方哲人的里程碑式的经典。这套书的前两卷是索引形式的《论题集》(The Syntopicon，An Index to the Great Ideas)，从60卷"伟大著作"中概括出102个"大观念"，按字母顺序排列：Ⅰ.Angel to Love(从"天使"到"爱")；Ⅱ.Man to World(从"人"到"世界")。①《论题集》的中文版以《西方大观念》为书名于2008年出版，其《导论》对"大观念"的描述是："为每一个时代的人类所关注，它们覆盖了人类思辨探究和实践兴趣的全部范围。"② 可知"大观念"的"大"，既是时间的又是空间的，既是延展的又是掘进的，既是思辨的又是实践的。通俗地说，"大观念"之"大"可表述为命大、幅大、力大。本书第四章已从方法论层面讨论三"大"，并将之视为元典关键词之遴选的三项标准。

本项目所研究的中国文化元典关键词，自然属于中华大观念；而这

---

① 参见陈嘉映等译：《西方大观念》第一卷，华夏出版社2008年版，目录第1—6页。

② 陈嘉映等译：《西方大观念》第一卷，华夏出版社2008年版，导论第1页。

些"大观念"的根本特征，除了"大"还有"元"：即观念形态上的中国文化之元始与奠基。于是，本书的理论探讨，在完成了关键词研究之"思想"与"方法"的阐释之后，必须要回答下面三个问题：第一，"元典关键词"与"中华大观念"这两个命题的关系何在？第二，作为奠基中华文化的元典关键词，除了本项目重点研究的儒家元典的"礼"、道家元典的"道"、墨家元典的"义"、法家元典的"法"和兵家元典的"兵"之外，还有哪些？第三，中华元典关键词究竟有多少？如何分类？如何研究？

一、中华大观念之建构：元典及要义

元典关键词研究之所以能够开启中国文化的意义世界，是因为观念形态的中华文化，其元生、沿生及再生是凭借元典之创制及要义（即关键词）之阐释而完成的。换言之，中华大观念之建构，其基元是"元典及要义"。

何为"元"？

《周易》六十四卦，首卦为"乾"，周文王对乾卦的解释有四个字，首字为"元"；孔子的弟子子夏对"元"的解释是"元，始也"①。后来许慎作《说文解字》，亦称"元，始也"②。元，就是开始。古人称开天辟地之气为"元气"，称始娶结发之妻为"元配"。因而，一种文化最早的典籍被称为"元典"。③ 此其一。

从历史的层面论，"元"是最早的，是源头上的，故与"起源"之"源"同义；从逻辑的层面论，"元"是最本质的，最根本的，又与"本原"

---

① （清）阮元校刻：《十三经注疏》上册，中华书局 1980 年版，第 13 页。

② （清）段玉裁：《说文解字注》，上海古籍出版社 1981 年版，第 1 页。

③ 参见冯天瑜：《中华元典精神》，上海人民出版社 1994 年版，第 1—4 页。

之"原"同义。汉代董仲舒的《春秋繁露》称"元犹原也"，"元者为万物之本"①。在这个意义上，古汉语中的"原"与"元"是可通用或者互换的，比如"原则"可以写成"元则"，"原始"可以写成"元始"，等等。故知"元典"作为中华文化的典籍，不仅是最早的，而且是最根本最重要的。此其二。

"元"之释义，除了上述"源起"与"原本"两项，还有"善"和"美"的内涵。据称是孔子所作的《周易·文言》，对乾卦卦辞"元"的解释是："元者，善之长也。"② 汉魏之际的大哲学家王弼为《周易》作注，将坤卦爻辞的"元"释为"以文在中，美之至也"③。后来唐代的大经学家孔颖达奉旨疏证《周易》（《十三经注疏》中的《周易正义》用的就是王弼的注和孔颖达的疏），亦将坤卦象传的"元"解释为"元者，叹美坤德"④。原生原创，原汁原味，岂非至善至美？元哉美矣！此其三。

中华元典实乃轴心期中国文化的 Great Books（伟大著作）。"伟大著作"之"伟大"，"关键词"之"关键"，除了上述"三元"（源起、原本和因原生原创而具原汁原味的美）之外，还有其"奠基"（或"基元"）性原因及特征。

20 世纪 40 年代，梁漱溟先生给"文化"下了一个无所不包的定义："文化，就是吾人生活所依靠之一切。"⑤ 吾人生活于世界，无非做三件事：活着，动（工作）着，说（思维并言说或者书写）着。人做这三件事，又必须依凭三种方式：生活方式，行为方式，思维方式。人的三件事和三种方式，合起来就是"文化"。而"伟大著作"之所以"伟大"，"元

① 苏舆撰，钟哲点校：《春秋繁露义证》，中华书局 1992 年版，第 147 页。
② （清）阮元校刻：《十三经注疏》上册，中华书局 1980 年版，第 15 页。
③ （清）阮元校刻：《十三经注疏》上册，中华书局 1980 年版，第 18 页。
④ （清）阮元校刻：《十三经注疏》上册，中华书局 1980 年版，第 18 页。
⑤ 梁漱溟：《中国文化要义》，上海人民出版社 2003 年版，第 9 页。

典"之所以是"基元"的或者"奠基"的，就在于它们不仅从"三元"（源起、原本及原创）的层面，形塑并记录了中国人的历史（如何做三件事以及如何依凭三种方式），而且在其后几千年的文明进程中，深刻地影响了中国人的生活方式、行为方式和思维方式。

我们还是举例来说明。中国人的生活方式历来以家庭为中心，无论农、工、仕、商，还是生产方式、教育模式、社会组织、政治制度，皆以家庭为本位，即便是"国"也要以"家"为基础，所谓"国家"。《诗经》多有对家庭生活的描写，《三礼》和《孝经》多有对家庭伦理的规范，而从《尚书》《春秋三传》到前四史，又可读为君王之家谱。以家为本位的中国人，其行为方式特重道德伦理，此一特征历经千年而不变。今人常讲谁是"君子"谁是"小人"，这种道德判断的名号来自元典，判断所依据的标准亦来自元典（如《论语》《孟子》等）——仅此一项，便可见出伟大著作的伟大。至于中国人的思维方式，早在元典中就已然铸成：诸如意象思维（《周易》），诗性思维（《诗经》），辩证思维（《老子》），名实思维（《墨子》），以及齐物（相对）思维（《庄子》），等等。

中国文化历来有原道、征圣、宗经之传统，而历朝历代所追原、师从或宗奉的"道""圣""经"皆在元典之中，或者就是元典本身。《文心雕龙·原道》篇讲"道沿圣以垂文，圣因文而明道"[1]，这里的"文"就是中国文化元典，"圣"是元典的创制者或阐释者，"道"则是元典中具有源起、原本和原创的文化内涵。在这个意义上说，中华元典因其观念的首创性、思考的深邃性和涵盖的广阔性而成为传统文化的无价之宝，成为中华民族的思想精粹与生命活力之所在，因而从源头上铸成元典关键词的三"大"（命大、幅大和力大）："命大"，指元典关键词的理

---

[1] 范文澜：《文心雕龙注》上册，人民文学出版社 1958 年版，第 1 页。

论生命或曰思想灵魂，从轴心期时代一直"活"到全球化时代，通变恒久，亘古亘今；"幅大"，指元典关键词观念内涵的纵深度及其外延的覆盖面，既经纬天地又透彻骨髓，既弥纶群言又深契文心；"力大"，指元典关键词指涉强大，张力弥满，其内在的诸多义项充满悖论和紧张，其外在的诸多指涉傍及万品，繁复而丛杂，其衍生（构词）与再生（造词）功能生生不息，其理论的震撼力及思想的穿透力如暗夜中的闪电。

二、中华大观念之诠解：以"人"为例

在奠基中华文明的诸多元典关键词之中，"人"无疑是最关键、最重要也是最元本的。中华元典创制的时代，也就是人类的轴心期时代；而雅斯贝尔斯之所以将自公元前 800 年至公元前 200 年的 6 个世纪命名为"轴心时代"，是因为"正是在那个时代，才形成今天我们与之共同生活的这个'人'"①。用《庄子·天下》篇的话说，那是一个"道术"尚未裂变为"方术"的时代，是一个尚能"见天地之纯，古人之大体"的时代。② 人为何（与如何）成为人，或者说人之所以为人，这些根本问题，无论是西方苏格拉底三代师生，还是东方道释儒三家宗主，均作了精深的思考和天才的回答，从而构成了人类文化史和精神史的一个轴心，以至于我们今天讨论人文科学的任何问题，都别无选择地要返回这个轴心。

无论东方还是西方，"人"的大观念同时建构于雅斯贝尔斯所说的轴心时代，在中国则是从殷商甲骨文到周秦大小篆的时代。徐中舒主编

① ［德］雅斯贝尔斯：《智慧之路》，柯锦华等译，中国国际广播出版社 1988 年版，第 69 页。

② 参见（清）郭庆藩：《庄子集释》第四册，中华书局 1961 年版，第 1065—1069 页。

《甲骨文字典》，对"人"的解释是"象人侧立之形"，并引《说文》"（人）象臂胫之形"而称"《说文》说形近是"①；又称"甲骨文象人形之字尚有'大'、'天'、'夫'，象人正立之形；'女'象人跪坐之形"②。《甲骨文字典》释"文"时亦称："象正立之人形，胸部有刻画之纹饰，故以文身之纹为文。"③ 而"文化"之"化"，《甲骨文字典》的解释是"象人一正一倒之形"④：两个"人"，关系正常的情况下是并肩同行，关系变化之后则必然背道而驰，故立体地看，"化"依然是"象（两）人之形"。由此可见，甲骨文的"天""人""文""化"四字（见下图），因同为"象人正立（或侧立）之形"，故构成一个关于"人"的字族或系列；而甲骨文作为轴心期中国最早的文字，则理所当然地成为我们对"人"之大观念作词义溯源时的原始之"元"。

先说"天"。《说文》："天，颠也。至高无上，从一大。"段注曰："颠，人之顶也，以为凡高之称。"⑤《说文》释"大"，称"天大，地大，人亦大焉，象人形"⑥。《周易》八经卦中的"乾"，其卦象是天、地、人三"大"之合一，故可视为轴心期中国文化元典对"天人合一"之大观念的象喻式言说。据此可知，后轴心时代若欲诠解汉语的"人"，须将"人"

---

① 徐中舒：《甲骨文字典》，四川辞书出版社 2006 年版，第 875 页。
② 徐中舒：《甲骨文字典》，四川辞书出版社 2006 年版，第 875 页。
③ 徐中舒：《甲骨文字典》，四川辞书出版社 2006 年版，第 996 页。
④ 徐中舒：《甲骨文字典》，四川辞书出版社 2006 年版，第 912 页。
⑤ （清）段玉裁：《说文解字注》，上海古籍出版社 1981 年版，第 1 页。
⑥ （清）段玉裁：《说文解字注》，上海古籍出版社 1981 年版，第 492 页。

放回到"天人"结构之中。"天"，作为"人"至高无上、其大无二之"颠（巅）顶"，则必然成为"人"所敬畏所效法之对象。冯友兰等学者就已指出过天有自然、义理、命运之天等意义，并归纳说："在中国文字中，'天'这个名词，至少有五种意义"，即"物质之天"（天空）、"主宰之天"（天神）、"命运之天"（天命）、"自然之天"（天性）、"义理之天"（天理）。① 梳理出这一观念的源流演变，将使不同语义之间的假借、引申等关系呈现得更明晰、更充实。孔子所畏是"命运"之天，老子所法既是"自然"之天亦为"义理"之天，即如王弼所言"（天）在乎无称之内"②。

如果说，孔子将"畏天命"置于"君子三畏"③之首，隐含着原始儒学的生态敏感；那么老子"人法地，地法天，天法道，道法自然"④之中的"法天"，则布露出道家文化的生态智慧。同处轴心时代，继北方的老子"法天"、孔子"畏天"之后，南方的屈原以其诗人之哲思与哲人之诗性，发出疑"天"之"问"。而屈原的"天问"，作为轴心时代所特有的生态启蒙，是既关乎天道（自然生态）亦关乎人事（政治生态）的。《说文》"天，颠也"段注："臣于君，子于父，妻于夫，民于食，皆曰天是也。"⑤ 倘若君不善待臣民，弄得老百姓有衣食之虞甚至有性命之忧，则臣民难免"怨天"甚至"咒天"了，于是就有了老臣杜工部的"眼枯即见骨，天地终无情"⑥，也有了民女窦娥的"天也，你

313

---

① 参见冯友兰：《中国哲学史新编（1980 年修订本）》第一册，人民出版社1982 年版，第 89 页。

② 楼宇烈：《老子道德经注校释》，中华书局 2008 年版，第 64 页。

③ 程树德撰，程俊英、蒋见元点校：《论语集释》第四册，中华书局 1990 年版，第 1156 页。

④ 楼宇烈：《老子道德经注校释》，中华书局 2008 年版，第 64 页。

⑤ （清）段玉裁：《说文解字注》，上海古籍出版社 1981 年版，第 1 页。

⑥ （清）仇兆鳌：《杜诗详注》第二册，中华书局 1979 年版，第 524 页。

错勘贤愚枉做天"①！

在中国轴心期文化的"天人"结构之中，"天"是"人"的巅顶，亦为"人"的语境。中国文化（包括文学和文论）对"人"的意义言说和观念建构，须在"天"的语境之下展开并深入。刘勰《文心雕龙》的主旨是说"人之文"，可是首篇《原道》先要说"天地之文"，所谓"玄黄色杂，方圆体分"，所谓"丽天之象"，"理地之形"。然后由天地两仪说到"人"："惟人参之，性灵所钟，是谓三才；为五行之秀，实天地之心。"②

刘勰论"人"，沿用了《周易·系辞下》"有天道焉，有人道焉，有地道焉，兼三才而两之"③和《礼记·礼运》"人者，天地之心也，五行之端"④的语义资源，赓续了轴心期文化"天人合一"的理论思路。"人"在天地之间，汇聚天地性灵，成为三才之一。正是因为在"天"的语境下说"人"，刘勰才能够将"人"界定为"五行之秀，天地之心"，然后由"人"的定义推演出"文"（即"文学"）的定义："心生而言立，言立而文明，自然之道也。"⑤

这里的"心"当然不是"文心"，而是"天地之心"亦即"人"；这里的"自然"又可置换为"天地"或"天"。可知《文心雕龙》论"文"，以"人"为"本"，既是本源又是本原；以"天"为"境"，既是起始又是归依。刘勰以"天"为语境、以"人"为本元的文学本体论，深刻地影响到了中国文学理论批评，直到清代，刘熙载依然在刘勰视"人"为

---

① （元）关汉卿：《窦娥冤》，载王季思主编：《中国十大古典悲剧集》上册，上海文艺出版社 1982 年版，第 19 页。

② 范文澜：《文心雕龙注》上册，人民文学出版社 1958 年版，第 1 页。

③ （清）阮元校刻：《十三经注疏》上册，中华书局 1980 年版，第 90 页。

④ （清）阮元校刻：《十三经注疏》下册，中华书局 1980 年版，第 1424 页。

⑤ 范文澜：《文心雕龙注》上册，人民文学出版社 1958 年版，第 1 页。

"天地之心"的意义上给"文学"下定义，其《游艺约言》曰："文，心学也。"①

　　在甲骨文中同象"人立之形"，"天（人之颠顶）"是"人"的语境，"文（人之文身）"是"人"的创作，"化（人向之变化）"则可意会或引申为"人"之创作（即"人之文"）给人自身所带来的变化。而中国文化及文论的大观念，正是在这样一个以"人"为中心的系统之中被建构被诠释被语用，并逐渐形成一系列的研究领域或学科。其一，天地之性人为贵，中国文化的"贵人"传统，积淀为文学人类学内涵，如俄罗斯作家高尔基的"文学是'人学'"。其二，观乎天文以察时变，观乎人文以成教化，鼓天下之动者存乎辞，天地之间的人文教化，或者说文学对于天地人间的意义和价值，凝聚为文学伦理学精华。其三，人为天地之心，心生言立而有文学，故"文"本于（即自于）"人"，本于（即自于）"人心"，故汉语的"文，心学也"亦可理解为"文，人学也"，而此一层面的"文学是人学"则形成文学心理学的学理前提或依据。其四，文乃文身之文，最早的"文"是刻画于人体之上的，文与人（体）同一。虽然随着人类心智及能力的提升，"文"的创作由"近取诸身"扩展为"远取诸物"，但取喻于自身即人体进而将文学生命化或人格化则成为文学理论批评的基本路向和阐释策略，最终构成文学文体学的理论和方法。

　　当然，"人"作为奠基中国文化的核心关键词，其文化意涵绝不仅限于文学。甲骨文中诸"人"，或正立或侧立，或巅顶或文身，代表了轴心期中国文化对"人"的价值建构和对"人"的生命力张扬。以"人"为基元和中心，轴心期中国诞生了大量的具有"大观念"之特质的关键词：如"人"之"心""性""道""德"，"体"之"阴""阳""厚""健"，等等。奠基中华文化的元典关键词究竟有多少，这些关键词如何类分、

---

　　①　刘立人、陈文和校点：《刘熙载集》，华东师范大学出版社 1993 年版，第 571 页。

如何诠解，这些都是需要我们认真思考和深入研究的。

三、中华大观念之集成：100 个关键词

本项目在重点研究先秦儒、道、墨、法、兵之核心关键词的同时，将学术视野扩展到中华元典的 30 部伟大著作，从中遴选出 100 个关键词，并对二者作一种互文性研究：在"伟大著作"与"关键词"的交汇融通处，阐释中国文化的起源、本原和美善之元，品味中华元典及其关键词因其原生原创而具有的原汁原味，揭示中国文化元典与要义的原创意蕴和现代价值。[①]

中华元典是中国文化最早的宝库，元典关键词是宝库中的无价之宝。为了学术研究的系统性和层次感，我们的后续研究分 9 个门类，以轴心期中华元典为研究对象，以对元典及其关键词的重新阐释为主要内容，以解诠元典关键词的词根性、坐标性和再生性为总体思路，以揭示中国文化元典的原创意蕴和现代价值为最终目标。

门类为何是"9"？关键词为何是"100"？

先说"9"。30 部"伟大著作"与 100 个"元典关键词"均统一划分为九大门类：三学与六家。《庄子·天下》篇将春秋战国时代描述为一个由"道术"裂变为"方术"的时代，"方术"指的是诸子百家，而"道术"则是指不囿于一家一派之说而能够"见天地之纯，古人之大体"者。"方术"可用"某家某派"来区分，而"道术"的特征则是"备"，是"六通四辟，小大精粗，其运无乎不在"。[②]

---

① 参见李建中主编：《中国文化：元典与要义》上册，北京师范大学出版社 2016 年版，第 1—7 页。

② 参见（清）郭庆藩撰，王孝鱼点校：《庄子集释》第四册，中华书局 1961 年版，第 1065—1069 页。

大体上说，九大类之前三类属于"道术"，后六类属于"方术"。"文学"类中的《诗经》虽被奉为儒家元典，但广义的"文学"既包括了文学创作与文学理论，其文学思想更是或儒或道、亦经亦史；"史学"类所取前四史，作为对中国元典时代（即上古史）的官方记录，虽难免儒家倾向，但整体上并未囿于某家某派；"经学"类则更加复杂，既包括了哲学（如《周易》）和文字学（如《尔雅》和《说文解字》），还包括了史学（如《尚书》）、政治学（如《春秋三传》）和伦理学（如《三礼》），实可当《庄子·天下》篇所感叹的"其备乎"[①]！属于"方术"的六家，前五家（儒、墨、道、法、兵）在春秋战国时期（即轴心期），而佛家稍后。

概言之，"前三"是总体的，弥漫的，构成对"后六"的覆盖；"后六"则是分支的，分门的，构成对"前三"的分述。当然，前三与后六亦有交叉处，比如"经学"与"儒家"。轴心期属于人类文明的前学科时代，故任何分类都不可能完全周延或自洽。而从"三元"的层面说，"9"（九大门类）基本上能够真实地传达出中国文化的源起、原本和原生原创之神与貌。

次说"100"。从中国文化元典中凝炼出 100 个关键词，属于中国文化在源起、原本和原创层面的核心观念以及九大门类的重要术语或范畴。

100 个关键词分"三学"与"六家"排列。

三学（文学、史学、经学）

文学（15）：风、文、体、味、诗、章、雅、趣、比兴、知音、神思、意境、兴观群怨、知人论世、温柔敦厚

---

① （清）郭庆藩撰，王孝鱼点校：《庄子集释》第四册，中华书局 1961 年版，第 1067 页。

史学（8）：王、道、德、中国、华夏、宗法、信史、百家争鸣

经学（16）：人、天、止、气、字、礼、易、象、数、五行、六书、
　　　　　　名实、太极、阴阳、大一统、人文化成

六家（儒、墨、道、法、兵、佛）

儒家（17）：仁、心、乐、孝、和、命、性、诚、勇、理、情、智、
　　　　　　善、中庸、忠恕、廉耻、内圣外王

墨家（8）：义、命、三表、节用、非攻、尚贤、兼爱、鬼神

道家（12）：玄、妙、返、美、真、游、有无、生死、自然、宇宙、
　　　　　　虚静、得意忘言

法家（8）：公、术、权、私、法、势、刑赏、以法治国

兵家（7）：兵、阵、战、将、计谋、攻守、奇正

佛家（9）：空、悟、禅、乘、境、轮回、涅槃、般若、明心见性

关于这 100 个关键词，尚须作四点说明：

其一，这 100 个关键词多是"字"即独体或单音节词，这一点正好体现出"元典"的特征。中国的汉字，多是先有单字词后有复字或多字词，比如，先有"性"与"情"后有"性情"和"情性"，先有"法"与"治"后有"法治"和"以法治国"，等等。

其二，元典关键词多具有"全息"特征，一个"字"（或词），包蕴着丰富的内涵和海量的信息，用文学性的话说是"一月普现一切水，一切水月一月摄"，也就是《庄子·天下》篇所讲的"其备乎"。这些具有"道术"性质的元典关键词并不专属于某家某派（即"方术"），这就给本书下册分门别类诠释关键词带来困难。为了克服这一困难，我们尽量将具有全息特征的关键词放在前三类讨论，比如将"文"和"体"放在"文学"类，"道"和"德"放在"史学"类，"人"和"天"放在"经学"类。

其三，100 只是个约数，可以是 99，也可以是 101，不同的关键词相互包容相互交叉，你中有我，我中有你。比如"天"与"人"、"性"

与"命"、"仁"与"人"、"仁"与"义"等均属此类。我们将"义"关键词放在"墨家"类，但"儒家"类在讨论"仁"、"兵家"类在讨论"兵"、"佛家"类在讨论"乘"的时候，也会涉及"义"之义。

其四，同一门类关键词的排序原则：单字词在前，双字词随后，然后是四字词；字数相同的词以首字笔画多少为序，首字笔画相同的词按起笔横、竖、撇、点、折的顺序排列。

如何诠释这100个元典关键词，或者说如何阐释出"关键词"中的"关键"之所在？如本书第二章所言，元典关键词的原创意蕴是"三性"：词根性、坐标性和转义（或再生）性。词根性是指关键词的原始义（包括词性）及原始出处，最早的解释（如甲骨文、金文、《尔雅》《说文解字》等）与语用（在文化元典中的使用），以它为词根的术语或概念，以及它与别的关键词的复杂关系等。坐标性是指关键词在漫长的历史演变中所逐渐形成的主要义项，而本书对关键词义项的诠解，既有纵向（即时代先后）之梳理，亦有横向（即按不同的文化领域或学科）之阐释。转义（或再生）性，则是指关键词在今天的主流话语（如核心价值观）和日常生活中的含义，特别是在西方文化影响下所形成的新义。

从根本上说，源起于轴心时代、扎根于先秦两汉元典的文化关键词，多具有某种"全息"特征，一词一世界，一个关键词几乎包括了中国文化的全部信息，禀有无限丰富的文化内涵。从轴心时代到全球化时代，汉语关键词以词根性固其本，以坐标性续其脉，以再生性创其新，从而建构起中华文化的意义世界。

参考文献

（一）

B

班固撰，颜师古注：《汉书》，中华书局 1962 年版。

北京书同文数字化技术有限公司编：《古籍汉字字频统计》，商务印书馆 2008 年版。

C

蔡元培：《蔡孑民先生言行录》，岳麓书社 2010 年版。

蔡钟翔、邓光东主编：《中国美学范畴丛书》，百花洲文艺出版社 2001 年版。

蔡钟翔、涂光社、汪涌豪：《范畴研究三人谈》，《文学遗产》2001 年第 1 期。

陈淳：《北溪字义》，中华书局 1983 年版。

陈鼓应：《庄子今注今译》，中华书局 1983 年版。

陈嘉映等译：《西方大观念》，华夏出版社 2008 年版。

陈来：《如何讲清楚中华文化的当代价值》，《人民日报》2017 年 3 月 17 日 24 版。

陈梦家：《中国文字学》，中华书局 2006 年版。

陈平原：《中国现代学术之建立——以章太炎、胡适之为中心》，北京大学出版社

1998 年版。

陈平原辑：《早期北大文学史讲义三种》，北京大学出版社 2005 年版。

陈平原：《学术史视野中的"关键词"（上）》，《读书》2008 年第 4 期。

陈文忠：《中国古典诗歌接受史研究》，安徽大学出版社 1998 年版。

陈曦钟、侯忠义、鲁玉川辑校：《水浒传会评本》，北京大学出版社 1981 年版。

陈炎：《多维视野中的儒家文化》，中国人民大学出版社 1997 年版。

陈寅恪：《金明馆丛稿二编》，古籍出版社 1981 年版。

陈颖：《"对话"语境中的钱锺书文学批评理论》，中国社会科学出版社 2015 年版。

成复旺主编：《中国美学范畴辞典》，中国人民大学出版社 1995 年版。

程颢、程颐：《二程集》，中华书局 1981 年版。

程树德：《论语集释》，中华书局 1990 年版。

崔清田：《显学重光》，辽宁教育出版社 1997 年版。

D

戴震著，何文光整理：《孟子字义疏证》，中华书局 1982 年版。

党圣元：《中国古代文论范畴研究方法论管见》，《文艺研究》1996 年第 2 期。

党圣元：《中国古代文论的范畴和体系》，《文学评论》1997 年第 1 期。

党圣元：《在传统与现代之间——古代文论的现代遭际》，山东教育出版社 2009
    年版。

丁福保编纂：《说文解字诂林》，中华书局 1988 年版。

段玉裁：《说文解字注》，上海古籍出版社 1981 年版。

F

范文澜：《文心雕龙注》，人民文学出版社 1958 年。

方朝晖：《"中学"与"西学"——重新解读现代中国学术史》，河北大学出版社
    2002 年版。

方立天：《中国佛教哲学要义》，中国人民大学出版社 2005 年版。

方勇译注：《墨子》，中华书局 2011 年版。

冯黎明：《理论同一性之梦的破灭——关于〈关键词〉们的关键问题的反思》，《文艺研究》2010 年第 10 期。

冯黎明：《关键词研究之"关键技术"》，《粤海风》2014 年第 3 期。

冯黎明：《学科互涉与文学研究方法论革命》，秀威资讯科技股份有限公司 2014 年版。

冯天瑜：《中华元典精神》，上海人民出版社 1994 年版。

冯天瑜：《新语探源——中西日文化互动与近代汉字术语生成》，中华书局 2004 年版。

冯天瑜：《"封建"考论》，武汉大学出版社 2006 年版。

冯天瑜：《中国元典文化十六讲》，郑州大学出版社 2006 年版。

冯天瑜等主编：《语义的文化变迁》，武汉大学出版社 2007 年版。

冯友兰：《中国哲学史》，商务印书馆 1976 年版。

冯友兰：《中国哲学史新编》，人民出版社 1982 年版。

冯友兰：《三松堂全集》，河南人民出版社 2000 年版。

傅杰编校：《王国维论学集》，云南人民出版社 2008 年版。

傅璇琮：《濡沫集》，湖南人民出版社 1997 年版。

G

高亨：《商君书注释》，中华书局 1974 年版。

高华平：《综合研究是先秦诸子研究创新之路》，《光明日报》2017 年 1 月 4 日 11 版。

高瑞泉：《重建"信德"：从"信"的观念史出发的考察》，《学术月刊》2017 年第 7 期。

高文强：《中国古代文论范畴发生史〈老子〉卷：道法自然》，武汉大学出版社 2009 年版。

高文强：《东晋南朝文人接受佛教研究》，中国社会科学出版社 2012 年版。

高文强：《论佛学影响六朝文学的三个维度》，《哈尔滨工业大学学报》（社会科学版）2012 年第 6 期。

葛懋春、蒋俊编选：《梁启超哲学思想论文选》，北京大学出版社 1984 年版。

葛兆光：《中国思想史》，复旦大学出版社 2001 年版。

龚刚：《钱锺书与文艺的西潮》，南开大学出版社 2014 年版。

古风：《中国传统文论话语存活论》，社会科学文献出版社 2013 年版。

谷衍奎编：《汉字源流字典》，语文出版社 2008 年版。

郭沫若：《郭沫若全集》，人民文学出版社 1982 年版。

郭齐勇：《出土简帛与经学诠释的范式问题》，《福建论坛》（人文社会科学版）2001
　　年第 5 期。

郭齐勇、吴根友：《诸子学通论》，商务印书馆 2015 年版。

郭庆藩：《庄子集释》，中华书局 1961 年版。

郭绍虞：《诗品集解　续诗品注》，人民文学出版社 1963 年版。

国家语言文字工作委员会、国家标准局编：《现代汉语字频统计表》，语文出版社
　　1992 年版。

H

海柳文：《十三经字频研究》，高等教育出版社 2011 年版。

何宁：《淮南子集释》，中华书局 1998 年版。

洪修平主编：《儒佛道哲学名著选编》，南京大学出版社 2006 年版。

洪治纲主编：《梁启超经典文存》，上海大学出版社 2003 年版。

侯旭东：《宠：信—任君臣关系与西汉历史的展开（上）》，《清华大学学报》（哲学社
　　会科学版）2016 年第 6 期。

胡范铸：《钱锺书学术思想研究》，华东师范大学出版社 1993 年版。

胡河清：《真精神与旧途径——钱锺书的人文思想》，河北教育出版社 1995 年版。

胡适：《胡适文集》，人民文学出版社 1998 年版。

胡适：《中国中古思想史长编》，上海古籍出版社 2013 年版。

胡亚敏主编：《西方文论关键词与当代中国》，中国社会科学出版社 2015 年版。

黄侃：《文心雕龙札记》，华东师范大学出版社 1996 年版。

黄擎：《雷蒙·威廉斯与"关键词批评"的生成》，《外国文学研究》2011 年第 4 期。

黄擎等著：《"关键词批评"研究》，商务印书馆 2018 年版。

J

季进：《钱锺书与现代西学》，复旦大学出版社 2011 年版。

蒋礼鸿：《商君书锥指》，中华书局 1986 年版。

焦循：《孟子正义》，中华书局 1987 年版。

金德建：《先秦诸子杂考》，中州书画社 1982 年版。

金克木：《燕啄春泥》，人民日报出版社 1987 年版。

金莉、李铁主编：《西方文论关键词》（第二卷），外语教学与研究出版社 2017 年版。

金岳霖：《形式逻辑》，人民出版社 1979 年版。

K

康殷：《古文字形发微》，北京出版社 1990 年版。

康有为：《孔子改制考》，中华书局 1958 年版。

孔德立：《关于墨子"非儒"与孟子"辟墨"》，《北京师范大学学报》（社会科学版）
  2009 年第 6 期。

孔令宏：《道教新探》，中华书局 2011 年版。

L

黎翔凤：《管子校注》，中华书局 2004 年版。

李波、李晓光、富金壁主编：《十三经新索引》，中国广播电视出版社 2003 年版。

李波：《史记字频研究》，商务印书馆 2006 年版。

李春青：《诗与意识形态：西周至两汉诗歌功能的演变与中国诗学观念的生成》，北
  京大学出版社 2005 年版。

李大钊：《李大钊选集》，人民出版社 1959 年版。

李道平：《周易集解纂疏》，中华书局 1994 年版。

李尔钢：《现代辞典学导论》，汉语大词典出版社 2002 年版。

李建中：《中国文化与文论经典讲演录》，广西师范大学出版社 2007 年版。

李建中：《体：中国文论元关键词解诠》，中国社会科学出版社 2014 年版。

李建中主编：《中国文化：元典与要义》，北京师范大学出版社 2016 年版。

李建中、高文强主编：《文化关键词研究》（第一辑），武汉大学出版社 2014 年版。

李建中、高文强主编：《文化关键词研究》（第二辑），武汉大学出版社 2016 年版。

李建中、高文强主编:《文化关键词研究》(第三辑),武汉大学出版社 2018 年版。

李妙根编:《刘师培文选》,上海远东出版社 2011 年版。

李圃:《甲骨文选注》,上海古籍出版社 1989 年版。

李圃主编:《古文字诂林》,上海教育出版社 2003 年版。

梁启超:《佛学研究十八篇》,上海古籍出版社 2001 年版。

梁启超:《清代学术概论》,中国人民大学出版社 2004 年版。

梁漱溟:《中国文化要义》,上海人民出版社 2003 年版。

梁晓虹:《佛教词语的构造与汉语词汇的发展》,北京语言学院出版社 1994 年版。

廖小平:《价值观变迁与核心价值体系的解构和建构》,中国社会科学出版社 2013
年版。

林志鹏:《战国诸子评述辑证——以〈庄子·天下〉为主要线索》,复旦大学出版社
2014 年版。

刘宝楠:《论语正义》,中华书局 1990 年版。

刘达临:《中国古代性文化》,宁夏人民出版社 1993 年版。

刘禾:《跨语际实践》,生活·读书·新知三联书店 2002 年版。。

刘梦溪:《中国现代学术要略》,生活·读书·新知三联书店 2008 年版。

刘淇:《助字辨略》,中华书局 2004 年版。

刘熙撰,毕沅疏证,王先谦补:《释名疏证补》,中华书局 2008 年版。

刘笑敢:《老子古今:五种对勘与析评引论》,中国社会科学出版社 2006 年版。

刘笑敢:《庄子哲学及其演变》,中国人民大学出版社 2010 年版。

刘绪义:《天人视界:先秦诸子发生学研究》,人民出版社 2009 年版。

柳诒徵:《中国文化史》,东方出版社 2008 年版。

楼宇烈:《王弼集校释》,中华书局 1980 年版。

楼宇烈:《老子道德经注校释》,中华书局 2008 年版。

鲁迅:《鲁迅全集》,人民文学出版社 1981 年版。

陆九渊:《陆九渊集》,中华书局 1980 年版。

陆文虎:《"围城"内外:钱锺书的文学世界》,解放军文艺出版社 1992 年版。

陆宗达、王宁:《训诂方法论》,中国社会科学出版社 1983 年版。

罗振玉:《殷虚书契考释三种》,中华书局 2006 年版。

骆冬青:《汉字蕴涵的美学》,《文史知识》2015 年第 4 期。

骆冬青、朱崇才、董春晓:《文艺美学的汉字学转向》,商务印书馆 2018 年版。

吕耀怀:《"勇"德的中西异同及其扬弃》,《上海师范大学学报》(哲学社会科学版)

2010 年第 2 期。

M

马清华：《文化语义学》，江西人民出版社 2000 年版。

O

欧明俊：《跨界会通——论"新子学"的创新途径》，《暨南学报》（哲学社会科学版）
　　2018 年第 4 期。

P

彭林：《礼与中国文化》，《文史知识》2001 年第 11 期。

彭亚非：《原"文"——论"文"之初始义及元涵义》，《文学评论》2005 年第 4 期。

皮锡瑞：《经学历史》，中华书局 2004 年版。

Q

齐佩瑢：《训诂学概论》，中华书局 1984 年版。

钱穆：《国史新论》，生活·读书·新知三联书店 2001 年版。

钱穆：《现代中国学术论衡》，生活·读书·新知三联书店 2001 年版。

钱穆：《先秦学术概论》，岳麓书社 2010 年版。

钱玄、钱兴奇编著：《三礼辞典》，凤凰出版社 2014 年版。

钱锺书：《围城》，人民文学出版社 1980 年版。

钱锺书：《七缀集》，生活·读书·新知三联书店 2002 年版。

钱锺书：《管锥编》，生活·读书·新知三联书店 2007 年版。

钱锺书：《谈艺录》，生活·读书·新知三联书店 2008 年版。

秦燕春考释：《历史的重要》，山东文艺出版社 2006 年版。

R

阮元校刻：《十三经注疏》，中华书局 1980 年版。

S

桑兵：《盲人摸象与成竹在胸：分科治学下学术的细碎化与整体性》，《文史哲》2008
　　年第 1 期。
单演义：《庄子天下篇荟释》，西北大学出版社 2009 年版。
沈括：《梦溪笔谈》，岳麓书社 2002 年版。
司马朝军：《輶轩语详注》，华东师范大学出版社 2010 年版。
苏德超：《哲学、语言与生活——论维特根斯坦的语言哲学》，湖南教育出版社 2010
　　年版。
苏舆：《春秋繁露义证》，中华书局 1992 年版。
孙诒让：《墨子间诂》，中华书局 2001 年版。
孙奕：《履斋示儿编》，中华书局 1985 年版。

T

汤一介：《新轴心时代与中国文化的建构》，江西人民出版社 2007 年版。
陶东风主编：《文化研究关键词丛书》，广西师范大学出版社 2005 年版。
涂光社：《中国古代文论范畴生成史》，辽海出版社 2017 年版。

W

汪民安主编：《文化研究关键词》，江苏人民出版社 2011 年版。

汪涌豪：《中国文学批评范畴及体系》，复旦大学出版社 2007 年版。

王国维：《观堂集林》，中华书局 1999 年版。

王力：《汉语史论文集》，科学出版社 1958 年版。

王力：《龙虫并雕斋文集》，中华书局 1980 年版。

王力：《王力语言学论文集》，商务印书馆 2000 年版。

王利器：《颜氏家训集解》，中华书局 1993 年版。

王宁：《训诂学原理》，中国国际广播出版社 1996 年版。

王拭主编：《严复集》，中华书局 1986 年版。

王韬：《弢园文录外编》，上海书店出版社 2002 年版。

王文锦：《礼记译解》，中华书局 2001 年版。

王先谦：《荀子集解》，中华书局 1988 年版。

王先慎：《韩非子集解》，中华书局 2013 年版。

王月清、暴庆刚、管国兴编著：《中国哲学关键词》，南京大学出版社 2011 年版。

王筠：《说文句读》，北京市中国书店出版社 1983 年版。

王运熙：《中国古代文论管窥》，上海古籍出版社 2006 年版。

韦政通：《中国思想史》，上海书店出版社 2003 年版。

韦政通：《中国哲学辞典》，吉林出版集团有限责任公司 2009 年版。

魏源：《老子本义》，华东师范大学出版社 2010 年版。

吴根友、黄燕强：《经子关系辨正》，《中国社会科学》2014 年第 7 期。

吴国盛：《观念读本：科学》，生活·读书·新知三联书店 2017 年版。

吴建民：《中国古代文论命题研究》，南京大学出版社 2017 年版。

吴宗慈编撰，胡迎建注释：《庐山志》，江西人民出版社 1996 年版。

X

夏静：《中国思想传统中的文学观念》，生活·读书·新知三联书店 2017 年版。

夏晓红编：《梁启超文选》，中国广播电视出版社 1992 年版。

夏征农主编：《辞海》，上海辞书出版社 1999 年版。

萧统编，李善注：《文选》，上海古籍出版社 1986 年版。

徐光启：《徐光启集》，中华书局 1963 年版。

徐中舒主编：《甲骨文字典》，四川辞书出版社 2006 年版。

许慎:《说文解字》,中华书局 1963 年版。

许威汉:《训诂学教程》,北京大学出版社 2013 年版。

许维遹:《吕氏春秋集释》,中华书局 2009 年版。

许渊冲:《追忆逝水年华:从西南联大到巴黎大学》,生活·读书·新知三联书店
　　1996 年版。

Y

阎克文:《〈新教伦理与资本主义精神〉误译举隅》,《南方周末》2005 年 9 月 29 日
　　30 版。

杨丙安:《十一家注孙子校理》,中华书局 1999 年版。

杨伯峻:《论语译注》,中华书局 1980 年版。

杨周翰、乐黛云主编:《中国比较文学年鉴(1986 年卷)》,北京大学出版社 1987
　　年版。

叶其松:《术语研究关键词》,黑龙江大学出版社 2016 年版。

叶舒宪:《庄子的文化解析——前古典与后现代的视界融合》,湖北人民出版社 1997
　　年版。

叶燮:《原诗》,人民文学出版社 1979 年版。

殷杰、王亚男:《社会科学中复杂系统范式的适用性问题》,《中国社会科学》2016
　　年第 3 期。

永瑢等:《四库全书总目》,中华书局 1965 年版。

于省吾主编:《甲骨文字诂林》,中华书局 1996 年版。

岳玉玺、李泉、马亮宽编选:《傅斯年选集》,天津人民出版社 1996 年版。

Z

臧克和:《说文解字的文化说解》,湖北人民出版社 1995 年版。

詹福瑞:《论经典》,人民文学出版社 2015 年版。

张岱年:《张岱年全集》,河北人民出版社 1996 年版。

张岱年:《中国古典哲学概念范畴要论》,中华书局 2017 年版。

张华：《〈洪范〉与先秦思想研究》，中国社会科学出版社 2014 年版。

张立文：《中国哲学范畴发展史（人道篇）》，中国人民大学出版社 1995 年版。

张立文：《中国哲学范畴发展史（天道篇）》，中国人民大学出版社 1988 年版。

张立文主编：《中国哲学范畴精粹丛书》，中国人民大学出版社 1989 年版。

张立文主编：《中国学术通史》，人民出版社 2004 年版。

张立文：《经典诠释的内在根据——论先秦诸子与六经的关系》，《四川师范大学学报》（社会科学版）2009 年第 1 期。

张量：《历史一刻》，《中国新闻周刊》2009 年第 32 期。

张汝伦编：《蔡元培文选》，上海远东出版社 2012 年版。

张舜徽：《广校雠略　汉书艺文志通释》，华中师范大学出版社 2004 年版。

张彦远：《法书要录》，人民美术出版社 1984 年版。

张寅彭主编：《民国诗话丛编》，上海书店出版社 2002 年版。

张震泽：《孙膑兵法校理》，中华书局 1984 年版。

章炳麟：《国学讲演录》，江苏文艺出版社 2007 年版。

章太炎：《国故论衡》，上海古籍出版社 2006 年版。

章学诚：《章学诚遗书》，文物出版社 1985 年版。

章学诚：《文史通义》，上海古籍出版社 2015 年版。

赵景来：《中国哲学的合法性问题研究述要》，《中国社会科学》2003 年第 6 期。

赵树功：《气与中国文学理论体系构建》，人民出版社 2012 年版。

赵一凡、张中载、李德恩主编：《西方文论关键词》，外语教学与研究出版社 2006 年版。

郑朝宗编：《〈管锥编〉研究论文集》，福建人民出版社 1984 年版。

郑朝宗：《海滨感旧集》，厦门大学出版社 1988 年版。

郑述谱、叶其松：《术语编纂论》，上海辞书出版社 2015 年版。

中华思想文化术语编委会编：《中华思想文化术语》第 1 辑，外语教学与研究出版社 2015 年版。

中国社会科学院文学研究所计算机室：《论语数据库》，人民日报出版社 1987 年版。

中国社会科学院语言研究所词典编辑室：《现代汉语词典》，商务印书馆 2012 年版。

钟泰：《庄子发微》，上海古籍出版社 1988 年版。

周大璞主编：《训诂学初稿》，武汉大学出版社 2015 年版。

周光庆：《通往中国语言哲学的小路——周光庆自选集》，华中师范大学出版社 2011 年版。

331

周文德、杨晓莲:《〈孟子〉数据库》,巴蜀书社 2002 年版。

周宪编著:《文化研究关键词》,北京师范大学出版社 2007 年版。

周宪主编:《人文社会科学关键词丛书》,北京师范大学出版社 2007 年版。

周振甫:《文心雕龙今译》,中华书局 1986 年版。

朱崇才:《汉字之美》,《文史知识》2015 年第 4 期。

朱维铮:《中国经学史十讲》,复旦大学出版社 2002 年版。

朱熹:《四书章句集注》,中华书局 1983 年版。

朱正:《慎译名词》,《南方周末》2016 年 5 月 26 日第 32 版。

朱宗莱:《文字学形义篇》,台湾学生书局 1969 年版。

宗福邦等主编:《故训汇纂》,商务印书馆 2003 年版。

左民安:《细说汉字——1000 个汉字的起源与演变》,九州出版社 2005 年版。

左丘明著,韦昭注:《国语》,上海古籍出版社 2015 年版。

左玉河:《从四部之学到七科之学——学术分科与近代中国知识系统之创建》,上海
书店出版社 2004 年版。

左玉河:《中国近代学术体制之创建》,四川人民出版社 2008 年版。

(二)

[德] 阿多诺:《主体与客体》,张明译,载上海社会科学院哲学研究所外国哲学研
究室编:《法兰克福学派论著选辑》,商务印书馆 1998 年版。

[德] 恩斯特·卡西尔:《人论》,甘阳译,上海译文出版社 1985 年版。

[德] 海德格尔:《形而上学导论》,熊伟、王庆节译,商务印书馆 1996 年版。

[德] 海德格尔:《存在与时间》,陈嘉映、王庆节译,生活·读书·新知三联书店
1999 年版。

[德] 海德格尔:《人,诗意地安居》,郜元宝译,广西师范大学出版社 2000 年版。

[德] 伽达默尔:《真理与方法》,洪汉鼎译,上海译文出版社 1999 年版。

[德] 卡尔·曼海姆:《意识形态与乌托邦》,黎鸣、李书崇译,商务印书馆 2000
年版。

[德] 卡尔·雅斯贝尔斯:《智慧之路》,柯锦华等译,中国国际广播出版社 1988
年版。

［德］卡尔·雅斯贝斯：《历史的起源与目标》，魏楚雄、俞新天译，华夏出版社 1989 年版。

［德］马克思·韦伯：《社会科学方法论》，杨富斌译，华夏出版社 1999 年版。

［法］德里达：《论文字学》，汪堂家译，上海译文出版社 1999 年版。

［法］德里达：《书写与差异》，张宁译，生活·读书·新知三联书店 2001 年版。

［法］列维－斯特劳斯：《野性的思维》，李幼蒸译，商务印书馆 1987 年版。

［法］米歇尔·福柯：《词与物——人文科学考古学》，莫伟民译，上海三联书店 2001 年版。

［古希腊］亚里士多德：《诗学》，罗念生译，上海人民出版社 2006 年版。

［美］杜维明：《新轴心时代的文化对话》，载《杜维明文集》第一卷，武汉出版社 2002 年版。

［美］汉娜·阿伦特：《人的境况》，王寅丽译，上海人民出版社 2009 年版。

［美］华勒斯坦等：《开放社会科学：重建社会科学报告书》，刘锋译，生活·读书·新知三联书店 1997 年版。

［美］格里德：《胡适与中国的文艺复兴》，鲁奇译，江苏人民出版社 1989 年版。

［美］约翰·费斯克等编撰：《关键概念：传播与文化研究辞典》，李彬译注，新华出版社 2004 年版。

［日］今道友信：《东西方哲学美学比较》，李心峰、牛枝惠等译，中国人民大学出版社 1991 年版。

［日］夏目漱石：《文学论》，王向远译，上海译文出版社 2016 年版。

［瑞士］费尔迪南·德·索绪尔：《普通语言学教程》，高名凯译，商务印书馆 1980 年版。

［意］维柯：《新科学》，朱光潜译，商务印书馆 1989 年版。

［英］爱德华·泰勒：《原始文化》，连树声译，广西师范大学出版社 2005 年版。

［英］安德鲁·本尼特、尼古拉·罗伊尔：《关键词：文学、批评与理论导论》，汪正龙、李永新译，广西师范大学出版社 2007 年版。

［英］彼得·罗塞尔：《大脑的功能与潜力》，付庆功、滕秋立编译，中国人民大学出版社 1988 年版。

［英］丹尼·卡瓦拉罗：《文化理论关键词》，张卫东、张生、赵顺宏译，江苏人民出版社 2013 年版。

［英］雷蒙德·威廉斯：《文化与社会》，吴松江、张文定译，北京大学出版社 1991 年版。

［英］雷蒙·威廉斯:《关键词:文化与社会的词汇》，刘建基译，生活·读书·新知三联书店 2016 年版。

［英］维特根斯坦:《哲学研究》，李步楼译，商务印书馆 1996 年版。

［英］维特根斯坦:《哲学语法》，载涂纪亮主编:《维特根斯坦全集》第四卷，河北教育出版社 2003 年版。

后　记

本书系国家社科基金重大项目"中国文化元典关键词研究"（12&ZD153）第一子课题最终成果。全书提纲由项目主持人李建中教授设计，总论与结语由李建中教授撰写，第一章与第二章由吴中胜教授负责，第三章与第四章由袁劲博士负责。作为项目团队集体智慧之成果，本书从拟定提纲到撰写定稿耗时六年有余，历经数次讨论、修改，其中部分章节借鉴了李建中教授的相关研究成果，具体说明如下：

第一章第一节"元典文化的字生性特征"、第一章第二节第三小节"以石攻玉：20 世纪以来国内关键词研究得失"、第一章第三节第一小节"百家争鸣：《解老》《非乐》与学派攻辩"、第二章第一节"汉语词根性"前三小节、第二章第二节第二小节"文化命脉"与第三小节"一代有一代之所道"由吴中胜在李建中教授相关论说基础上增删而成；第一章第二节第二小节"它山之石：西方文化关键词研究方法"、第一章第三节第四小节"东西攸同：《管锥编》与中西会通"由袁劲撰写初稿，吴中胜教授修订。

书稿经李建中教授审阅并提出修改意见，特此感谢！

著　者

2019 年 3 月 31 日

责任编辑：崔继新
文字编辑：陈来胜
编辑助理：邓浩迪
封面设计：汪　莹

图书在版编目（CIP）数据

元典关键词研究的思想与方法 / 袁劲，吴中胜 著 . —
　北京：人民出版社，2021.1
（中国文化元典关键词研究丛书 / 李建中 主编）
ISBN 978 - 7 - 01 - 020707 - 0

I. ①元…　II. ①袁…②吴…　III. ①中华文化 - 关键词 - 研究
　IV. ① K203

中国版本图书馆 CIP 数据核字（2019）第 076752 号

元典关键词研究的思想与方法
YUANDIAN GUANJIANCI YANJIU DE SIXIANG YU FANGFA

袁劲　吴中胜　著

人民出版社 出版发行
（100706　北京市东城区隆福寺街 99 号）

北京新华印刷有限公司印刷　新华书店经销

2021 年 1 月第 1 版　2021 年 1 月北京第 1 次印刷
开本：710 毫米 ×1000 毫米 1/16　印张：22.5
字数：297 千字

ISBN 978 - 7 - 01 - 020707 - 0　定价：68.00 元

邮购地址 100706　北京市东城区隆福寺街 99 号
人民东方图书销售中心　电话（010）65250042　65289539